重庆市教育委员会人文社会科学研究项目“重庆农村留守老年人护理保障机制研究”成果
省级二类一般项目“重庆市奉节县养老服务能力现状研究”成果

我国养老服务能力现状与提升对策研究

——以重庆奉节为例

WOGUO YANGLAO FUWU NENGLI XIANZHUANG YU TISHENG DUICE YANJIU
——YI CHONGQING FENGJIE WEI LI

肖建英 著

西南财经大学出版社
Southwestern University of Finance & Economics Press
中国·成都

图书在版编目(CIP)数据

我国养老服务能力现状与提升对策研究:以重庆奉节为例/肖建英著
.—成都:西南财经大学出版社,2018.11
ISBN 978-7-5504-3557-5

Ⅰ.①我… Ⅱ.①肖… Ⅲ.①养老—社会服务—研究—中国
Ⅳ.①D669.6

中国版本图书馆 CIP 数据核字(2018)第 145494 号

我国养老服务能力现状与提升对策研究——以重庆奉节为例
肖建英 著

责任编辑:高小田
责任校对:李燕子
封面设计:何东琳设计工作室
责任印制:朱曼丽

出版发行	西南财经大学出版社(四川省成都市光华村街 55 号)
网　　址	http://www.bookcj.com
电子邮件	bookcj@foxmail.com
邮政编码	610074
电　　话	028-87353785　87352368
照　　排	四川胜翔数码印务设计有限公司
印　　刷	郫县犀浦印刷厂
成品尺寸	170mm×240mm
印　　张	13.25
字　　数	245 千字
版　　次	2018 年 11 月第 1 版
印　　次	2018 年 11 月第 1 次印刷
书　　号	ISBN 978-7-5504-3557-5
定　　价	79.80 元

序

2017年9月16日，肖建英女士应邀参加由中国社会科学院人口与劳动经济研究所主办的“快速老龄化背景下的养老保障和养老服务业发展学术研讨会”，在会上作题为《养老护理员职业能力提升路径研究》的交流发言，得到了来自南开大学、复旦大学、浙江大学等16名与会专家的一致赞赏和高度认可。此次研讨会使我对她在学术上的不懈追求留下了深刻印象。而今，她学术生涯中的专著《我国养老服务能力现状与提升对策研究——以重庆奉节为例》即将由西南财经大学出版社出版，并请我作序，我欣然应允。

中国正面临前所未有的人口老龄化的严峻挑战。截至2017年年底，我国60周岁及以上人口达2.41亿人，占总人口的17.3%。21世纪中国人口老龄化是不可逆转的社会现象，在今后的30年里，还将会以不可遏制的速度和态势全速发展，到21世纪中叶，我国老龄人口数量占总人口的比重将突破30%，届时平均三个国人中将会有一位60岁及以上的长者。毋庸置疑，老龄化高峰期的加速到来，将会极大地影响和冲击我国社会经济的正常运行态势，成为新的基本国情和重大全局性问题。虽然我国已将生育政策做了重大调整，从“双独二孩”到“单独二孩”，再到“全面二孩”，但随着“421”家庭开始普遍出现，人口老龄化所引发的各种问题并不是阵痛，而是长痛。鉴于此，党和政府在构建和谐社会与中国梦的蓝图中，一直都非常重视养老这一民生议题。党的十八大以来，我国社会保障制度改革取得突破性进展，老龄事业发展成效较显著。2015年10月29日，党的十八届五中全会通过的《中共中央关于制定国民经济和社会发展第十三个五年规划的建议》中，对我国养老政策方向这样定位：“积极开展应对人口老龄化行动，弘扬敬老、养老、助老社会风尚，建设以居家为基础、社区为依托、机构为补充的多层次养老服务体系。”这一建议的提出对于我们转变思想观念，应对人口老龄化挑战，加快推进社会养老服务体系建设，具有重要的指导意义和推动作用。2017 年 10 月 18 日，习近平总书记在党的十九大报告中强调，“实施健康中国战略，积极应对人口老龄化，构建养老、孝老、敬老政策体系和社会环境，推进“医养结合”，加快老龄事业和产业发展”。因此，在“以居家为基础、社区为依托、机构为补充”的养老服务体系初步建成的基础上，积极推进“医养结合”模式已经在我国得到发展。

众所周知，人口老龄化问题涉及的领域众多，积极应对人口老龄化的重大挑战，需要进一步加强顶层设计，在更加广泛的领域内整体考虑和协调运作，把它当作一个重大的战略性问题全面谋划，及早部署。与此同时，全面发展养老服务市场、提升养老服务能力、提高养老服务质量也迫在眉睫。虽然近年来，我国养老服务业快速发展，服务体系逐步完善，但仍面临供给结构不尽合理、市场潜力未充分释放、服务质量有待提高等问题。随着人口老龄化程度的不断加深和人民生活水平的逐步提高，老年群体多层次、多样化的服务需求持续增长，对扩大养老服务有效供给提出了更高要求。促进养老服务业更好更快发展，培育健康养老意识，加快推进养老服务业供给侧结构性改革，保障基本需求，繁荣养老市场，提升养老服务质量，让广大老年群体享受优质养老服务，切实增强人民群众获得感，任重道远。对此，肖建英女士有着较强的学术领悟能力和宽阔的学术视野，能够捕捉到自己所从事的学术研究的前沿动态，这本专著就是一个印证。

本专著在诸多方面具有现实意义。一是本书阐述了国内外养老模式的变迁和发展历史，全面分析了我国养老服务模式发展现状与发展趋势，探讨了各种模式在我国社会背景下的优势和劣势，能够帮助读者更加清晰地认知社会养老的内涵和外延。二是作者从健全养老服务体系、着力构建社区养老、积极推进医养结合、跟进安全防护管理、加强养老服务标准化建设、规划培养养老服务业人才六大方面提出了提升养老服务能力的对策建议，具有很强的推广价值。三是作者通过交流学习平台比较详细地介绍了美国、澳大利亚、荷兰、加拿大的养老服务模式发展状况，同时从养老服务案例分享了“医养结合、社区居家、小城镇社区、造福农村老人”等养老服务模式典范，具有很强的借鉴价值。四是作者还进行了细致的实地调研和深度访谈，并对影响养老服务发展的因素进行了实证分析，得到了较有说服力的结论。另外，在本书中，作者创新性地提出了提升养老服务能力、提高养老服务质量，应在政府的责任视角下将养老服务工作具有“技术性、专业性、服务性、社会性”的理念渗透到老龄事业之中，这是未来我国养老服务工作做实、做大、做强的基本策略。

综上所述，本书内容翔实，可以说是国内研究提升养老服务能力、提高养老服务质量的首批专著之一。书中既有理论深度，又结合实际，研究选题新颖，视角也比较独特，书中每一章都具有相对独立性，都可以作为发展老龄事业和养老服务体系建设的专题研究成果。本书不仅对研究老龄化和养老服务发展的学术研究人员具有参考价值，对从事养老服务业管理、开发与设计的人士也有较强的针对性和启发性，同时，也为政府与社会各界人士关注、支持老龄事业提供了理论和实证依据，还为离退休老同志、社会普通老龄人群选择适合自己的养老方式提供了多元化的参考。我很愿意向读者推荐此书，希望书中的观点与思想让你们真正受益，也希望肖建英女士在以后的研究工作中再接再厉，笔耕不辍，多出更好的成果。

原新

2018 年 3 月 8 日于南开大学

目　录

1 绪论

1.1 养老服务能力的内涵

1.1.1 养老服务

养老服务是指为老年人提供必要的生活服务，满足其物质生活、精神生活的基本需求，是一种全人、全员、全程服务。其本质特征是基于老年人因年老导致的生理机能退化或丧失而产生的依赖他人提供的帮助或服务。根据服务类型，养老服务可以分为广义和狭义两种，广义的养老服务包括一切为满足老年人特殊需要的产品和服务，狭义的养老服务是指为老年人提供生活照料、疾病护理、精神慰藉等照护性的服务。本书的养老服务主要指狭义的养老服务。根据服务层次划分，养老服务又可以分为基本的养老服务和高层次的养老服务。基本的养老服务主要指最基本的生活照料服务与康复护理，而高层次的养老服务则包含了满足老年人娱乐和教育等内容。

1.1.2 能力

能力包括个体能力和组织能力两种，组织能力常用的英文表达为 capacity 和 capability，可以理解为组织将一种资源变成另一种资源，或将资源转化为社会财富的作用力。能力可以随着组织资源间的复杂作用而发展。组织是一个能力体系或能力的集合，组织能力决定组织的竞争优势。联合国发展项目组提出，能力是系统、组织或个体有效、持续、高效的执行职能的本领和力量，是主动的、积极的、持续的过程，人力资源是能力发展的核心。国际经济合作与发展组织（OECD）认为，能力是个体、组织以及环境成功实现其功能的本领。

1.1.3 养老服务能力

养老服务能力是指个体、组织为老年人提供必要的生活服务，满足老年人物质生活和精神生活的基本需求，实现全人、全员、全程服务的能力。养老服务能力的主体，即个体、组织，包括了老年人的赡养人，也包括政府工作人员、营利性或非营利性养老机构工作人员等。为老年人提供的服务内容包括生活护理、疾病护理以及精神慰藉等方面。最终目标是实现为老年人提供全人、全员、全程服务。

1.2 研究背景

1.2.1 人口老龄化形势日益严峻

人口老龄化是指当一个国家或地区 60 岁及以上的老年人口占人口总数的 10%，或 65 岁以上的老年人口占人口总数的 7%时，即意味着这个国家或地区的人口处于老龄化社会。人口老龄化是人口从高生育率和高死亡率向低生育率和低死亡率转变的结果，伴随而来的是国民收入分配的调整、政府职能的变迁、社会道德的升华和经济社会的转型。

我国①是当今世界上老年人口数量最多的国家。全国第六次人口普查数据显示，我国 60 岁及以上的老年人口数量已达 1.78 亿人，占全国总人口数量的 13.26%，而其中又包含 1.19 亿 65 岁以上的老年人口，占比 8.87%，这两个老龄化指标都同时超过了临界值，我国进入老龄化社会已是不争的事实②。与全国第五次人口普查（2000 年）时的数据进行比较可以看到，60 岁及以上人口比重同比上升了 2.93 个百分点，65 岁及以上人口比重同比上升了 1.91 个百分点。从两次人口普查的数据对比情况来看，一个人口加速老龄化的社会正在我国逐渐形成。“十三五”时期的形势更为严峻：预计到 2020 年，全国 60 岁及以上老年人口将增加到 2.55 亿人左右，占总人口比重提升到 17.8%左右；高龄老年人将增加到 2 900 万人左右，独居和空巢老年人将增加到 1.18 亿人左右，老年抚养比将提高到 28%左右；用于老年人的社会保障支出将持续增长；农村实际居住人口老龄化程度可能进一步加深③。“十三五”时期是我国全面建成小康社会的决胜阶

① 本书所研究的地域范围不包括中国的香港、澳门和台湾地区。

② 根据 2010 年第 6 次全国人口普查数据整理所得。

③ 数据来源于国务院《“十三五”国家老龄事业发展和养老体系建设规划》。

段，也是我国老龄事业改革发展和养老体系建设的重要战略窗口期。

到目前为止，全世界老年人口数量达到1亿人的国家只有中国一个，2亿多的老年人口相当于印度尼西亚的全国总人口数，超过了俄罗斯、日本、巴西这些国家各自的总人口数。在今后的30年里，人口老龄化还将会以不可遏制的速度和势态全速发展，到21世纪中叶，我国老龄人口数量占总人口的比重将突破30%，届时平均三个中国人中将会有一位60岁及以上的长者，那个时候我国人口老龄化问题引致的各种矛盾将进入全面凸显期，并且与工业化、城镇化相伴随，与家庭小型化、空巢化、高龄化以及高失能化相叠加，与经济社会转型期的各种矛盾相互交织。这将对我国经济、政治、社会、文化等多个领域产生深远而复杂的影响。

目前我国人口老龄化已经呈现出六大特点：一是老龄人口基数大、比值高、增长速度快；二是“失能、高龄、三无、空巢”四类人群数量和比重都较高；三是农村地区养老问题将更加突出；四是家庭养老功能弱化；五是劳动力供给和养老资源同时减少；六是“未富先老”与“未富先骄”并存。总之，人口老龄化是我国的基本国情，积极地应对人口老龄化是一项关系着国家长治久安的重要战略任务。

1.2.2 构建多层次、多元化养老服务体系已成必然趋势

《“十三五”国家老龄事业发展和养老体系建设规划》（国发〔2017〕13号）指出目前我国养老服务事业“明显短板”包括：涉老法规政策系统性、协调性、针对性、可操作性有待增强；城乡、区域老龄事业发展和养老体系建设不均衡问题突出；养老服务有效供给不足，质量效益不高，人才队伍短缺；老年用品市场供需矛盾比较突出；老龄工作体制机制不健全，社会参与不充分，基层基础比较薄弱。事实上，选择什么样的方式养老不是完全由人们的主观意愿来决定的，而是受制于不同的经济政治体制、社会发展状况、历史文化传统和价值观念等多种变量的综合作用。在传统的养老模式中，家庭养老最符合中国人根深蒂固的家庭传统文化，这种内敛的传统文化特征决定了在家养老是首选之策。但由于经济和社会的转型，尤其是人口结构的变化和少子化的不断加剧，家庭养老的不足日渐凸显。家庭结构和养老观念的变迁冲击着传统养老模式，构建多层次、多元化养老服务体系已成必然趋势，探讨如何构建这一体系是当前重要的民生课题。

1.2.3 提升养老服务能力既是民生所求也是市场所向

党的十八大关于“科学发展观、保障和改善民生、完善社会福利制度、基本公共服务体系”的提出对于我们转变思想观念，应对人口老龄化挑战，

加快推进社会养老服务体系建设，具有重要的指导意义和推动作用。2017 年 10 月 18 日，习近平总书记在党的十九大报告中强调，中国特色社会主义进入了新时代，我国社会主要矛盾已经转化为人民日益增长的美好生活需要和不平衡不充分的发展之间的矛盾。要实施健康中国战略，积极应对人口老龄化，构建养老、孝老、敬老政策体系和社会环境，推进医养结合，加快老龄事业和产业发展。可以看出，党和政府在构建和谐社会和中国梦的蓝图中，一直都非常重视养老这一民生议题。

养老服务是人类社会生存和发展的客观存在，尊老、爱老、敬老、助老是当代人义不容辞的责任和义务。提高服务质量，提升养老服务能力不仅是适应传统养老模式转变、满足公众日益增长的养老服务需求的有力途径，而且是推动养老服务事业可持续发展的根本保障，所以，提升养老服务能力既是民生所求也是市场所向。

1.3 研究意义

研究养老服务能力，探索我国养老服务的现状和提升服务能力的路径，在“未富先老”、经济欠发达的中国显得更加迫切。人口老龄化带来的经济、政治、社会、文化、伦理等多方面的扰动效应和辐射效应将在未来的某个时段持续不断地爆发出来，老年人如何养老的问题将直接暴露在政府、公众面前，逼迫我们做出政策选择和现实回应。

1.3.1 理论意义

剖析养老服务的现状，研究服务能力提升的对策有其重要的理论意义：

一是丰富和完善养老相关理论研究。我国养老服务是个浩大的工程，需要理论作为支撑，目前学界和政府相关部门已经分别从不同角度对老龄化问题和养老问题进行了不同形式的研究和调查，但绝大多数偏重于老龄化的经济效应研究、老年人的医疗保障和社会保障研究等方面，而如何提高服务质量、提升服务能力，为老人提供经济、有效的，适合其特征和经济供养能力的养老方式，让老年人有尊严而且有品质地安度晚年，是我们应对人口老龄化危机的路径出口和重大课题。

二是通过对国内外养老模式的变迁和发展研究分析，诠释发展多元化养老模式出现的必然性，可以帮助我们更加清晰地理解和认知养老服务的内涵和外延，进一步丰富目前养老服务能力的相关理论。

三是填补农村养老服务理论研究的空白。目前，从养老的客体，即老年人的需求视角研究农村养老的文献较少，仅有关于农村社会养老服务的需求研究。忽视了农村老年人支付能力与支付意念的区别，导致农村养老服务供给不足和需求过剩，如：部分养老机构床位空缺严重，但老年人需求又得不到满足。本书的研究着手重庆市奉节县，该县乡村地域较广，为此，在研究奉节县养老服务能力的时候，从人的基本需求角度解析养老服务的本质属性，区分需求和需要，剖析供给不足和需求过剩，进而结合我国养老大政方针提出决策思路，以此填补农村养老服务理论研究的空白。

1.3.2 现实意义

从现实意义上讲，分析养老服务能力现状、研究提升服务能力的对策在宏观、微观层面会对社会、政府以及个人产生联动效应：

一是本书选择重庆市奉节县作为研究对象，研究成果具有代表性、推广性。重庆是中华人民共和国直辖市、国家中心城市、超大城市、国际大都市，长江上游地区的经济、金融、科创、航运和商贸物流中心，西部大开发重要的战略支点、“一带一路”和长江经济带重要的联结点以及内陆开放高地。重庆地处中国西南部，东邻湖北、湖南，南靠贵州，西接四川，北连陕西。总面积 8.24 万平方千米，辖 38 个区县（自治县）；2016 年常住人口 3 048.43 万，城镇化率 62.6%，地区生产总值 17 558.76 亿元。重庆共有国家级贫困县 9 个（城口县、奉节县、巫山县等县）。而奉节县作为 585 个国家贫困县之一，面积约 4 087 平方千米，总人口 107.4 万人，辖 29 个乡镇、3 个街道办事处、1 个管委会。截至 2017 年年底，奉节县 60 岁及以上老龄人口已经突破 19.32 万人，占总人口的 18.12%，并且每年以 4.5%左右的速度递增；65 岁及以上老龄人口已经突破 13.11 万人，占总人口的 12.30%；80 岁及以上高龄老年人约 2.63 万人，占老年人口的 13.65%；失能或部分失能老年人约 1.65 万人，占老年人口的 8.5%；五保户 5 600 人①。我国是一个农村人口占绝大多数的国家，所以本研究代表性较强，涉及面较广。

二是有助于切实解决老人和家庭养老的问题，具有实用性。面对我国老龄人口急剧增加的现状，以及“421”家庭出现后越来越庞大的养老需求，加上农村青壮年大量外出务工，单纯依靠家庭养老已经无法解决老年人的赡养和照顾问题，必须推动发展多元化养老模式帮助解决“老有所养”的问题。这既

---

① 数据来源于重庆市民政局官方微信公众号“重庆民政”资讯。

可以保障老人安度晚年，还可以解决每个家庭的后顾之忧。

三是为政府提升养老服务能力献计献策，具有创新性。着手开展奉节县养老服务能力研究，明确养老服务能力评价的标准和内涵，为养老服务能力提升提供全新的思路。本书针对奉节县的实际情况，提出了六大决策建议，为政府如何主导养老服务市场指明了方向，这也是我们应对人口老龄化危机的必修课题。

四是促进社会的和谐发展，具有可行性。本书通过社会调查、深度访谈、文献翻阅等方式，了解奉节县老年人的需求，深入剖析奉节县社会养老服务的现状，分析背后的原因，探求切实可行的解决方法，为提升奉节县养老服务能力提供有益参考，从而达到保障老年人合法权益、改善民生、助推扶贫攻坚、进一步促进社会和谐与发展目标的实现。

1.4 研究方法和基本思路

1.4.1 具体的研究方法

在选题过程中采取实地调研，笔者走进社会福利机构、老年公寓、社区、养老服务中心、家庭、民政、老龄委等，通过问卷调查、深度访谈与个案研究，并广泛搜集资料，以尽可能及时了解更新国内外关于养老服务能力相关领域的最新研究成果，分类评价现有同类研究成果，最终选择确定本书论题。

本书在总结分析我国养老服务现状和存在问题的基础上，以促进养老服务健康发展为宗旨，对养老服务模式发展趋势、市场供给、养老服务能力现状以及政府在养老服务发展过程中角色定位和提升养老服务能力对策建议进行了全面系统研究。在研究方法论上既有分散，也有定性分析与定量分析、实证分析和规范分析的统一。具体为：

一是文献分析方法。本书注重对已有学术成果和实践经验的总结和借鉴，对国内外养老服务发展研究的相关文献进行了归纳分析，对有关人口学、管理学、社会学与老年学等理论进行了梳理并应用到养老服务能力提升的分析中，为本书的研究确定学术和理论基础。

二是实证分析方法。本书在对调研问卷进行统计分析的基础上，对养老服务的需求意愿及其影响因素进行实证分析。

三是案例分析法。通过对具体的养老服务代表性案例和标杆案例分析，更清楚地认知养老服务市场运营和发展的情况。

四是比较分析方法。本书通过比较分析美国、澳大利亚、加拿大、荷兰和中国香港等国家和地区养老服务发展的实践，得出经验启示。通过比较各个国家和地区在养老服务方面的政策制度、发展思路与服务能力现状，对我国养老服务的健康发展、养老服务能力的提升起到积极的指导作用。

1.4.2 主要研究思路

本书从我国人口老龄化的现实背景出发，基于养老模式的变迁和发展的理论基础，论证分析了我国提升养老服务能力的必要性和可行性。在对我国养老服务模式进行市场发展态势和具体定位的基础上，对我国养老服务能力的现状进行了探究，再以美国、澳大利亚、加拿大、荷兰和我国香港地区作为发展样本，比较借鉴其发展经验。然后，针对我国养老服务能力提升最为重要的几个核心问题：养老服务体系、构建社区养老、医养结合、安全防护管理、养老服务标准化建设与养老服务业人才等进行了深入探讨和研究，思考了政府的责任等问题，提出了对策建议。全书的研究思路与结构如图 1-1 所示：

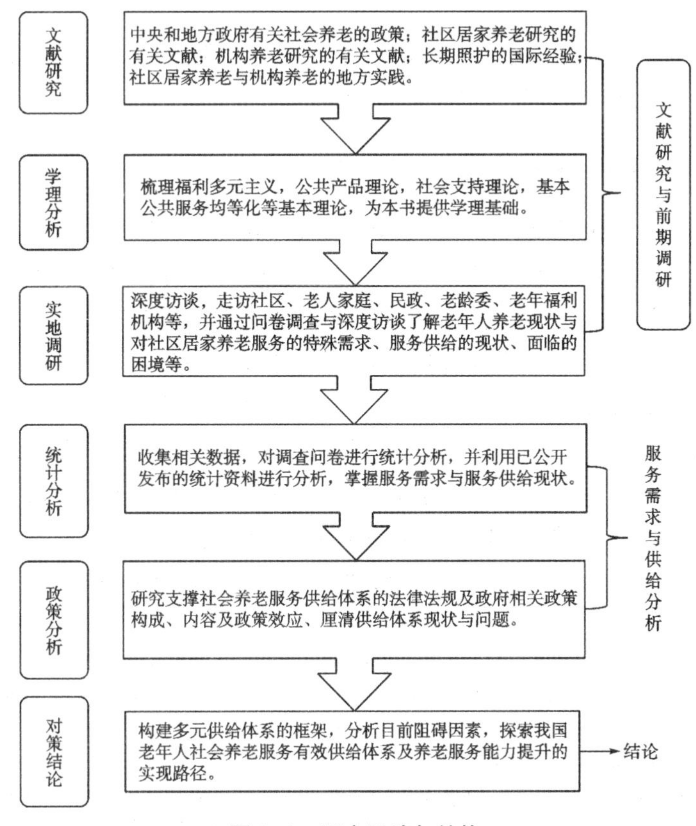

图 1-1 研究思路与结构

2 人口老龄化背景下我国养老服务现状及其发展趋势分析

2.1 我国人口老龄化的现状及趋势分析

我国人口老龄化日益严重，截至目前，我国60岁及以上的老年人口超2.4亿，是世界上唯一的老年人口过两亿的国家。

2.1.1 我国人口老龄化的现状分析

2.1.1.1 人口基数大，老年人口数量多，人口红利[①]出现转折期

我国是世界上人口最多的国家，也是老年人口最多的国家[②]。2010年第六次全国人口普查数据已经显示我国60岁及以上的人口为1.78亿人，占总人口比重为13.26%，其中65岁及以上的人口为1.19亿人，占总人口比重的8.87%。而据最新的官方数据统计，2013年年底，我国60岁及以上的老年人口数已突破至2.02亿人，占总人口比重达到14.9%[③]。2016年我国60岁及以上的人口2.30亿人，占总人口的16.7%；65周岁及以的上人口1.50亿人，占总人口的10.8%。预计2020年60周岁及以上的老年人口将达到2.43亿，2025年将突破3亿[④]，这个规模与今天的美国全国人口总量相当。

---

① 人口红利是指一个国家的劳动年龄人口占总人口的比重比较大，在老年人口比例达到较高水平之前，形成一个劳动力资源相对丰富而同时抚养率又比较低，能为经济快速发展创造有利的人口供给条件的“黄金时期”，使得整个国家的经济呈现高增长、高储蓄和高投资的态势，这种现象被人口经济学家定义为“人口红利”。

② 截至2012年年底，我国总人口为13.54亿，60岁及以上老年人口为1.94亿，均为世界第一。

③ 数据来源于民政部发布的《2013年社会服务发展统计公报》，2014-06-17.

④ 数据来源于民政部官方网站：http：//www. mca. gov. cn。

与此同时，我们可以看到，我国的人口老龄化加速状态与“人口红利”转折并行发展（见表 2-1）。根据 2013 年 1 月国家统计局公布的数据显示，我国 2012 年 15~59 岁劳动年龄人口在持续维持人口红利的时期里首先出现了绝对下降的情况，比 2011 年减少 345 万人，这意味着人口红利出现了转折点，未来将逐步趋于下降直至消失，导致未来中国经济将不得不进入一个“减速通道”。虽然我国已进入“人口红利”的转折期，但我们也不必过度悲观，目前与世界上很多发达国家相比，我国的人口老龄化还只是处于初期发展的阶段，从 2005 年和 2015 年的城镇人口的构成和演变来看，现在仍然是“两头小中间大”的良好人口结构，适龄的劳动人口还处于一个绝对数量比较大的区间段（见表 2-1 和图 2-1），这样的时间段结合我国目前健康良性的社会经济发展现状，可以给我们解决人口老龄化提供相对有利的时机。

表 2-1　中华人民共和国成立以来我国人口构成的演变情况

年份	总人口数（万人）	0~14 岁（%）	15~64 岁（%）	65 岁及以上（%）	老年人口数（万人）	老年人口占总人口比例（%）
1953 年	58 260	36. 28	59. 31	4. 41	4 154	7. 13
1964 年	69 458	40. 69	55. 75	3. 56	4 225	6. 08
1982 年	100 391	33. 59	61. 50	4. 91	7 664	7. 63
1990 年	113 368	27. 69	66. 74	5. 57	9 697	8. 55
2000 年	126 583	22. 89	70. 15	6. 96	12 998	10. 27
2010 年	133 972	16. 60	74. 53	8. 87	17 765	13. 26
2011 年	134 735	16. 50	74. 40	9. 10	18 499	13. 73
2012 年	135 404	16. 50	74. 10	9. 40	19 390	14. 32

数据来源：根据第六次人口普查资料和国家统计局网站公布的数据经个人计算整理得出。

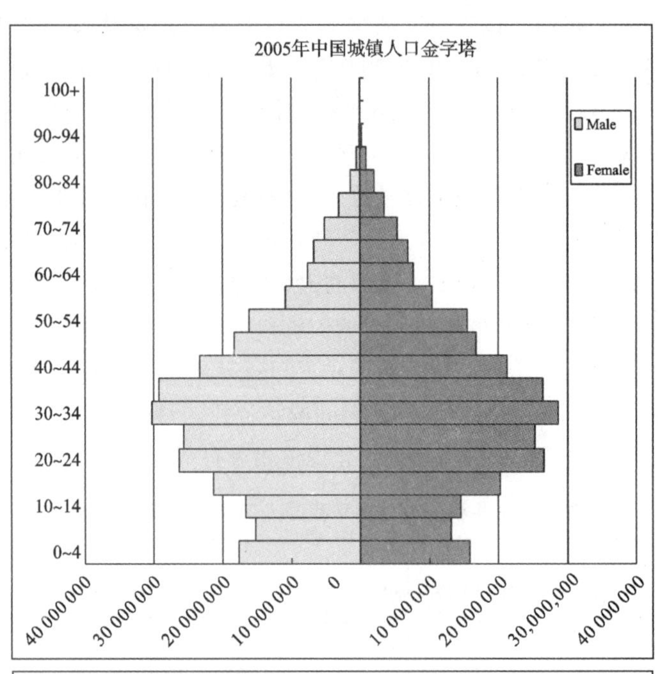

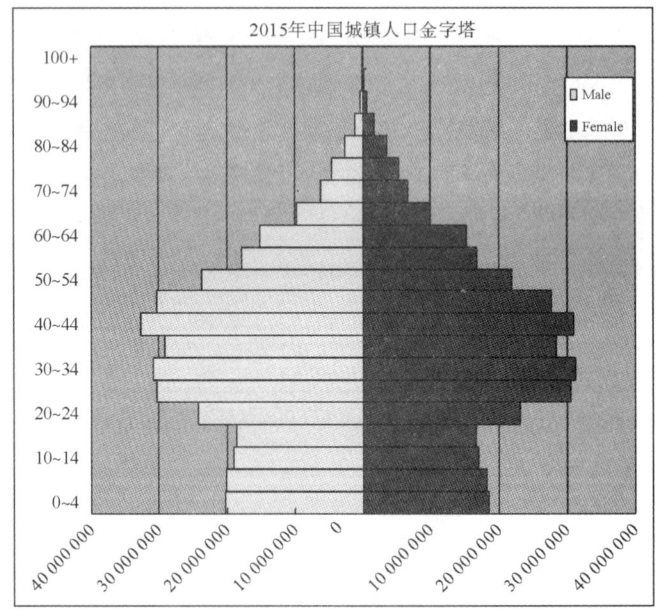

3

图 2-1　2005-2015 年我国城镇人口的构成和演变

2.1.1.2 人口老龄化速度快，伴随着严重的少子女①现象

若与世界其他发达国家横向上相比，我国人口老龄化的程度在世界范围内并不算严重。但若从纵向上看，在人口老龄化的发展进程中，我们同时面临着人口老龄化速度快，并伴随着少子化的趋势。一方面中国人口老龄化的速度大大快于世界上其他国家，65 岁及以上人口比重从 7%上升到 11.7%，法国用了 85 年（1865—1950），瑞典用了 65 年（1890—1955），美国用了 35 年（1945—1980），日本则用了 20 年（1970—1990），而我国 65 岁及以上人口由 7%上升到 14%所需的时间预计只有 26~27 年；另一方面，我国在人口老龄化过程中已经显现出少子化和老龄化并存的局面。据 2011 年世界人口数据表显示，当前中国的生育率位居世界低水平前列：既低于发达国家的平均水平（1.7%），也低于生育率最低的欧洲（1.6%）。在全球十个人口大国中，中国的生育率仅仅略高于日本（1.4%）。如此低的生育率表明，未来中国每代人口将比上一代缩减 25%。从第六次全国人口普查数据中我们可以看到，我国已经没有省份青少年占比达到 30%，在 20%以上的也仅有 10 个省份，而 18 个省份的占比在 10%~20%，甚至有 3 个省份不到 10%。按此标准，中国目前有 21 个省份都属于少子化范围，11 个省份甚至属于超少子化。其中，北京、上海的青少年人口比重在全国最低，均不到 10%。老龄化与少子化并存是一个不容忽视的严重问题，它不仅使得未来的劳动力大量减少，同时还使得社会的总抚养比和老龄人口抚养比②会发生很大的变化，这对目前养老制度的设计会带来很大的冲击。

2.1.1.3 人口老龄化在经济社会矛盾中发展

从世界人口老龄化发展趋势来看，发达国家人口老龄化是伴随着工业化、城市化、现代化和经济逐步增长的过程发展起来的，它们在人口老龄化程度不高时，经济已达到较高的水平。而我国人口老龄化是在经济尚不发达的同时，结合了强有力的人口计划生育政策推行出现的。中国的人口老龄化在相当程度上是社会政策推动的直接结果。因此，相比于西方发达国家，我国的人口老龄化是在经济相对落后的情况下出现的，即所谓的“未富先老”。西方发达国家在老龄化到来的阶段，已有一个较为完善的社会保障和福利制度体系。而我国目前还未做好这方面的准备，公共养老制度还很不完善，而市场化的养老体系

---

① 根据人口学统计标准，一个社会 0 岁至 14 岁人口占总人口的比例在 15%以下，属于超少子化；15%~18%为严重少子化；18%~20%为少子化。

② 总抚养比（赡养率）=（老龄人口+未成年人口）/劳动力人口=老龄人口抚养比+未成年人口抚养比。抚养比越高，说明社会中工作的劳动力人口的抚养负担就越重。

还处于刚刚萌芽的阶段，绝大多数老年人只能依靠家庭养老或自我养老来应对。“未富先老”将使年轻一代面临沉重的养老负担和压力，这将对我国的经济和社会发展带来冲击和严峻考验。当然，我们纵观世界各国的人口老龄化，西方发达国家尽管经历了百年的时间完成了资本的积累，目前也一样面临着人口老龄化带来的种种危机。而我国的经济在世界经济体系中的崛起与腾飞客观上能够为中国的人口老龄化提供潜在的经济发展支撑。可以说，现阶段我国既面临着人口快速老龄化给社会经济发展带来的压力，同时也为社会经济的发展提供了一个相对有利的时机，二者在矛盾中相互交织而不断发展。

2.1.1.4 人口老龄化呈现明显的二元结构

中国特有的户籍制度造就了中国特色的城乡二元结构。因此，中国的人口老龄化不可避免地带有明显的城乡二元痕迹。由于市场经济的发展和资源禀赋的差异，大量农村人口向城镇迁徙流动，而迁移人口中绝大部分又是青壮年人口，他们的流动轨迹使得农村老人比例高于城镇水平，家庭养老功能进一步弱化和降低。人口流动已经填补了城乡在老龄化程度上的差异：乡村年龄在65岁及以上的人口比例已经达到8.1%，高于城镇6.0%和城市6.7%的水平①。

此外，人口老龄化在欠发达地区和东部沿海发达地区之间也发生了逆转性的变化。对比2000年第五次人口普查时的数据，老龄人口比重最高的五个地区是上海、浙江、江苏、北京和天津，都属于东部发达地区。而2010年第六次人口普查时这五个地区变为了重庆、四川、江苏、辽宁和安徽。其中老龄化程度最高的重庆是11.56%。除江苏是经济发达地区外，其他都为经济欠发达地区。而北京、天津、广东和福建等发达省份，一跃从老龄化严重地区转变为低于全国平均水平的区域。

2.1.1.5 “空巢老人②”日趋增多，家庭养老模式面临日益严峻的挑战

所谓“空巢老人”，一般是指子女离家后的中老年夫妇。随着社会老龄化程度的加深，空巢老人越来越多，已经成为一个不容忽视的社会问题。当子女由于工作、学习、结婚等原因而离家后，独守“空巢”的中老年夫妇容易因此而产生心理问题。1987年，在老人的家庭中，“空巢家庭”所占比例只有16.7%，而2000年上升到26%。2010年11月，民政部披露我国目前城乡空巢家庭超过50%，部分大中城市的空巢家庭达到70%。“空巢老人”数量大并且呈现高龄化趋势，加上我国的人口老龄化及高龄化进程的加速，给传统的家庭

---

① 数据来源于北京美廷老年公寓项目调研报告。

② 空巢老人指的是独居老人和仅仅与配偶居住在一起的老年人群。

养老模式提出了严峻的挑战，但实际上这个过程同时也为社会养老模式提供了极为有利的发展空间。

2.1.2 我国人口老龄化的发展趋势分析

人口老龄化以何种态势和速度发展取决于总和生育率①和经济社会发展水平。在20世纪70年代初期，我国的出生率为27.93‰，总和生育率大概在5.8左右②。随后，我国实施了控制人口增长的计划生育国策，这一控制生育的政策在降低人口增长速度和生育水平的同时，也加速了人口转变的进程，人口出生率从1973年的27.93‰降至2000年的14.03‰，几乎使出生率下降了一半，而且这种下降趋势一直持续至今仍未改变。根据我国第五次人口普查和第六次人口普查的数据显示，总和生育率分别为1.22%和1.18%。按照人口学的规律，全国总和生育率需要保持在2.1%这个正常的人口更替水平时，人口总数才会稳定不变。一旦总和生育率低于2.1%，人口数量就会下降。因此，可以肯定的是，我国的生育率已经降至更替水平以下，进入了人口慢速增长区间。西方发达国家实现人口高增长向低增长的态势转变花了上百年的时间，而我国只花了将近30年就走完了这样一个过程，这也是我国人口生育率转变的"压缩"与"滞后"的结果。联合国经济和社会事务部人口司根据中国生育率和死亡率推算了我国1970—2100年的人口老龄化和少子化趋势，预测结果见表2-2。

① 总和生育率（total fertility rate）是衡量人口增长最重要的指标之一，指的是一个妇女一生平均生育的子女数目。

② 国家计生委课题组．中国未来人口发展与生育政策研究［J］．人口研究，2000（3）．

表 2-2　中国 1970—2100 年人口发展趋势预测

年份	0~14 岁人口数（千人）	占比（%）	60 岁及以上人口（千人）	占比（%）	65 岁及以上人口（千人）	占比（%）	80 岁及以上人口（千人）	占比（%）	少儿抚养比（%）	老年赡养比（%）	总抚养比（%）
1970	322 326	39. 6	53 763	6. 6	32 787	4. 0	2 364	0. 3	70	7	77
1980	349 066	35. 5	78 237	8. 0	50 677	5. 2	5 816	0. 6	60	9	69
1990	320 862	28. 0	101 862	8. 9	68 050	5. 9	9 850	0. 9	42	9	51
2000	323 411	25. 5	129 706	10. 2	88 912	7. 0	13 620	1. 1	38	10	48
2010	260 958	19. 5	165 151	12. 3	109 845	8. 2	18 211	1. 4	27	11	38
2020	232 433	16. 7	240 995	17. 4	166 420	12. 0	26 291	1. 9	24	17	41
2030	203 548	14. 6	340 022	24. 4	229 446	16. 5	39 073	2. 8	21	24	45
2040	185 256	13. 6	400 116	29. 4	317 093	23. 3	64 901	4. 8	22	37	59
2050	174 389	13. 5	439 206	33. 9	331 204	25. 6	98 339	7. 6	22	42	64
2060	164 869	13. 6	442 866	36. 6	357 090	29. 5	106 701	8. 8	24	52	76
2070	158 495	14. 1	413 925	36. 8	340 484	30. 2	121 377	10. 8	25	54	79
2080	154 463	14. 7	381 520	36. 4	315 280	30. 1	122 639	11. 7	27	55	82
2090	151 664	15. 4	345 424	35. 1	286 714	29. 1	110 887	11. 3	28	52	80
2100	149 811	15. 9	321 204	34. 1	265 577	28. 2	107 074	11. 4	29	51	80

数据来源：根据联合国经济和社会事务部人口司《世界人口预测：2010》计算整理而得。

从预测的数据来看，我国的人口老龄化程度在21世纪呈现稳定增长的态势，到2040年，60岁及以上的老年人口数量将突破4亿大关，占总人口比达到30%左右。我国的老年人口并非是长期增长的，到2060年左右老年人口总量将达到峰值，此后开始进入缓慢减少的阶段。但直到2100年仍将有3亿以上的老年人口，60岁和65岁以上的人口比例也都在30%的区间附近，这意味着我国在21世纪仍将一直保持全世界最为庞大的老年人口群。我国未来人口老龄化的趋势具体总结如下。

2.1.2.1 我国人口老龄化将贯穿21世纪始终

自2000年我国正式宣告进入老龄化社会开始，老年人口数量不断增加，老龄化的水平从10%一直递增至30%左右，老龄化程度处于持续加深的态势。在整个21世纪中，我国人口将承接20世纪八九十年代的老龄化和高龄化态势，并且呈现出动态加速发展趋势。到2100年，我国60岁及以上的老年人口总量仍有3.21亿的高存量水平，占总人口比例为34.1%，意味着整个21世纪人口老龄化长期显性存在。

2.1.2.2 老龄化、高龄化和少子化并存

从2000年我国老年人口占比突破10%以来，老龄化程度就一直往加深，直到达到36%才略有缓和，80岁及以上高龄人口规模在21世纪中叶达到1亿左右，高龄化水平上升至10%以上，重度老龄化和高龄化问题将越来越明显。另外，少子化现象也伴随着老龄化和高龄化凸显出来。在21世纪里，0~14岁的少儿人口总量从3.2亿骤降至1.5亿，占比也从26%降至16%。

2.1.2.3 2000—2030年为我国“人口红利窗口”

从2000年我国进入老龄化社会后，老龄人口的数量和老年赡养比不断提升。但是2030年以前，由于少儿抚养比下降，而人口老龄化的速度要慢于并且晚于人口出生率的下降速度，因此，总抚养比一致保持在50%以下的水平。但是2030年以后，由于少儿人口比开始稳定在15%左右的水平，少儿抚养比基本上保持稳定态势，而同时期的老年赡养比不断上升，因而造成总抚养比的不断上升，这意味着“人口红利窗口”进入了转折阶段。

2.1.2.4 2030—2060年是我国人口老龄化问题最为严峻的阶段

在这一时间段中，老龄化水平将到达高峰阶段。到2060年左右，60岁及以上和65岁以上的老年人口将冲至数量顶峰，与此同时在2030年以后，人口总抚养比将快速攀升达到50%的超高位水平，有利于经济发展的“人口红利期”窗口将在2033年左右接近尾声。整体上看，2030年至2060年这三十年时间，我国人口总抚养比以及老年人口赡养比将分别超过70%和50%的水平线，

是人口老龄化最为严重的时期。

2.2 我国主要养老服务模式

依据养老服务的来源不同，现存的养老模式可以划分为三大类，即家庭养老（传统的居家养老）、社会养老和自我养老。其中，社会养老又包括社会机构养老和社区居家养老两种模式。家庭养老、养老院养老（养老服务机构养老）和社区居家养老是我国目前三种基本的养老模式。家庭养老是传统的养老模式；养老院养老是社会化的养老模式；社区居家养老是一种兼顾家庭和社会的养老模式。

2.2.1 家庭养老

家庭养老即传统的居家养老。中华民族几千年形成的传统观念，就是“养儿防老”“金家、银家，不如自己的穷家”。中国人习惯在自己的家庭养老，享受儿孙满堂的天伦之乐，出门有熟悉的邻里，互致问候，聊天。我国作为崇信儒家文化的国家，长期以来形成了“家庭养老”的传统模式，养儿防老、家长的主导地位、几代同堂等传统观念根深蒂固。选择家庭养老的人们，他们生活在家庭中，感到“熟悉”和“自由”，经济上也比较划算，从社会的角度考虑，家庭养老的社会硬件设施成本几乎为零。

在我国农村，一直以家庭养老为主，近年来，农村家庭养老功能也呈弱化趋势，社会养老功能不断加强。政府将有条件的敬老院建成综合性、多功能、面向农村老人的社会福利服务中心，进一步完善社会救济和五保户的供养制度，倡导村民互助；教育年轻人要孝敬老人，加强法制观念；使农村孤寡老人都能过上有吃有穿有住有医有葬的五保生活，贫困老人通过最低生活保障获得救助。

但随着当今家庭规模向小型化发展，子女数减少，加上当前老人与子女共居向分居转变，越来越多的独生子女的出现使子女对老人的赡养更加困难。对于子女而言，随着经济的发展，各种就业压力、社会竞争使得不少子女将大部分时间投入自己的事业中，相应地减少了照顾老人的时间，使得不少人陷入“事业人士”与“孝顺子女”角色的冲突当中。这就对传统的居家养老发起了挑战。现代社会的人际竞争加剧，生活节奏加快，工作负担加重，致使家庭养老的人力成本剧增，一般家庭难以承受，赡养者疲惫不堪；加上“421”家庭的逐渐增多、空巢家庭等问题的出现，家庭养老这一传统养老模式必将随家庭结构的变化而逐步向社会养老过渡。

2.2.2 社会机构养老

社会机构养老是指依靠国家资助、亲人资助或老年人自助的方式，将老人集中在专门为老年人提供综合性服务的机构中养老的模式。即由专门的养老机构（包括社会福利院、敬老院、托老所、老年公寓、民办养老机构等）将老人集中起来，进行全方位的照顾。机构养老服务所提供的服务较为专业，还有全科医生进驻养老机构，提供医疗护理。

2.2.2.1 社会福利院

社会福利院是以政府投资为主，并给予信息资源、政策支持。同时募集社会资金，建设、改善相关设施，收养“三无”老人、孤残儿童、弃婴，实行养、治、教并举的工作方针，保障弱势群体的合法权益，维护社会稳定。社会福利院的养老功能较弱。

2.2.2.2 敬老院

敬老院是在农村“五保户”的基础上发展起来的。1956 年农业合作化时期，农业生产合作社对缺乏劳动能力、生活没有依靠的鳏、寡、孤、独者，实行保吃、保穿、保医、保住、保葬（儿童则为保教），简称“五保”。1958 年，对五保户实行集中供养，在全国各地兴办了一批敬老院。1978 年以来，随着农村实行联产承包责任制和集体经济的发展，敬老院得到进一步的巩固和发展。后来一些城市街道也都办起了敬老院。

2.2.2.3 民办养老机构

社会民办养老机构包括民办老年公寓和民办敬老院。

一是民办老年公寓。中国老龄科研中心政策室曾对北京 1 600 余名 50 岁及以上的中老年人展开调查，希望入住老年公寓的人数达 1 000 余人。老年公寓正日益获得老年人的欢迎，目前国内一些老年公寓还出现人满为患的局面。随着我国经济的快速发展，中产阶层的人群不断增加，2009 年之后，很多老年公寓，已经不再是独立的慈善或者福利机构，反而变成了一种需求，甚至有人在未退休之前就开始预订老年公寓。这就给民办老年公寓的发展提供了契机。一些富商、房地产商、公立、私立医院等，在尚不完善的政策支持下，建设起具有“福利性事业、市场化经营”特点的老年公寓，各种形式的由个人、社会或企业建立的老年公寓在各地相继出现。在全国各大中城市，老年公寓已经很普遍，并且出现低、中、高档分级，弥补了国家办老年公寓的不足。

二是民办敬老院。农村一部分先富起来的人，主动为社会福利事业做贡献。个人出资建敬老院，把无依无靠、病残鳏寡、不能进入乡镇敬老院的困难老人免费收养起来，弥补了农村特别是经济欠发达地区养老机构的不足。

2.2.2.4 老年公寓

我国从70年代末、80年代初在上海、北京、天津、大连、烟台等地开始由政府民政部门兴建老年公寓，属于机构养老的范畴。老年公寓主要是向那些有生活自理能力的老年夫妇和单身老人提供便利和服务的一种设施，是一种既体现老年人居家养老，又能享受到社会化服务的新型老年住宅。它不同于养老院，也不同于侧重需要医护照料的护理院，而是面向有一定经济负担能力的，以为老人提供住宅服务为主的一种养老机构，是老年人独立居住的整个住宅单元，单元内有卧室、起居室、浴室、厕所、厨房等，公寓内有各种服务、文化娱乐、医疗设施与专门的服务人员。

按照投资和经营主体划分，我国目前发展起来的老年公寓大致有："政府办老年公寓""政府投资、个人运营型老年公寓"和"社会办老年公寓"三种类型。目前我国老年公寓从功能上看既有适老化的居住功能，又比较注重实现专业化的养老服务需求。它的适应对象既包括生活完全能够自理的老人，也包括半自理和完全不能自理的老人。对于生活完全能够自理的老人，老年公寓主要提供健身设备、文化娱乐、休闲养生等相关设施和服务，对于半自理和完全不能自理的老人，则着重于专业化的生活照料、康复疗养、心理咨询以及精神慰藉等服务。因此，老年公寓既不同于传统意义上的敬老院和福利院等社会福利性的养老机构，也不属于国家或者集体兴建和资助的社会福利养老机构。

2.2.2.5 目前社会机构养老发展中存在的主要问题

近年来，在党中央、国务院有关文件及规划的引领下，各地养老政策纷纷落地，全国上下兴起了发展养老服务机构的热潮。但在养老服务业的具体发展过程中，大多数养老机构却陷入了发展困境，总体发展不尽如人意。公办养老服务机构在建设过程中，出现了占地成百上千亩的养老机构，运行成本高、床位闲置率高、经济效益差的现象。民办养老机构进入了高端养老、豪华养老、休闲度假式养老、会员制养老的误区，甚至出现借发展养老服务之名非法集资等伪养老机构。部分民营养老机构出现了不登记注册，无证经营等现象，导致出现经济纠纷，更为严重的则发生群体性安全事件。如河南鲁山一养老院发生火灾，造成38人死亡、4人轻伤、2人重伤。发生这样的事件，连老年人的基本权益都无法保障，如何实现安心养老？接下来，就我国目前社会养老机构发展中存在的主要问题做如下分析：

一是养老机构发展政策落实不到位、体系不完善。主要表现为部分公办养老机构定位不准确；现有政策因部门分割或操作性不强等原因落实不到位；制约养老机构发展的土地、融资、连锁经营、风险分担等领域的关键政策尚未实现有效突破。

二是养老机构双轨运行，市场竞争机制不完善，民办养老机构的发展空间被挤占。

三是养老机构自身建设滞后，服务水平较低。主要表现为适老性设计和服务理念滞后、基础设施配备不足、专业人才缺乏等。

四是机构养老服务有效需求不足。“哑铃形”供给抑制有效需求，也就是市场上处于两端的豪华型养老机构和设施简陋的养老机构较多，真正符合大多数老年人的中档养老机构所占份额较低，呈现两头大、中间小的“哑铃形”，直接导致大量老年人的需求得不到满足。

五是支持养老机构发展的社会氛围有待形成。

总之，为了积极应对人口老龄化，加快发展养老服务业，为老年人提供更优质的服务，近几年我国社会机构养老发展较快，尤其是老年公寓，如社会力量兴办的多种投资、多种经营模式的老年公寓，但快速发展过程中所凸现出来的种种问题，也不容我们忽视，亟须得到妥善解决。下面以老年公寓为代表就其发展中存在的主要问题和促进其发展进一步探讨：

（1）体制层面所存在的问题。体制层面所存在的问题主要包括：

一是体制观念制约。随着人口老龄化进程的加剧，近几年我国老年公寓的发展较快，舆论环境和市场环境也比较宽松，但体制观念上的制约仍然在一定程度上阻碍着老年公寓的进一步发展，如有些部门对发展老年公寓等养老设施还缺乏正确的认识，尤其是对一些民办的老年公寓，在工作规划与指导上并没有完善的计划，缺乏统一的规划与合理布局。

二是管理体制不健全。老年公寓等老年人养护与服务设施是一项系统性的社会工程。服务管理机构和工作方式需要有一个组合、协调、发展完善的过程。这类设施属于社会福利性或公益性事业，需要社会统一的法制化管理和规范。目前各级政府部门未能建立起全方位、成形配套的法规体系和管理体制，因而使各级政府、各有关管理部门缺乏协调性，工作归属关系不明确，工作角色模糊，缺乏整合效应。例如一些民办老年公寓在注册登记的时候就常常会觉得找业务主管部门批准太难，如标准太高、手续烦琐、注册资金太多等。

（2）相关的政策、法律不健全。相关的政策、法律不健全主要表现在：

一是缺乏完善的扶持政策。老年公寓等养老服务设施的发展起步较晚，基本上是随着我国人口老龄化进程的加剧应运而生，相关的政策也是随着它们的发展而逐步制定的，如《老年人权益保障法》第三十九条规定："各级人民政府应当根据经济发展水平和老年人服务需求，逐步增加对养老服务的投入。各级人民政府和有关部门在财政、税费、土地、融资等方面采取措施，鼓励、扶持企业事业单位、社会组织或者个人兴办、运营养老、老年人日间照料、老年人文体活动等措施。"但在具体的发展过程中，尤其是民办的老年公寓，由于缺乏政府和社会各界的资助和扶持，往往会遇到更多的困难与问题，需要国家制定具有针对性的扶持政策，例如在医疗保障、贷款抵押、权益保障、税收等方面制定更优惠和更完善的政策。

二是已有政策不能切实落实。政策的制定在于实施，对我国目前老年公寓等养老设施的发展，国家制定了一些相应的政策，然而在政策的实施过程中，由于多方面的影响，往往不能落到实处。有些优惠政策涉及建设土地、费用征收、银行贷款、财政资金支持等具体规定，但由于涉及的部门较多，实施起来非常困难。有些经营者甚至不知道有什么优惠政策，政策的宣传与实施存在很多漏洞。

三是缺乏统一的行业标准。尽管老年公寓在近几年来发展较快，但就目前的发展情况来看，对于什么是老年公寓、有关老年公寓的设施、人员构成、服务内容、居住环境等相关指标并没有一个统一的行业标准。严格来讲，老年公寓面对的服务对象是一些自理状况较好，可以独立居住在公寓所提供的住宅里，并享受公寓内的一些娱乐、医疗和服务设施的老年人。但从目前已有的老年公寓来看，一些类似于养老院、护理院的老年机构也叫作老年公寓，他们接收的老人有很大一部分是需要人护理、照料的老人。此外，尽管国家出台了一些有关老年福利养老机构的相关政策规定，如《老年人建筑设计规范》《老年人社会福利机构基本规范》等一系列法规和行业标准，但在进一步完善老年公寓的各项服务、设施、经营管理等方面仍然缺少相应的行业标准。老年公寓的发展参差不齐，对老年公寓的服务质量也无法进行监督。如香港关于安老院（即我们的老年公寓）条例有600多条，对护理员的资格、住所及周边环境是否适合老年人居住、老年用品的规格等都有详细的规定。

四是相关的法律规定不完善。由于老年人的特殊身体状况，他们在公寓内居住时，所发生的身体损伤或者医疗问题，往往导致老人及其家属和公寓的管理及服务人员之间产生纠纷、发生矛盾，造成这一现象的根本原因就在于当老人入住公寓时，双方的权利和义务没有明晰的规定，产生纠纷后没有可靠、有效的法律依据。这无论对老年人个人来讲，还是对老年公寓等养老设施的发展来讲，都是一个不容忽视的问题。因此，建立一套完善的法律制度，确定双方的责、权、利，是保障老人和养老设施双方利益的基本要求。

（3）老年公寓的整体实力需要进一步提高。我国老年公寓整体实力有待进一步提高表现在以下几个方面：

一是资金来源渠道少，资金投入严重不足。严格来讲，从目前我国养老设施的发展来看，在很大程度上还属于社会福利和社会公益性事业。在老年公寓发展的三种主要类型中，资金的问题是制约他们进一步发展的主要瓶颈。虽然我国老年人的生活水平整体有了很大的提高，但其收入水平和消费水平依然不高，消费观念还很保守，拥有花钱买服务这种想法的老年人还不是主流人群。政府在发展老年公寓上的投入比较有限，许多老年公寓，尤其是小型的老年公寓都处于收支勉强平衡的局面，而民办的老年公寓在贷款方面也存在着种种阻力。资金的不足限制了老年公寓进一步提高服务质量、增加服务设施，在很大程度上阻碍了老年公寓的进一步发展。

二是服务项目比较单一，层次不高。政府办的老年公寓大都设施比较齐全，居住环境、服务质量相对比较有保证。随着“社会福利社会化”政策的实施，一些合办或者社会力量所办的老年公寓也开始发展起来，但由于没有统一的标准，这些老年公寓大都规模大小不等，有些规模大一点的老年公寓设施比较齐全，但对于大部分中小规模的老年公寓来说，他们的服务设施还不完善，在满足老人生活、娱乐、休闲、健身、学习、医疗等方面，条件还不具备，服务项目比较单一，层次不高。

三是服务人员素质不高，知识结构不太合理。我国的老年公寓由于起步较晚，还没有形成一个完善的体系，因此大多数老年公寓的工作人员和管理人员缺乏相关的专业培训，整体知识水平比较低。由于工资水平较低，很多民办老年公寓的护理服务人员多为下岗职工，学历不高。在专业人员配套上，大多数老年公寓没有配备或没有意识到要配备具有专业护理、老年心理学方面的知识的专业人士的重要性，无法满足老年人多方面的需求，服务质量、管理水平也难达到更高的档次。

（4）促进我国老年公寓健康发展的对策建议。

老年公寓作为我国目前社会机构养老服务设施的一个重要部分，它的发展离不开养老服务设施的整体发展。随着“社会福利社会化”政策的推进，社会化养老将成为我国养老方式的一个主要方向。在目前我国进一步发展社会化养老的大环境还不十分成熟的情况下，政府更应该制定完善的政策、法律，执行其指导、规划、服务的职能，为老年公寓等养老设施的进一步发展创造良好的环境。政府在制定政策时，应该注意长期与短期相结合；不仅要有面对所有养老设施的法律、政策，还要分清不同养老设施的特点，做到既有全面性又有针对性。具体建议如下：

一是进一步强化老龄观念，制定、完善相关政策。由于我国目前已进入老年型社会，国家对老龄问题非常重视，1999 年 10 月就成立了全国老龄工作委员会，2015 年 4 月修正颁布了《老年人权益保障法》等一系列保障老年人的权益、提高老年人生活质量的法律、政策。然而，就目前的情况来看，许多政府部门对老龄问题的重要性还没有足够的认识，许多地方政府部门在进行工作规划时，甚至没有老龄工作的观念，这也是阻碍老年公寓等养老设施进一步发展的重要原因。

因此，要进一步强化各级部门的老龄观念，加强他们对老龄工作的指导，发挥政府部门的政策制定、宏观管理职能。政府要从过去直接包办，转变为进行宏观管理、政策指导、制定政策、法律咨询、促进交流、辅导培训、典型推广、指导服务。政府有关部门要正确判断市场需求的趋势，从宏观上对各种养老设施的发展进行规划、调控和指导，避免盲目建设，造成资源的浪费。执行社会福利社会化的政策，大力扶持发展民办老年福利设施，政府要根据老年公寓等养老设施的发展现状，给予资金和政策扶持，尤其是政策上的优惠，使社会养老机构逐步成为自主经营、自负盈亏、自我约束、自我发展的经济实体。同时要充分利用现有设施，积极改建不同形式、不同档次的老年福利院、护理院、公寓和托老所。各部门和单位的老年服务设施要逐步向社会开放，计划部门要加大对老年服务设施的投入，市和区、县都要尽快建设示范性老年服务设施。为鼓励和引导社会力量积极参与，各级计划、建设、开发、规划、土地、房管、市政、财政、税务、物价、房改、金融等部门应给予优惠政策的扶持。

二是出台相关的法律政策，理顺入住老人与老年公寓之间的责、权、利关系。为了确保入住老人和公寓双方的权益，一定要出台相关的法律政策，做到有事有法可依，使老人住得安心，老年公寓等养老机构也能依据法律确认自己需要承担的责任，而不是一有事故发生，就只能产生纠纷，而不能得到妥善的解决。可以按照老人的身体状况在老人入住之前就与院方签订有关协议；也可以由入住老人和院方各按一定比例为老人购买保险，在事故发生之后将损失降到最低。一定要理顺入住老人与老年公寓之间的责、权、利关系，确保双方的责任和利益。

三是成立行业协会，统一、完善行业标准。目前老年公寓的发展基本上处于各自发展的状况，虽然国家出台了一些关于养老机构的规范和行业标准，但随着社会福利社会化的发展，按照市场经济的要求，这些还是远远不够的。在政府扶持发展的基础上，可以有目的地组织一些发展较好的老年公寓的经营者，成立老年公寓的行业协会。一方面，政府要发挥调控和监督的职能；另一方面，要充分发挥行业协会的作用，使发展好的带动发展不好的，通过协会的力量进一步规范和协调老年公寓的发展，逐步改变我国目前老年公寓发展参差不齐的局面，在发展的过程中进一步统一、完善老年公寓的行业标准，如居住环境、娱乐设施、服务质量等，使再发展起来的老年公寓有章可循，做到良性循环。

四是拓宽经济支持渠道，经营模式要灵活、多样化。资金的制约是各地老年公寓发展的一个主要问题，政府的资金投入有限，因此，要解决老年公寓发展过程中的资金问题。一方面，要确保各项资金优惠政策，如贷款、税收、水电费等优惠政策的切实执行；另一方面，也要拓宽经济支持渠道，老年公寓的经营模式要灵活、多样化。如可以以入住老人原住房的租金代替公寓的入住费，或者在社会保险或商业保险机构中设立职工终生医疗保险和照料保险，保险金可依法使用于被政府认定的老年公寓等养老机构中。

五是提高老年公寓工作、服务人员素质，提高服务质量。提高老年公寓工作人员的素质，加强专业化的培训，特别是对服务人员的养老服务管理、护理等专业知识和技能的培训。一方面，逐渐提高养老服务队伍的专业化水平，提高老年公寓工作、服务人员的素质，提高服务质量；另一方面，也要规范老年公寓服务人员的管理制度，确保他们的权益，逐步建立起养老机构服务人员的资格认证、职称评定体系，确保他们的职业发展。稳定服务人员队伍，从根本上做好服务老人的工作，促进我国养老设施向管理、服务产业化、专业化、市场化发展。

2.2.3 社区居家养老

社区居家养老是指老年人按照我国民族生活习惯，选择居住在家庭中安度晚年的养老方式。以社区为平台，整合社区内各种服务资源，为老人提供助餐、助洁、助浴、助医等服务（其中，创办老年食堂是开展社区居家养老助餐服务的重点和难点）。该模式是指老年人住在自己家中或长期生活的社区里，在继续得到家人照顾的同时，由社区的养老机构或相关组织提供服务的一种养老方式。它是介于家庭养老和机构养老之间，利用社区资源开展养老照顾，由正规服务机构、社区志愿者及社会支持网络共同支撑，为有需要的老人提供帮助和支援，使他们能在熟悉的环境中维持自己的生活的一种模式。2017

年12月，社区居家养老入选2017年民生热词榜。

发达国家社会福利学界按照养老所使用资源的不同把养老方式明确地区分为家庭养老、社区养老和机构养老，或者称为家庭照料、社区照料和机构照料。而我国政府部门出台的相关文件中把西方国家所指的社区养老或社区照料拆分成两个概念“居家养老和社区养老”，实际上，居家养老和社区养老同属于有别于家庭养老的社会化养老方式，二者从概念上不易分开，强调的都是由社会多元主体为不入住养老机构而居住在家、生活在社区中的老年人（绝大多数老人）提供各类社会化的养老服务。如果没有社区为居家老人提供社会化的养老服务，居家养老服务也就无从谈起，居家养老自然无法实现。居家养老除了需要家庭照料外，还需要来自社会的帮助，主要需要来自社区力量的照顾。所以居家养老与社区养老是无法分开的，本书认为没必要把它们用两个概念区分开来，如果非要如此的话，反而加剧了养老方式概念的混乱。故此，本书中使用社区居家养老服务这一概念，社区居家养老强调了社区在居家养老中的作用。其含义就是政府文件中所指的居家养老服务，即政府和社会力量依托社区，为居家的老年人提供生活照料、家政服务、康复护理和精神慰藉等方面服务的一种养老服务形式。

2.2.3.1 社区居家养老与国情相符

我国现阶段国情是传统的居家养老观念仍然根深蒂固。人一旦变老，就有一种落叶归根的心理，到了陌生的环境，很容易产生失落、惆怅、孤独的情绪。居家养老可以和周围环境融为一体，延续以往的社会网络，使老人的心理更健康。由于城镇化的不断发展，城镇人口老龄化程度更为严重。社区是城镇老年人生活和日常活动的主要场所，社区居家养老作为一种新型的养老方式，保留了传统在家养老的形式，利用个人、家庭、社区和社会的力量和资源，向老年人提供就近而又便利的服务，满足老年人养老的心理和物质需求，让老年人拥有稳定、良好的生活状态，减轻其子女的日常照料负担，弥补社会养老机构的不足，能较好地解决老年居民的实际问题，顺应了人口老龄化的客观要求。

当前家庭小型化、空巢家庭和独居老人的增加趋势，家庭赡养功能弱化的特点，使传统的家庭养老逐渐走向死角。各地逐步推行“90-7-3”养老格局，即90%的老年人在社会化服务协助下通过家庭照料居家养老，7%的老年人通过社区服务养老，3%的老年人入住养老服务机构集中养老，也可以理解为以居家为基础、社区为依托的社区居家养老占比97%。这与我国构建以居家为基础、社区为依托、机构为补充、医养相结合的养老服务体系的养老服务方针相契合。

2.2.3.2　社区居家养老的基本做法

社区居家养老的基本做法是：在城乡各个社区建立养老护理服务中心，老人仍然居住在自己的家里，享受服务中心提供的营养和医疗护理以及心理咨询，并由服务中心派出经过训练的养老护理员按约定定时到老人家中为老人提供做饭、清扫、整理房间等家务服务和陪护老人、倾听老人诉说的亲情服务。所以，有人说：社区居家养老是一个无围墙的养老院。开展居家养老服务相对于机构养老，更为适应我国老年人的生活习惯和心理特征、满足老年人的心理需求、有助于他们安度晚年，也更为符合我国实际，符合大、中、小城市中心城区发展的社区养老服务的新路子。

一是组建“以老助老”互助小组，组织社区老人开展互助活动。一些乐于奉献的老人自愿腾出自己的房子，发挥自己的特长用于助老服务，并相互提供家政、娱乐、体育、医疗等各种帮助。

二是建立健全社区老年福利服务网络，如社区医疗保健站、托老所、养老院、护理院、照料中心、文化活动中心等，把老年社区福利服务网络建设纳入社区建设中。建立空巢、孤寡老人的社会照料系统，对行动不便的老人提供上门服务，组织志愿者为老人提供看护和日常服务。民政部实施的“星光计划”是推进社区福利建设的有效形式，以社区为中心的老年服务体系，将逐步走上社会化、产业化的道路。

但是，社区居家养老作为一种新型的养老模式，还处在起步阶段，还有很多方面需要全社会的共同努力。我国多个省市地广人稀，情况各异。尚需实事求是，因地制宜，同心协力，把社区居家养老这项新兴的事业办好。

2.2.3.3　社区居家养老服务具体模式

现代社会多元化的趋向使老年人群对养老的期望值增高，机构养老服务模式已经不能完全满足老人对生活品质的高水平需求。以村民委员会和社区居民委员会为核心、社区居家养老为依托、社会化专业服务与非专业化服务相结合的居家养老服务体系已经成为新型养老模式。

开展社区居家养老服务，是我国积极应对人口老龄化快速发展趋势的战略选择，是我国目前破解巨大养老服务难题的根本出路，也是依据中国国情，尊重民族传统，更新养老服务理念、创新养老服务方式、发展社区服务的重要途径。它对于促进老龄事业与经济社会的协调发展，提高老年人生活质量，构建社会主义和谐社会具有非常重要的意义。各地在开展居家养老服务的过程中，因地制宜，创造和形成了以下几种各具特色、多种多样的服务模式。

（1）政府主办，层级联动模式。这种模式在我国中西部许多城市开展的居家养老服务中被较为普遍地采用。它主要是采取各级政府和街居社区运用行政强制力进行推动的办法，运用各级财政资金扶持和各级行政组织的自筹资金，相应地在城区、街道、社区居委会等几个不同层面分级建立起规模有别、服务范围和服务内容有别、服务对象有别的居家养老服务机构和站点，并建立区、街、居三级管理机构，为本辖区内的居家老年人提供多种养老服务。这种模式的特点是：政府主管，政府承办，行政推动，行政运作。一般说来，从区到街道、再到社区居委会，每一级都有专门人员主管居家养老服务工作，服务人员大多选取在区、街居家养老服务中心配备事业编制的干部和工作人员，街居站点基本上由街道、居委会干部和少量聘用人员及辖区志愿者来担负。即使行政工作人员不进行直接服务，也是由行政机构直接聘用人员、直接管理来实施居家养老服务的，并且服务基本上以无偿和低偿为主。比如从成都、银川、哈尔滨、重庆等地开展居家养老服务的情况来看，许多区、街道和居委会采取的就是这种模式。如成都市金牛区政府划拨 56 亩（1 亩≈666.67 平方米）土地，吸纳民间资金 200 多万元建立了金牛区敬老服务中心，积极推动各街道、社区居委会建立养老服务设施和场所，建起街居老年活动中心（站）138 处，共计 19 680 平方米，并以区敬老服务中心为平台，在区、街、居三级建立起了居家养老组织管理机构，负责居家养老服务的实施和运营、监督和考评。再比如银川市的金凤区在社区居委会试点建立了 39 个居家养老服务站点，基本上也是采取由政府和社区出资，民政部门主管，社区承办运作的方式提供服务。

（2）政府主导，中介组织运作模式。这种模式在我国东部发达地区和沿海的一些大中城市多有运用。它主要是采取两种方式运作：一是采取公办（建）民营的方式，政府主导，加大投入建设居家养老服务设施，建成后交给民间组织使用和管理，用来实施居家养老服务；二是政府加大资助力度，资助民间组织建设并管理运营社区居家养老服务设施和站点。政府在这两种方式中都不直接承担服务功能，而是承担规划、投资、制定项目建设和服务运营法规标准、检查监督和绩效评估等职责。南京、杭州、宁波、青岛等地的一些区、街，基本上就是采用这种模式运作的。如南京市鼓楼区培育发展的“心贴心”老年服务中心、玄武区培育发展的“万家帮”服务公司，就采取连锁经营、统一管理的方式，接受政府的资助和委托，承担起了区内大多数街居的居家养老服务职能，政府则超脱于具体事物之外，在制定规划和政策、标准，财政资助，检查监督和评估等方面行使宏观管理职能。随着政府职能的转变，现在中西部的一些城市社区中也越来越多地采用了这种方式，比如成都市培育的

"晚霞"社会养老服务机构、成华区培育发展的"彩霞"助老服务社、哈尔滨市培育的"顶顶家政"等，都在开展居家养老服务中发挥了重要作用。

（3）政府资助，机构主办，连锁经营模式。这种模式在一些养老机构发展得比较好、专业化服务水平比较高的地方已有运用。它主要是一些地方根据社区居家养老服务与机构养老服务有很多相通、相似的特点，采用政府出资和社区筹资，委托或资助专业养老机构在社区承办居家养老服务设施和站点，并在建成后管理和运作，为社区老年人提供居家养老服务的一种专业化连锁运营的模式。比如前些年，牡丹江市就借助民政部实施"星光计划"的资助资金，加上地方政府配套和社区自筹资金，委托牡丹江市社会福利院在西安区的海浪小区、东安区的林机小区、阳明区的鸿峰小区和东大小区建立了四处社区居家养老服务机构，不仅设置了60张短期的住养床位，还开设了老年人活动中心和上门包护等多项服务内容，借助院舍服务长期训练养成的规范化管理、程序化运作、专业化服务的一套做法，使居家养老服务的专业化水平很快得到了提升。天津市有些社区和北京市西城区的月坛街道，依托天津鹤童养老院这所专业化的养老机构设立了连锁经营管理的社区居家养老服务机构和站点，把专业为老服务的知识和技能运用到社区居家养老服务中，也取得了很好的效果，受到广大老年人的欢迎。

（4）政府购买服务，公司承办，市场运营模式。这种模式在那些市场经济比较发达、人们市场观念比较成熟的地方被较多地采用。它主要是政府不再去办或建居家养老服务机构和设施，而是采取一般性的市场运作、购买服务的办法，由政府全部出资或部分资助，为那些三无对象、五保老人、军烈属老人、特困老人和支付能力不足的需要照顾的老年人到市场上去购买他们所必需的基本服务，而一些从事服务业的企业或公司则根据市场需求去出资举办社区的居家养老服务设施，雇用和培训为老服务人员，为居家老年人提供他们所需要的各种服务。比如在温州市、重庆市等地的一些社区，就生长出了许多专门从事居家养老服务的公司，如重庆老来乐居家养老服务股份有限公司，其服务内容涵盖：信息服务、保健康复（理疗）、健康管理、文化娱乐、精神慰藉、家政服务、代购代送、日间托老等全方位的亲情化养老服务。北京市西城区在开展居家养老服务中也生长出了一个"红黄蓝"家政服务公司，为居家老年人提供多种服务。还有哈尔滨市的普瑞家庭服务公司、康乐老年养老公司，南岗区的金桥劳务、社康服务公司等，都在政府购买服务的推动下成了社区居家养老服务市场的生力军。

针对"政府资助，机构主办，连锁经营模式"中的连锁经营模式，盈利的可能性较大，连锁经营的养老机构站点要进行规范化管理、程序化运作、专业化服务，就必须有一支专业的服务队伍，通过收取加盟费和服务主体队伍专业培训费，以及与医疗康复器械公司合作开发老年康复器械、与老年营养和食品开发公司合作并推广的方式进行，也可以在老人需求的基础上开发老人精神服务产品，如旅游产品、文化艺术产品，以及在实现老有所为、帮助有作为的老年人实现人生价值的过程中实现盈利。

养老服务行业是对社会影响很大的公共服务行业，是否能准确把握国家政策导向也是养老服务企业面临的重大挑战之一。从中央层面来看，政府鼓励培育养老服务产业已成为定局，但从地方执行层面来看，政府尚未确定与企业的合作模式和扶植方法。各养老服务业可利用这一时机，主动建立与各地方政府的紧密联系、深刻理解政府意图、参与到行业规范的制定当中。同时，充分利用政府资源，与政府建立互惠互利的双赢合作关系，以成功的案例获得政府信任，从而为未来的大规模合作打下坚实基础。

目前，各级政府与各大养老服务机构，主要是结合实际情况，根据市场惯例，按照健康状况将老年客户细分为自理型、介助型和介护型三类。大都从消费层次角度出发：大多数政府或社会办福利性质养老院主要面向低收入老年人群体，提供最基本的养老服务，如数人合住的居住空间、基本的照看和护理功能、普通的娱乐设施等。而民间资本和保险资金投入的养老服务产业则大多面向具有一定消费能力的中高端老年人群，少数项目甚至仅针对高净值人群提供全方位的豪华服务。目前社会养老服务更加注重以下三方面的关键要素：

一是居住条件。注重提供适宜老年人居住的生活空间。据消费者调查显示，大部分老年人，尤其是自理型老年人希望拥有家庭式的私密生活空间。在生活选址方面，老年人偏向选择距离子女家庭较近的社区。

二是医疗和护理能力。便利可靠的医疗健康服务是消费者在选择养老服务时最为重视的内容。对于暂时没有能力和条件在产品内建立医疗设施的机构来说，也可以通过其他的变通方法来弥补这一缺陷，如在产品选址时注意靠近医疗机构；与当地医院建立战略合作关系，聘请医生定期到社区提供上门服务，并为客户提供就诊“绿色通道”等。

三是其他增值服务和设施。应考虑到老年人，尤其是生活能自理老人的精神生活需求，为其提供有针对性的娱乐设备、康健设施、生活便利服务，并帮助其组织社交活动等，以此丰富老年人的精神生活。

2.2.3.4 完善社区居家养老服务的思考与建议

我国社区居家养老目前还处于初级发展阶段，《关于全面推进居家养老服务工作的意见》（全国老龄办发〔2008〕4号）中明确提出制定居家养老服务发展规划。要求各级政府应紧密结合本地实际，科学地研究制定本地城乡社区发展居家养老服务规划，并把它纳入当地经济社会发展总体规划和社区建设总体规划中，统筹安排，推动居家养老服务快速健康发展。至2011年，民政部提出了以居家养老为基础、社区服务为依托、机构养老为支撑、资金保障与服务保障相匹配及基本服务与选择性服务相结合的服务体系。但我国社区居家养老服务目前在人力、物力、财力等方面都还存在一些问题。

一是人力。老龄化大潮来临，养老专业人员匮乏，机构医、养、护人员紧缺，相关照护人员整体素质不高；志愿者队伍建设、慈善公益服务处在起步阶段，发展滞后；独生子女家庭规模小型化、出国移民、城市化进程等导致老人独居空巢的现象增多，同时工作压力、经济问题、地理差异等造成家庭照护功能进一步弱化。

二是物力。与养老服务相配套的法律法规不健全，居家养老、依法养老的相关政策宣传覆盖范围不广；已开展的社区居家养老服务主要集中在娱乐休闲、医疗保健等方面，对居家养老设施改善、法律援助、情感支持、老年照护等层面的服务较少；服务对象覆盖面狭隘，仅集中在独居、残障、患疾、高龄等低收入者，老年人群体覆盖面有待提高；为老服务资源整合不够，新型居家养老服务点和网络服务系统有待建立和改善；社区居家养老配套设施和服务无统一标准，急需全面改善以方便和鼓励老年人进行居家养老。

三是财力。养老问题日趋严峻，仅靠政府投入已经不能满足老年人的养老需求，鼓励居家养老的经济支撑系统和机构缺乏；社会福利、募捐、慈善公益等方式又缺少统一组织，致使资金投入不明朗，无正规途径可循；居家养老补贴资金分配也存在地区分配不均等问题，城市与城市及与农村间有显著差异。

鉴于此，为逐步完善社区居家养老服务，提出以下几点思考与建议：

（1）健全我国居家养老服务的相关法律、法规。法律是保障居家养老服务顺利实现的重要手段，全国老龄办发〔2008〕4号文件倡导为居家养老服务创建良好的外部环境和内部条件，一定程度上缓解了老龄化带来的社会危机。修订后的《中华人民共和国老年权益保障法》对老年人明确了相关保障，也对家庭的赡养和抚养人规定了法律义务。如新加坡的《赡养父母法令》中规定，被控未抚养父母的子女如罪名成立，需罚款10 000新币或判处一年有期徒刑。我国需结合城乡居家养老服务一体化建设的实践经验，同时借鉴国外老龄化国家的法律条文，以法律的形式制定出涉及居家养老医疗服务、健康保健、福利设施等的内容，使居家养老服务工作的规范化、制度化得到有效实施。

（2）提供支持社区居家养老的各方面保障。提供支持社区居家养老的保障主要包括以下几个方面：

一是以政府为主，吸纳多种资金来源。设立社区居家养老专项基金，把经费列入政府财政预算，确保社区居家养老的顺利发展。如上海从 2016 年 5 月起，全面实施了 65 周岁以上老人的老年综合津贴制度，制度规定政府投入养老补贴，确保每人都享有一定数额的补贴。类似这种养老津贴可作为设立社区居家养老的 专项基金，确保社区居家养老服务的顺利发展。

二是建立护理保险制度。护理保险制度是一种新型的老年人社会保障制度，其目的是通过护理保险制度、依靠全社会的力量解决老年人的护理问题，并以保险形式确保稳定的财政来源。具体建立可依照德国、日本、美国等国家的经验，并参照我国国情对保险制度进行修改和完善。根据这一制度，40 岁及以上的公民将全部纳入护理保险的范畴，并缴纳一定的保险费用。当被保险人需要得到护理服务时，通过申请和认定将会获得护理保险制度所提供的各种护理服务，服务涵盖居家和设施两部分。护理服务的费用主要由护理保险支付，个人只承担其中一部分。

三是加大购房政策优惠幅度。对低收入家庭提供廉租房、经济适用房，并对购买房屋以照顾老人的户主给予一次性购房补贴或小区物业管理费用优惠。强化家庭作为安居养老保障的概念，向一些先进国家和地区的做法学习。如新加坡给予家庭照顾者一次性公积金购房补贴；瑞典为方便子女照顾父母提供住房服务；深圳推出了与父母同住少缴税的政策；在德国独居老人和单亲家庭可共同居住，并将老年人养老居所置于学校附近，大学生可以劳动交换房屋租金。

（3）引导社区居家养老服务观念。社区居家养老服务不仅仅是老年人的问题，更是整个社会都应密切关注的民生问题。要使居家养老服务得以顺利发展，社区应鼓励发展居家养老相关服务，政府更应动员全社会加大社区居家养老的宣传，鼓励出台一系列居家养老的相关优惠政策。瑞典、日本、德国、新加坡、美国居家养老的最高比例可达 90.0%。社会化养老方式是社会发展的必然趋势，在宣扬社区居家养老的同时，鼓励子女与老年人一同生活也是较为人道的养老模式。同时社会应支持发展社区养老产业、社区嵌入式养老机构、长者之家、社区食堂、日托机构、临时寄托、睦邻互助、上门医疗、休闲养生等相关服务机构，并鼓励和保护投资者的各种养老产业的发展。

（4）重视社区居家养老服务人员的培养及待遇保障。加强社区居家养老服务人员的培养与逐步提高待遇应从以下几个方面着手：

一是建立居家养老管理机构。居家养老模式要想长久持续地发展，需要专业人员、专职人员、志愿者人群（介护、看护和引导）及慈善和公益人士的人力维护。应在高等及大专院校加大开设社区居家养老等养老服务管理相关专业，专业授课应包括居家老年心理学、居家老年设施安全性改造、上门为老服务的医疗护理常识等内容，致力于培养一支定向为社区老年人服务的，具备新理念、实用知识、方法和技巧的专业服务队伍，促进我国社区养老服务事业健康有序地发展。

二是护理人员应持证上岗。社区居家养老服务的专职人员需进行职业资格认证后才能进行服务，确保社区养老服务的质量。同时招聘具备专业医护知识的社区工作者为老人提供专职服务，改善社区服务人员专业化水平较低的问题，促进社区工作成为一门专业化的、社会认可度较高的职业。

三是建立和稳定社区为老服务人员队伍。可采取3种方式建立和稳定社区为老服务人员队伍，如机构养护员和居家养老专员的衔接互用、医护人员多点执业及聘用退休的医护人员作为社区为老服务人员。社区应为服务人员提供住所、照护时数存档、工资提升标准等一系列服务，稳定服务队伍。

四是协调社区养老服务提供者、老年人和社区管理者。部分社区养老服务部门由社区组织建立，另外也有私营机构和社区组织管理的非营利机构和公益机构，因此社区组织与服务提供部门之间的交流、沟通显得尤为重要。社区组织和服务提供者之间可通过以下方式进行交流，如共同制订服务计划、服务手册；共同商讨责任的分担方式；共同商讨服务提供者和接受者之间的大事件解决流程。二者之间也需签订合同，签约内容主要是为老人提供的服务内容、服务形式和服务保障，使服务具有连续性和可实践性。

（5）宜居的社区环境和便捷服务。社区居家养老便捷服务设施的建设要在区或街道的 领导下，实行统一管理、统一实施和监督。如社区中应急系统的管理和涉老服务费用的制订需根据各个社区的环境及不同年龄段、不同身体状况和不同经济状况的老年人的实际情况，因地制宜地设立不同的养老服务设施。

一是家庭内、外环境。建议充分考虑生活便利性及安全性，在老年人的住所安装烟雾报警、紧急求助挂铃和随身移动呼叫机等设备。社区需建设符合老年人需求的外部环境配套设施和无障碍通道，小区道路需确保人车分离、区域平整安全。

二是完善养老生活服务设施。

①搭建比普通便利店更为便捷的多功能便利店。多功能便利店店内货架低矮、标识清晰，服务员能够提供全方位的生活服务，如缴纳公用事业费，购买食用品、果蔬类用品等，店内有简易就餐区，也可由店员进行电话订购和兼配送餐等服务。店内的老年用品专柜可以购买助听器、假牙、手机、电子体温计、血压计、血糖仪、坐便器、按摩器、计步器、检尿计、多功能拐杖、代步车、轮椅、多功能床、室内移动吊车和其他便利性家居用品。同时设有 WiFi、干洗、烘干、快递收发、影印和传真等服务项目。

②增设日托等多种形式的居家养老和照护服务 。如以街道为单位建立临时短托、日托中心，老人集体食堂；也可改建适合老人居住的单元房，参照浦东张江的睦邻互助养老方式，或模拟大家庭居家养老组、小规模养老公寓，使无法去机构养老的孤寡、独居老人也能享受社区居家养老服务，并根据老人需求提供送餐、沐浴、理发、维修、洗涤等家政服务，服务范围更可覆盖陪聊、陪读、陪看病、陪夜、陪上街或陪旅游及其他相关人文关怀项目。

③健康保健和医养结合。社区应设立健康服务中心，提供免费体检、健康咨询、心理咨询、保健讲座和康复理疗等服务。就近的社区卫生服务中心提供代配代发非处方药、慢性病药物，家庭病床定期访视，上门基础医疗，康复理疗等服务项目，急性病、重病老年患者应有直接的绿色通道进行转诊。

④社区文化娱乐设施。设置茶、咖啡室美食烘焙房，蔬果绿种植基地，手工制作室等以丰富老年人的精神生活，使其乐享晚年。

⑤法律援助和情感支持。常年有法律咨询、法律 援助、老年维权中心、老年保障法、优惠政策公示、志愿服务和公益活动等。设亲情活动策划组，提供佳节团聚和老、幼、青交友活动，为社区居家养老提供家庭、法律和情感支持。

党的十八大就已经提出了积极应对老龄化，大力发展老龄事业和产业，进一步强调着重发展社会服务业。社区居家养老的实施需提供成熟和完善的配套服务，更需要政府、社区和老年人所在家庭的共同努力。为此，我们应不断加强和完善社区居家养老服务，为老年人提供各种优质便捷的人性化服务，这是解决老年人养老问题的重要举措。

2.3 我国养老服务模式优劣及发展趋势分析

目前我国现存家庭养老、社会机构养老和社区居家养老三种基本养老模式，其中家庭养老是传统的养老模式，养老院等机构养老是社会化的养老模式，社区居家养老是一种新兴的家庭养老与社会养老有机结合的社会化养老模式，三种模式的优劣不同，随着产业化城市化进程加快以及社会人口老龄化加剧，三种基本养老模式优劣变化及发展趋势也不同。

2.3.1 家庭养老模式的优劣及变化趋势

家庭养老沿袭几千年的传统养老模式，具有独特的伦理价值和社会功能，在我国传统家庭伦理及社会道德文化的支撑下，家庭养老模式具有很强的生命力，直到今天，我国城市大多数老年人仍然沿用这种养老模式。从社会的角度来看，家庭养老的社会（硬件设施）经济本钱几乎为零，而且其最大的好处是家庭养老能使老年人与家人尽享孝道和天伦之乐。然而传统家庭养老的不足之处在于，老年人一般难以在家庭中得到专业细致的照料护理、医疗保健及精神文化等服务；并且随着我国产业化进程加快、城市人口老龄化加剧，在“421”家庭成为城市社会主流以及社会竞争加剧、生活节奏加快的背景下，社会人力本钱与人们工作负担普遍加重，家庭成员与子女们不可能有足够的精力照顾家中老人，家庭养老面临严重的挑战，传统家庭养老模式越来越难以保持与发挥其社会功能与作用，城市家庭养老出现逐渐削弱和社会化的变化趋势。

受到产业化及社会人口老龄化的多层面冲击，城市家庭养老功能只是弱化而不是消失，家庭仍然是老年人经济供养和精神慰藉的最重要来源，家庭养老方式仍然是我国最主要的养老方式。因此家庭养老不是可否坚持的问题，而是在坚持的基础上如何用社区社会化养老服务深入挖掘和丰富“家庭养老”的时代内涵与功能，使家庭养老逐步向社区居家养老和机构养老过渡，焕发更强生命力与作用。

2.3.2 社会机构养老模式的优劣及变化趋势

社会机构养老的特征是集中养老，其优势在于服务专业化：细致专业的生活照料和医疗护理；居住环境好，无障碍设计；休闲时间多，集体生活能排解孤独；减轻子女负担；满足老人独立生活的尊严感甚至再婚生活的需要。机构养老劣势在于：社会养老需要老年人重新适应环境、重建人际关系，容易与他人（同住老人）发生冲突；生活本钱高，额外支付基本生活设施租赁用度；缺少来自家人的精神慰藉。从社会发展的角度来看，家庭养老总是一种适应较低生产力水平和落后生产方式的养老模式，而建立在社会养老保险、退休金制度、医疗保险等“现代社会养老保障体系”基础上的社会养老模式是适应现代产业社会发展要求的养老模式，从家庭养老向社会养老过渡是社会发展及养老模式演进的必然趋势。

敬老院、老年公寓等社会养老模式固然被认为是现代社会养老模式发展的方向。但从现阶段中国国情和发展趋势来看，敬老院、老年公寓等社会机构养老模式仍不可能成为目前中国城市养老的主要模式。目前社会养老模式存在以下几个方面的不足：

一是社会本钱巨大。修建敬老院、老年公寓等社会养老服务设施，包括居住、就餐、起居、活动等在内的硬件设施是必不可少的，必须进行大额基建投资；而社会养老不仅要有投资巨大的硬件设施，还要有相应的专职养护职员队伍和配套的养老服务治理系统，专业化水平要求比较高，这些都将加大城市建设和社会资源的负担。

二是现有资源的浪费。老人原来都有自己的住所和完善的生活设施，进到养老院以后，这些都将闲置，而养老院要重新占用土地资源和水电资源，这会造成浪费。

三是敬老院的收费相对来说是比较高的，并非多数家庭能够承受，而且越来越庞大的老年人口规模也是养老院难以容纳的。

四是最关键的是绝大多数老年人目前并不愿意住敬老院、老年公寓。老人离开了自己熟悉的家庭环境，来到相对陌生的地方，和原来并不熟知的人朝夕相处，这将增加他们的失落感。目前很多养老机构都是能活动的老人与患病的、卧床的、痴呆的老人在同一区域居住，这容易让老人产生一种压抑感。老人进到养老院，对于子女来说可能是一种解脱，但对老人来讲，往往是迫不得已而为之，这也是目前一些地方养老院入住率不高的原因。

2.3.3　社区居家养老模式的优劣及变化趋势

社区居家养老模式是近几年来兴起的，其基本做法是在各社区建立养老护理服务中心，由社区养老服务中心的专业养老护理员为社区居家养老的老年人提供上门做饭、照料及护理等养老家政、医疗护理及心理咨询，以及社区日托、短期照料护理等服务。社区居家养老是家庭养老与社会机构养老的有机结合，兼有两者的优点又避免了两者的短处，是一种扬长避短的理想养老模式。其优越之处主要有：

一是社会成本低，不需要进行专门的基建投资，将社区现有的几间房屋略加改造即可设立养老护理服务中心。

二是原有资源得到充分利用。老人居家养老，饮食起居的一切物品都可继续发挥作用，但通过社区养老服务一定程度上使老人家居住房变成了“家庭养老院”。

三是社区居家养老所需用度较低，服务内容及方式可自由灵活选择，适合社区大多数老年人。养老护理服务中心提供的服务价格相对较低，老年人可以根据自己的经济承受能力选择服务方式和项目，经济条件好的可以选择更多一些的服务，条件差的可以选择最基本的服务。

四是社区居家养老使老人既不需要离开自己熟悉的住所与社区，又能得到专业细致的养老护理服务，不会产生陌生感、失落感和压抑感，而且来自家庭亲人们的关怀与精神慰藉并不会减少。

五是社区居家养老需要大量的专业养老护理职员，从而为一大批下岗职员再就业创造了机会。

总之，社区居家养老能有效节约社会资源，减轻机构养老服务的压力，而且投资少、成本低、收费少、服务广、效益佳，是一种很受老年人欢迎、很有发展前途的养老模式。中外社会化养老的历史经验表明，社区居家养老是大多数老年人安度晚年的主要方式。

综上所述，中国在经济、社会、文化、人口等多方面的特殊国情，深刻地影响和制约着未来中国养老模式的选择。中国当前养老问题的解决，必须走一条社会化、多元化、专业化养老之路，因地制宜、创新性地建立起以居家养老为基础、社区照顾为依托、机构养老为补充的社会化养老模式。发展养老服务业要按照政策引导、政府扶持、社会兴办、市场推动的原则，大力推进投资主体、投资方式多元化，鼓励和引导企业和个人利用产业转型升级多余的资源如厂房、资金等，兴办养老经济实体，向新兴的养老产业发展，改变养老机构非营利的体制束缚，允许养老机构差别化经营，根据老年群体的健康状况、支付能力和服务需求，设定不同层次的服务和收费标准供老人选择，可以是有偿服务、低偿服务、政府购买的无偿服务。

2.3.4 我国养老服务发展的四大趋势

2017 年 10 月 18 日，习近平总书记在党的十九大报告中指出，中国特色社会主义进入了新时代，我国社会主要矛盾已经转化为人民日益增长的美好生活需要和不平衡不充分的发展之间的矛盾。要实施健康中国战略，积极应对人口老龄化，构建养老、孝老、敬老政策体系和社会环境，推进医养结合，加快老龄事业和产业发展。因此，当前我国养老服务发展已经凸显以下四大趋势：

趋势之一：养老服务机构规模趋向适度小型化。

随着经济社会的发展和老年人对养老服务专业化需求的提高，未来养老机构的小型化、专业化、品牌化、连锁化的趋势将更加明显。国际经验表明，无论是从经营管理、专业化角度，还是从老年人宜居舒适度角度来看，养老机构规模不是越大越好，床位不是越多越好。

从全球来看，日本是全球老龄化程度最深的国家，规模最大的养老机构的床位是800张，欧美国家养老社区的床位一般在200张左右。从国内看，上海目前正在建设“迷你型”养老院。这种迷你养老院床位规模在10~50张之间，总建筑面积在300平方米以上。杭州重点发展小型连锁养老机构，支持各区建设拥有床位10张以上、50张以下的微型养老机构。

趋势之二：机构、居家与社区养老服务一体化。

这种趋势是指养老机构植根于社区，不但为入住机构养老的老年人提供服务，而且也为周边居家养老和社区养老的老年人提供服务；对社区照料中心的设备硬件进行打造升级，增设养老床位，使其在为本社区老年人提供居家养老和社区养老的基础上，具有机构养老的功能。

上海充分利用社区的“碎片化”资源，建设“迷你型”养老院。这种养老院采取小区“嵌入式”设置，主要服务对象是有自理能力、对护理要求不高、离家很近的老年人；杭州根据日本和我国台湾的经验以及老年人的实际需求，针对远离市区的大型养老机构并不受老年人欢迎、入住率较低的现状，大力发展社区连锁养老机构，鼓励养老机构利用专业优势，将服务延伸到社区。同时，杭州也重点提升和完善社区照料中心的运营管理，让有条件的照料中心设立起日托和全托的床位，实现照料中心的实体化运营，并实施照料中心的分级运营，将照料中心打造成综合性的街道养老服务平台。

趋势之三：养老机构“医养结合”将更加紧密。

“医养结合”是一种有病治病、无病疗养、医疗和养老相结合的新型养老模式，其优势在于整合医疗和养老两方面的资源，提供持续性的老年人照顾服务。随着生活条件的改善，老年人在养老的同时更加注重医疗保健，医养结合更加紧密。

北京明确提出全市所有养老机构和养老照料中心都要具备医疗条件，构建“医养结合”的服务模式。实现“医养结合”的方式包括独立设置、配套设置与协议合作。独立设置是指有条件的养老机构和养老照料中心可申请独立设置康复医院、社区卫生服务中心（站）等医疗机构。配套设置是指内设医务室、卫生所（室）等或引入周边医疗机构分支机构等。协议合作则是针对周边医疗资源丰富、自身难以独立设置医疗机构的养老机构和养老照料中心，他们可采取与周边医疗机构签订合作协议的方式，开辟绿色就诊通道。

重庆支持养老机构申办医疗机构，鼓励具有办医条件的养老机构设立医院、门诊部、医务室；鼓励医疗机构举办养老院，积极拓展养老服务，同时要求二级以上医院普遍设立老年病科；提倡养老院与医疗机构合作；推进社区养老服务站与社区卫生服务机构合作，建立健全社区医养结合网络。

趋势之四：投资运营模式日趋多元化。

随着养老服务业发展环境的改善，社会资本投入积极性显著提高，养老服务投资运营模式不断创新，日趋多元化。

一是“OT”和“BOT”模式。我国台湾通过政府部门新建养老设施、民间负责组织经营，几年以后设施归还政府的方式，形成了公建民营的“OT”模式。此外，我国台湾还通过政府提供建设用地，民间建设养老设施，然后民间经营一段时间后，养老机构再交还给政府的方式，形成了“BOT”模式。

二是外资投资养老院模式。美国最大的养老集团 Emeritus Senior Living 及美国知名的养老及医疗投资商 Columbia Pacific Management Co.（CPM）共同创建了上海凯健国际，致力于中国养老产业的开拓。为每一位老人提供专业化、个性化、人性化的医疗、护理、康复服务。凯健国际作为中国首家外资老年康复护理机构，以上海及长三角为中心，辐射全国。

三是民办公助模式。天津根据一定的标准，分别对政府和社会力量新建或购买并形成产权的养老机构、改扩建等新增养老机构床位的，给予每张床位不同奖励的一次性建设补贴。

四是众筹模式。哈尔滨市紫丁香爱心圆梦联盟会的 45 位爱心企业家通过民办合伙的众筹方式建起了“爱心养老院”——紫丁香养老院，主要收留空巢、失独、军烈属老人。

五是政府购买养老服务模式。为解决特困群体的养老问题，石家庄出台政府购买社区居家养老服务的政策，对“三无”老人、低保老人、社会孤老、重度失能老人和 90 周岁及以上高龄老人，分别按照每月不同的标准给予服务补助。

六是养老委托服务模式。济南养老服务中心建成后，紧密结合自身实际，积极探索养老运营模式，确定了委托社会专业机构特别是有实力的医疗卫生机构进行运营的“委托服务”模式。

2.4 我国养老服务业发展情况综述

养老服务业是涉及亿万群众的民生事业，近年来，我国养老服务业快速发展，服务体系逐步完善，基本满足了老年群体日益增长的多层次、多样化养老服务需求，为及时、科学、综合应对人口老龄化提供了有力支撑。

2.4.1 政策体系日趋完善

一是2012年年底，《中华人民共和国老年人权益保障法》修订案经全国人大常委会审议通过，于2013年7月1日起正式施行。

二是新修订的《老年人权益保障法》从家庭赡养和扶养、社会保障、社会服务、社会优待、宜居环境、参与社会发展、法律责任等方面，对积极应对人口老龄化、保障老年人权益做出了全面的法律部署。

三是2013年9月，《国务院关于加快发展养老服务业的若干意见》（国发〔2013〕35号）对养老服务业发展做出了顶层设计和全面部署。

四是2016年3月，《国民经济和社会发展第十三个五年规划纲要》对积极应对人口老龄化首次单设一章，提出建立以人口战略、生育政策、就业制度、养老服务、社保体系、健康保障、人才培养、环境支持、社会参与等为支撑的应对体系，以促进人口均衡发展和健全养老服务体系。

五是2016年5月，中共中央政治局就我国人口老龄化形势和对策举行第32次集体学习，提出要着力发展养老服务业与老龄产业。

六是2016年12月，为促进养老服务业更好更快发展、国务院办公厅印发了《关于全面放开养老服务市场 提升养老服务质量的若干意见》（国办发〔2016〕91号），对进一步放开准入条件、优化市场环境、提升居家社区养老生活品质、建设优质供给体系等方面提出明确任务要求，并提出17项重点任务分工。

七是2017年2月，国务院印发《“十三五”国家老龄事业发展和养老体系建设规划》（国发〔2017〕13号），提出了8个方面主要任务，夯实“十三五”时期老龄事业发展和养老体系建设的制度、物质、人才、技术和社会基础。

文件印发后各地、各有关部门高度重视、认真贯彻落实。有关部门陆续出台了养老设施建设、土地、人才培养、标准化、责任保险、社区信息化、公办养老机构改革、老年人补贴、购买服务、长期护理保险试点等多个政策文件，各地建立相关工作机制，及时出台了配套文件，为促进养老服务业发展、提升养老服务能力营造了良好的政策环境。

2.4.2 社区居家养老服务基础不断夯实

一是设施数量大幅提高。十二五时期，中央和地方大力支持社区养老服务设施建设，基本实现城市社区全覆盖，农村覆盖率超过50%的目标。2016年，民政部联合财政部启动了中央财政支持居家和社区养老服务改革试点工作，截至2016年年底，全国共有社区养老机构和设施3.5万个，同比增长34%，社区互助型养老服务设施7.6万个，同比增长23.1%[①]。

二是供给方式日趋多元。部分地方的社会力量开始探索通过公办民营、民办互助、股权合作等方式参与社区养老服务设施建设、运营和管理，为老人提供更加优质的社区养老服务。在农村地区，“幸福院”农村互助养老等适合中国国情的社区居家养老模式也逐步发展起来。

三是服务内容更加丰富。部分地区利用物联网、移动互联网、云计算、大数据等信息技术，发展了应用智能终端和居家社区养老服务智慧平台、信息系统、App应用、微信公众号等，使社区居家养老的服务内容和服务范围大大拓展，由单纯的社区服务帮扶逐步延伸到家政、助餐、助浴、助洁、助医等服务领域。

2.4.3 养老机构不断提质增效

一是养老服务机构快速增加。截至2016年年底，全国各类养老服务机构和设施共14.0万个，比上年增长20.7%，其中注册登记的养老服务机构共2.9万个[①]。

二是养老床位数不断增加。截至2016年年底，全国各类养老床位合计730.2万张，比上年增长8.6%；每千名老年人拥有养老床位31.6张，比上年增长4.3%[①]。

三是质量明显改善。越来越多的养老服务机构不仅提供生活照料、膳食供应等服务，还提供医疗保健、康复护理以及文化娱乐活动等服务。根据中国老龄科学中心《中国养老机构发展研究报告》（2015年）的抽样调查统计，87.6%的养老机构有室外活动场地，84.2%的养老机构有文化娱乐设施，61.5%的养老机构有体育健身设施。

四是结构更加合理。机构养老服务资源进一步向失能、部分失能老人倾斜，护理型服务资源进一步扩大，护理型床位占比明显提高，预计到2020年，护理型床位占养老床位总数的比例将不低于30%[①]。

2.4.4 养老产业蓬勃发展

一是产业规模不断扩大，随着各类市场主体和社会力量的广泛进入，养老服务的消费市场潜力被不断激发，养老产业产值在GDP中所占比重迅速上升，稳增长、扩消费、惠民生的作用日益凸显。

二是社会力量踊跃参与。各地有关部门进一步简化行政审批程序，改进审批方式，并鼓励社会力量通过独资、合资、合作、联营、参股、租赁等方式参与公办养老机构改革，为社会力量进入养老服务业创造有利条件。到2015年年末，全国社会力量办养老机构数占养老机构总数的比例上升至41.5 %，预计到2020年，社会养老机构占养老机构总数的比例将超过50%[①]。

三是业态日益丰富。“医养结合”绿色通道加快建立，养老产业与健康、养生、旅游、文化、健身、休闲等产业融合发展趋势日益突出，养老产业新模式、新业态加快涌现。

四是养老用品市场日渐繁荣。老年用品制造业创新发展，适合老年人的食品、药品、服装等供给逐步丰富，相关企业研发的康复辅助器具、健康促进、健康监测可穿戴设备、智能看护等产品的安全性、可靠性和实用性不断提高。

2.4.5 养老服务各类投资快速增长

一是中央投资方面，“十二五”以来，国家发展改革委持续安排在中央预算内投资支持养老服务设施建设，从2011年的9亿元提高到2017年的30亿元，七年间投资总数超过166亿元，中央投资为养老服务体系建设提供了坚实的基础支撑。民政部从2011—2017年共安排了81亿民政部彩票公益金支持养老服务体系建设；2013—2015年，中央财政连续3年累计投入30亿元，支持建设10万个农村幸福院。从2016年开始，中央财政继续每年投入10亿元，累计投入50亿元，在“十三五”期间开展社区养老服务改革试点[①]。

二是国家发展改革委组织实施了“健康与养老服务重大工程”，要求各地放宽准入，充分调动社会资本的积极性，多措并举吸引社会资本进入养老服务业。

三是在养老领域率先实施了养老产业专项债券，在发债指标、资金用途、资产负债率、投资回收期等方面结合养老产业的特点予以放宽。目前已核准批复200多亿元，支持发债企业建设养老服务设施和提供养老服务。

2.5 重庆市养老服务现状与发展形势和目标

2.5.1 服务现状

近年来，重庆市政府高度关注老龄工作，通过加强政策保障、加大财政投入、提升为老服务水平等措施，不断满足广大老年人日益增长的养老服务需求，取得了较好的成绩。下面从重庆市目前的老龄化特点、取得的成绩和仍然存在的一些不足简单分析其服务现状：

2.5.1.1 重庆市人口老龄化特点

截至2016年年底，重庆市60岁及以上老年人口总数达到704.74万人，老年人口占户籍人口比重为20.76%，位居西部第一，全国第六，仅次于四川、辽宁、江苏、上海、山东。结合2011—2016年重庆户籍老年人口的变化情况，其人口老龄化特点主要包括：一是进入早；二是基数大；三是增速快；四是高龄多；五是空巢化。截至2016年年底，全市户籍总人口3 394.66万人，其中60岁及以上的老年人口704.74万人，占总人口的20.76%。预计到2020年，全市60岁及以上总人口将达到800万人，超过全市户籍总人口的24%。根据2016年市老龄委办统计的数据，全市城市空巢老年人家庭有64.68万户，农村留守老年人家庭有61.14万户①。

2.5.1.2 取得的成绩

重庆市养老服务取得的成绩主要包括以下几个方面：

一是在“十二五”时期，全市老龄事业稳步健康发展，养老体系日益完善，为“十三五”时期发展奠定了基础。

二是老年人社会保障水平有了进一步提升，养老保险覆盖面不断扩大，保障水平不断提高。全市城乡养老保险参保率达95%，企业退休人员养老金逐年上涨。医疗保险制度改革取得显著成效，城乡医疗保险参保率达96%。社会救助种类增多、标准持续提高。

三是老年人医疗卫生保障进一步增强。老年人医疗服务设施建设不断推进，卫生服务网点不断增加、布局更加合理。老年人健康管理水平不断提高，全市所有区县（自治县，以下简称区县）均落实了65岁及以上老年人免费体检等制度。2015年全市人口平均预期寿命达到76.7岁，比2010年提高了

---

① 数据来源于国家发改委社会发展司在2017年8月编著的《走进养老服务业发展新时代》。

1 岁。

四是养老服务业得到进一步发展。养老服务业政策体系初步形成，服务能力稳步提升，行业运行逐步规范。全市养老床位数增加至 19. 8 万张，每千名老年人拥有床位数达 30. 2 张。

五是老年人生活环境进一步优化。全市无障碍设施的改造工作不断推进，新建公共设施和养老场所无障碍率达到 100%。

2. 5. 1. 3　存在的不足

老年人权益保障和敬老有待进一步加强，老年人的精神文化生活还需更加丰富，社会参与还需进一步增强，社会管理还需进一步完善，敬老、养老、助老的社会氛围还需进一步形成。重庆老龄事业发展和养老体系建设存在以下短板。

一是体系不全。以社会保险、社会福利、社会救助等制度为主要内容的社会保障体系还需进一步健全完善，养老服务有效供给的数量、质量和结构与老年人日益增长的多样化服务需求相比还存在差距，老年社会治理体系、宜居环境建设还存在不足。

二是机制不活。老龄事业发展和养老体系建设统一谋划、统一布局的体制机制需进一步完善，涉老法规政策系统性、协调性、针对性有待增强。

三是参与不够。鼓励社会力量参与养老服务的政策力度和配套措施不足，社会参与积极性不高。

四是城乡发展不平衡。农村老龄事业发展和养老体系建设落后于城镇。

2. 5. 2　发展形势与目标

2. 5. 2. 1　发展形势

“十三五”时期重庆老龄事业和养老体系建设迎来了重要发展机遇。《重庆市国民经济和社会发展第十三个五年规划纲要》对发展老龄事业和养老体系建设提出了明确目标、做出了具体安排。深入实施供给侧结构性改革，将有效推进重庆经济转型升级，为老龄事业发展和养老体系建设注入强劲动力。“十三五”时期重庆老龄事业发展和养老体系建设面临巨大挑战。“十二五”期末，全市 60 岁及以上户籍老年人口占全市总人口的 20. 09%，高于全国平均水平 3. 99 个百分点。“十三五”期间，全市人口老龄化仍将处于快速上升通道，据预测，到 2020 年全市 60 岁及以上老年人口将超过 800 万人，占总人口比重将达到24%①，高龄老人、失能老人、独居和空巢老人等养老服务重点对象将明显增加，他们对养老服务的需求将更加旺盛、更加迫切、更加多样。老年人口快速增加带来的人口结构变化，将对未来重庆经济社会发展产生重大影响，也为“十三五”时期重庆老龄事业和养老体系建设迎来了重要的发展机遇。

2.5.2.2 发展目标

全力提升老龄事业发展水平和养老体系建设水平，不断增强老年人幸福感和获得感。

一是老年人社会保险、社会救助、社会福利等制度更加完善。城镇职工和城乡居民基本养老保险参保率达到95%，基本医疗保险参保率稳定在95%以上。

二是老年人预防保健、医疗救治、康复护理、安宁疗护工作进一步加强。覆盖城乡老年人的基本医疗卫生制度基本建立，人均健康寿命逐步提升。二级以上综合性医院设老年病科比例达到35%，65岁以上老年人健康管理率达到70%。

三是以居家为基础、社区为依托、机构为补充、医养结合的养老服务体系不断健全。社区养老服务覆盖80%以上城镇社区和60%以上农村社区，政府运营的养老床位数占养老床位总数的比例不超过50%，护理型养老床位比例不低于30%。

四是老年人生活环境不断优化。全社会积极应对人口老龄化意识显著增强，敬老、养老、助老社会氛围更加浓厚。老年宜居环境建设扎实推进。城乡公共设施为老年人服务水平不断提升。老年消费市场日益繁荣，老年产品供给不断丰富。老年人参与社会发展的条件持续改善，城乡社区基层老年协会覆盖率达到90%以上，老年志愿者注册人数占老年人口的比例达到12%。

五是老年人精神文化生活更加丰富。老年教育、文化、体育持续发展，经常性参与教育活动的老年人口比例达到20%以上，建有老年学校的乡镇（街道）比例达到50%。

六是老年人权益保障更加有力。老年人权益保障执法工作不断加强，老年人法律服务和法律援助内容和范围不断拓展，全社会维护老年人合法权益的意识普遍提高。

---

① 数据来源于《重庆市老龄事业发展和养老体系建设“十三五”规划》（渝府办发〔2017〕153号）。

到 2020 年，全市养老服务床位达到 25 万张，实现每千名老人拥有养老床位 35 张；社区养老服务中心（站）等服务设施覆盖所有城市社区，在 90%以上的乡镇和 60%以上的农村社区建立包括养老服务在内的社区综合服务设施和站点；以老年生活照料、老年产品用品、老年健康服务、老年体育健身、老年文化娱乐、老年金融服务、老年旅游等为主的养老服务业全面发展。

3 奉节县养老服务现状及发展需求分析

由于奉节县的整体经济基础薄弱、生活观念保守等实际情况，广大民众还没有完全适应或了解社会养老（包括机构养老和社区居家养老），导致养老服务在发展中受到了一定程度的阻碍。此次调研的目的就是希望通过重点对奉节县社会养老的现状展开调查，了解到老年人的真正需求，分析其养老服务存在的不足并提出解决策略。希望此项研究调查所收集到的资料和结论可以成为奉节县养老服务发展道路上的参考依据。

为了全面地了解奉节县社会养老服务情况，使得政府科学合理地利用信息与资料来更加迅捷地达到提升养老服务能力的最高目标。因此，在研究方法上，我们以理论为基础，通过社会调查、深度访谈、文献翻阅等方式，深入了解奉节县社会养老服务的现状，找出其中存在的问题，运用各种定性与定量方法对收集的数据进行分析研究，并通过研讨方式，求同存异，最终找出奉节县社会养老服务面临的具体问题，以及民众对于养老服务的真实反映，探索出有效的对策建议。

3.1 奉节县养老服务现状成效分析

2017 年年底，奉节县有 60 岁及以上的老人 19.32 万人，占全县总人口的 18.12%，近 10 年来，奉节县积极应对人口老龄化，构建养老、孝老、敬老的社会环境，不断推进养老服务体系建设，加快养老服务事业发展，取得了较好的成效，主要优势在于：

3.1.1 多层次养老服务体系已初步形成

近年来，奉节县认真贯彻落实县委县政府的决策部署和市民政局的工作要求，积极推进养老服务改革，逐步形成了以居家为基础、社区为依托、机构为补充、医养结合的多层次养老服务体系。目前全县建成社区养老服务中心（站）15个，农村幸福院80个，民办养老机构6所，公办养老机构2家，福利机构23所，其中失能人员供养机构3所，多层次养老服务体系已初步形成。

3.1.2 对失能贫困人员实行集中供养取得成效

针对农村建卡贫困户中失能人员较多的现状，积极探索采取集中供养方式解决失能人员的帮扶问题。目前，于2014年、2016年全县先后建有吐祥镇社会福利院、永乐养护中心、草堂镇社会福利院集中供养点3个，到2017年年底能容纳近1 000人入住，该项工作得到了各级政府的充分肯定。主要亮点包括：

一是先对入住对象的确定采取“申请、核实、审批、公示”四程序，由有失能人员家庭的贫困户户主或本人写出申请，村、乡镇核实，县民政局、残联审批，再公示并接受社会监督。

二是由机构与入住人员、监护人、乡镇签订“四方协议”，明确各自的责任和义务，建立了较完善的档案资料，包括“收集、整理失能人员的个人信息、家庭情况、健康评估、家庭经济收入变化”等档案资料，系统管理比较规范。

三是兜底保障失能人员费用，确保基本生活、治疗、护理等费用开支能够正常运行，将按照资金需求适当整合社会救助、慈善捐赠、相关部门资金等办法落实到位。

四是还根据康复、家庭收入已达脱贫标准等情况的人员完善了动态管理办法，根据情况及时调整。对集中供养1年以上，因情况变化不符合集中供养的人员原则上应回原家里，仍要入住的，经县民政局批准，实行有偿服务。

3.1.3 创新1中心+N站（点）社区居家养老模式

社区居家养老是指以社区为平台，整合社区内各种服务资源，为老人提供助餐、助洁、助浴、助医等服务。其中，创办老年食堂是开展社区居家养老助餐服务的重点和难点。奉节县平安乡目前是全市18个深度贫困乡之一，现有60岁及以上老人4 631人，在家居住老人3 438人。结合这一现状，为解决这些贫困老人养老的难题，奉节县大胆创新养老思路，积极推进社区居家养老服务，在该乡建1个老年活动中心（站）和19个流动幸福院（点），为老人们提供日间照料等服务。这一创新使该县社区居家养老建设迈上了新台阶。

平安乡和平村农村幸福院经过几个月的紧张筹备，已于2017年12月顺利竣工，现在附近110多名老人只需交1元钱，即可在幸福院里共进欢乐午餐，享受幸福的晚年生活。这一欢乐午餐不只是单纯的助餐，还为该乡近4 000名老人实现“老有所养、老有所乐、老有所安”搭建了平台，为探索推行社区居家养老奠定了基础：

一是幸福院设立居民集中居住的院坝，按“三室一堂”的标准建设，即休闲娱乐室、健身康复室、亲情联动室和爱心饭堂。老人们既可以在幸福院里开展娱乐活动，也可以免费与远方的亲人视频聊天。

二是幸福院坚持统一管理、分点负责、人随点动、点随人动、上下联动、左右互动的模式。即幸福院根据人口流动而流动，每年中心（站）与各点联动1-2次，点与点轮流互动1次。奉节县还通过政府购买服务，引进重庆仁怀等专业社工机构，在幸福院里常态性开展老年课堂、健康讲座、健康体检、生活照料、活动指导、紧急救助等服务。

3.1.4 建有“区域一流的养老服务机构”

奉节县频福来颐养中心（奉节县社会福利中心）位于风景秀丽的夔门街道长岭村，已于2015年5月31日开业，目前在建设规划、设备实施等方面有其独特的优势：

一是该中心占地105亩，建筑面积14 000平方米，设计床位450张，总投资5 000余万元。共有楼房8栋，分为行政办公区、住宿护理区、膳食服务区、医疗康复区、休闲娱乐区。对院内楼座、走廊、花园、绿地等的命名，充分展现敬老爱老主题，突出诗城文化特色。主体建筑采用现代仿古园林式景观建筑，风格别致，清雅幽静。院内绿化面积达15 900余平方米。

二是中心所有楼房配有无障碍通道、宽走廊、全扶手。设有单人房、双人房、三人房等，均带独立卫生间、坐式马桶，统一配置床上用品、实木衣柜、高清电视、无线网络、冷暖空调、浴霸、24小时循环热水供应系统、紧急呼叫系统等。同时，建有老年用品超市，集洗、脱、烘于一体的大型专业洗衣房，方便老人的日常生活需求。同时，还建有智能化服务管理网络和全国领先的安全防控系统，保障老人生命财产安全。

三是福利中心积极打造温馨的“家庭式”环境，老人就餐，实行包餐制，根据老人需求，实施科学的营养配膳；采用适合老人的低盐饮食，多样化菜品，满足老人的个性化需求；采用自助餐形式，老人根据各自不同的口味，享有更大的选择空间，并用保温餐车送餐到桌前。该福利中心开业三年多以来一直得到老人们的充分肯定。

四是为丰富老人的文化娱乐生活，福利中心建有健身广场、羽毛球场、门球场、垂钓池、采摘园，配有阅览室、棋牌室、书画室、茶艺室等为老年人提供动静皆宜的自娱自乐场所，组建书法、音乐、舞蹈、朗诵等不同类型的兴趣小组，可以聘请专业老师指导演练。其中，福利中心还拥有 600 平方米的多功能活动室，能够定期举办各种活动。

五是该中心积极探索实施医养深度融合，由县人民医院白帝分院长期派驻医生 2 名，护士 8 名，实行周二定期专家接诊，并配备心电、B 超等基本医疗器械，使老年人足不出户就能解决医疗问题。

3. 1. 5　成功推出公办民营机构试点

目前公办民营机构共 2 家，包括鱼复街道新竹社区养老服务中心（又名福康养护中心）和夔门街道瞿塘峡社区养老服务站（福利院）。推出公办民营机构为养老机构的发展注入了新的活力，在一定程度上解决了该县老年人的养老需求，实现了养老资源的合理配置，推动了养老服务市场的发展。

目前福康养护中心的 30 张床位，入住率达到 100%，其中入住失能、半失能老人 8 名（入住失能、半失能比例为 27%），同时，还开展了 2 名上门居家养老服务工作；瞿塘峡社区养老服务站的 34 张床位，入住了 32 人，入住率达到 91%，其中入住失能、半失能老人 9 名（入住失能、半失能比例为 28%）。

3. 2　奉节县机构养老服务现状与发展需求分析

3. 2. 1　奉节县养老机构整体分布情况

截至 2016 年年底，奉节县共有养老机构 32 所，床位总数 3 800 张，其中政府办养老机构 26 所，床位数 3 326 张；社会办养老机构 6 所，床位数 474 张。

从时间维度上看，养老机构数量呈现出不断增长的趋势。从 1997 年只有 1 所，到 2016 年增长到了 32 所，其中 2004—2014 年一共建了 24 所，而养老机构床位数量的变化趋势与养老机构数量基本趋同。从空间布局看，分布在城镇的养老服务机构包括民办 5 所和公办 4 所，分布在乡镇的公办敬老院（福利院）22 所，民办老年公寓 1 所，其中 12 所社区养老服务机构中的 3 所为社区互助型养老服务机构。从机构设置床位看，城镇 951 张，乡镇 1 490 张，相当于城镇的 1.57 倍。从老龄人口分布看，到 2016 年年底，60 岁及以上老人多达 18.2 万人，其中农村 12.7 万人，占 70%，是城镇老龄人口的 2.3 倍。相对于城镇，农村镇每千名老人养老床位设置较少。

3.2.2 奉节县养老机构调查样本基本情况

无论是民办养老机构、公办机构还是公办民营试点，目的都在于增加养老服务供给，适应人口老龄化的发展趋势，满足不断增加的养老需求。自从进入老龄化社会以来，奉节县人民政府非常重视老龄工作的开展，尤其在机构养老方面，不断加大政策扶持力度，并引导规范，降低养老机构的准入门槛，使养老机构的整体规模得到较大发展。

2017 年 6~12 月，在奉节县所有民政局登记在册的接收老年人疗养的 32 所养老机构中，我们调研组随机抽取养老机构 10 所加上民政局相关工作人员推荐的 2 所，逐一通过问卷调查、询问访谈等方式实地调查了这些机构的部分老年人、管理人员和服务人员，深入了解了奉节县机构养老服务供给情况。对其余的机构采取电话咨询等方式做了进一步调查分析。

3.2.2.1 调查资料与方法

（1）调查内容

本次调研内容主要对机构的设置、服务、管理，包括人力、物力、财力等方面的状况进行了较为深入的调查。

一是机构概况，包括机构性质、院长资历、人员配备等。

二是硬件设施，包括是否配有医务室（或者与医疗站点对接）等。

三是内部管理，包括养老护理员人数、养老护理员持证上岗人数、是否建立考评制度（如养老护理人员服务质量考评制度）等。

四是入住情况，包括总床位数、床位平均费用、入住老年人的健康状况以及养老机构入住率等。

五是养老护理服务内容，以国家职业技能鉴定初中级的老人服务体系指标内容为基础自行设计问卷，包括生活照料、基础护理、康复护理和心理护理 4 个维度（共 35 项内容），选择一项得 2 分，不选得 0 分，总分 70 分，得分越高，说明提供的护理服务越全面，护理质量相对更好。

（2）资料收集方法

资料收集主要采用电子信函与走访相结合的方式进行调查，前期电子信函由民政局相关部门（福利科科长等相关负责人）通过电子邮件的形式发至调研组，然后根据民政局提供的资料以及管理部门对机构的了解结合随机抽查结果，实地走访、调研了公办养老机构（吐祥镇社会福利院、兴隆镇社会福利院、永乐养护中心、羊市镇社会福利院、康乐镇社会福利院、奉节频福来颐养中心）6 所、民办养老机构（鱼复街道月康老年公寓、兴隆镇乐居老年公寓、鱼复街道和睦老年公寓、松鹤老年公寓）4 所以及公办民营养老机构（鱼复街道新竹社区养老服务中心、夔门街道瞿塘峡社区养老服务站）2 所，共完成问卷一（老人健康状况及养老服务利用情况）166 份，回收问卷 158 份，回收率为 95.2%，有效问卷 154 份，有效率为 92.8%。完成问卷二（养老服务人员问卷调查）38 份，回收问卷 38 份，回收率为 100%，有效问卷 38 份，有效率为 100%。同时与 12 名机构管理者（或者负责人）直接进行交流、座谈。对其余的 20 所养老机构通过电话询问或者发放电子问卷等方式进一步获取了一些信息资料，对其服务现状有了较为深入的了解。

3.2.2.2　机构服务概况

（1）工作人员配备等情况

本次调查的养老机构共 32 所，其中公办 26 所，民营 6 所；院长学历为高中或中专的 30 所，为大专的 2 所；大多数养老机构与医疗站点有对接；养老机构养老护理员人数为 1~14 名，其中 1 名的有 13 所；养老护理人员持证人数 0~6 名，多数为 0~1 名（因为大多是院长参加了培训，持有职业资格证）；暂时基本都没有建立养老护理人员服务质量考评制度；同样性质的福利院相关工作人员与服务人员配备有一定差别，如康坪乡社会福利院入住 32 人（其中失能、半失能老人 7 人），配备护理员 1 名，工作人员 3 名（含院长），兴隆镇社会福利院入住 19 人、羊市镇社会福利院入住 17 人（均没有收住失能、半失能老人）配备护理员 2 名，工作人员 3 名（含院长）。

（2）入住情况

本调查结果显示，养老机构总床位数在 6~450 张，中位数为 120 张；入住老年人人数在 3~145 人，中位数为 80 人（详见表 3-1）；养老机构养护比（每家养老机构养老护理员人数/该机构入住老年人人数）在（1∶10.35）~（1∶32），平均为 1∶19.76。老年人入住率为 20%~100%（61.8%±21.7%）；床位平均费用（包括床位费、护理费和用餐费，不包括其他特殊服务费用）每月 980~2 680（1 677.73±618.67）元。

表 3-1　　养老机构入住概况分析（3 所集中供养的除外）

设计床位数情况（张）	养老机构数量（所）	入住人数（人）	入住率	其中入住失能和半失能老人占入住比例	机构性质
5~30	5	6~30	50%~100%	0~44%，比例为 0 的 3 所	公办（政府兜底）
5~30	2	15~20	100%	均为 0	民办
31~60	7	15~30	31%~100%，其中 50% 以下的 4 所	0~36%，其中为 0 的 2 所	公办
31~60	4	15~32	41%~100%，其中 3 所在 85%以上	21%~27%	民办
61~150	2	19	兴隆镇社会福利院：13%	0	公办（政府兜底）
61~150	2	80	朝阳社区老年公寓：72%	0	公办（自费）
61~150	2	135	鱼复街道月康老年公寓：90%	65%	民办
61~150	2	20	兴隆镇乐居老年公寓：20%	75%	民办

根据以上客观数据分析，并结合本次调研了解到的以上机构的布局、管理以及服务定位等基本情况，现结合入住率做如下分析（3 所集中供养的除外）：

一是养老机构平均入住率仅为 13%~100%（61.8%±21.7%），造成了养老资源一定程度的浪费，建议通过提高养老机构的入住率来满足养老发展需求。

二是区域性养老机构无论在城区内还是乡镇，无论是公办还是民办，建议一般按中等规模规划，床位数设计在 30~50 张，这样既能提高资源利用率，又能提高入住率，也有利于管理。从上表可以看出，大多数机构入住人数都在 20~30 人，如公办的兴隆镇社会福利院建 100 张床位在荆竹社区（离兴隆镇较近，人口比较集中），建院 11 年之久，入住人数也才近 20 人，入住率才达到 13%。

三是养老机构应逐步提高护理水平，收住失能和半失能的老人，在达到提高入住率的同时，真正为养老事业解决养老服务需求与市场供给之间的矛盾。如县城内 2 所民办机构（鱼复街道和睦老年公寓位于鱼复街道诗城广场旁，设计床位20张，实际入住自理老人20人，松鹤老年公寓位于永安街道明月社区4组，设计床位15张，实际入住自理老人15人），100%入住的是自理老人，那么其真实性如何？意义何在？政府在鼓励社会力量办养老机构的同时，应着力跟进相应的管理措施。

（3）护理服务内容

养老护理服务内容得分为46~70（59.4±8.2）分，详细情况分析如下：

一是个人生活照料提供服务比较到位，主要包括助洁（皮肤清洁80%、保持床位清洁80%、保持居室内清洁90%），助餐（喂饭、喂水）80%，安全防护（协助使用轮椅、拐杖、预防走失、烫伤、互伤等）70%。

二是部分基础护理服务提供基本到位，主要包括消毒（对常用物品进行消毒以及对房间和被褥进行天然消毒）52%，给药（协助给药与保管口服药等）50%，生活护理观察（皮肤、头发、指甲以及给老人修剪指甲等）55%。基本没有开展技术护理和临终关怀服务，更无相关护理技术方面的护理记录。

三是个别机构适当提供康复护理，主要包括闲暇活动（定期组织老人开展小型娱乐活动）30%，肢体康复（如配合医护人员帮助特殊老人进行肢体被动训练）7%。

四是心理护理方面，能够针对老人情绪变化进行初步的沟通疏导，达到了97%。

3.2.3 简要分析

3.2.3.1 关于入住率

本研究结果显示，奉节县养老机构平均入住率为61.8%，仍有较大的提高空间，而且各个养老机构入住率参差不齐，相差甚远，入住率最高的养老机构可以达到100%，而最低的养老机构只有13%，供大于求和供不应求同时存在，养老机构的这一对矛盾，使养老机构资源的有效利用率并不高，造成了资源的浪费。下一步在政府投入资金增加床位数来解决养老问题的同时，应尽量结合影响养老机构入住的相关因素，有针对性地解决相关问题，提高养老机构的入住率，减少床位的空置数，有效利用机构养老资源，满足老年人的养老需求，这也是解决目前奉节县老龄化问题的一条便捷可行的有效途径。

（1）奉节县养老机构入住率与养老护理员配置的关系

本研究结果显示，养护比平均达1∶19.76，而且差异较大，配备最充足的为1∶10.35，配备最少的为1∶32，和重庆市民政局制定的养护比相比，［健康老年人1∶（8~10）、患病老年人1∶（4~6）］，目标差距较大，形势不容乐观。且一直以来被专家学者公认的是养护比与入住率成正相关，即养护比越高，入住率越高，说明养老护理员配置是否充足是影响入住率的重要因素。养老机构护理人员的数量与护理水平直接关系到养老服务质量的优劣，专业养老护理员的匮乏，使机构服务不到位，从而间接影响到入住率的提升。

此外，本研究结果也显示，目前养老机构的养老护理员持证上岗的比例非常低，绝大多数养老机构没有配备或少数配备具有护理专业及其相关领域专业知识的服务人员。这也可能是大部分机构主要收住自理老人的原因。当前，32所养老机构收住失能、半失能老人占入住人数之比为0~75%，其中为0的多达11所，同时，发现部分机构为了节约人工成本，认为自理老人对养老护理员的需求小，因此未配备或只配备个别未经过养老护理培训的员工从事日常照护工作。而失能失智老人是老年人群中最需要照护的对象，也是最需要专业护理的对象。因此，应加强和提高对老年人长期护理服务理念的宣传和教育。任何养老机构其护理水平如何，养老护理员配备是否合理，能否收住失能失智老人以及入住率如何都影响着养老服务质量。

（2）养老机构入住率与护理服务内容的关系

养老护理服务内容得分越高，入住率越高。本书研究结果显示，养老护理服务内容得分中等，总体有待提高。

老年人的养老需求不单表现在吃、穿、住等基本需求上，还表现在精神慰藉、身心全面康复和基础护理等多方面。在选择养老机构时，老年人及其亲属往往比较关心护理服务质量，而护理服务质量又涉及服务内容、服务水平、服务态度、服务环境、服务设施等方面，其中服务内容是最基本的、最重要的。本书研究结果显示，养老机构均能提供满足日常生活照料的养老护理服务，但针对半自理特别是失能失智老年人的很多专业技术操作，很多养老机构的服务内容却很少涉及，即大部分养老机构只提供生活护理，不具备医疗护理水平，很难满足老人的“医养护一体需求”，这既是入住率较低的缘由，也是目前养老机构普遍存在的问题。

3.2.3.2　关于入住费

（1）养老机构床位平均费用

初步调研结果显示，奉节县养老机构床位平均费用为1 677.73元，高于2013年某项研究1 156.6元的北京市养老入住费用。这虽然与样本抽样的差异和近4年来消费水平发生变化有关，但也可以从侧面反映床位平均费用与养老机构入住率呈负相关，即床位平均费用低的养老机构入住率高。

(2) 自理老人与失能老人入住费比较

本次调研了解到奉节县目前对失能老人的收费高出自理老人 2 倍多，对此，他们也有苦衷，他们认为：自理能力越差的老年人，收费高得多，就算不是很乐意收住，因为照护这类老人要困难很多。而事实上失能老人本身已经丧失劳动力，缺乏收入，特别是农村失能老人，属于弱势群体，大多数依靠子女供养，而农村经济水平相对较低，子女能提供给老人的经济支持非常有限，因此只能选择家庭养老，反过来加重子女的负担。另一方面无论公办还是民办的养老院，都面临巨大的生存压力，入住率不高也导致经济上入不敷出，为了维持机构的运营，只能提高入住费用，而入住费用提高之后又加重老年人负担，影响老年人选择机构养老，形成恶性循环，阻碍奉节县的养老事业稳定发展。因此，如何降低或者调整入住费用，提高入住率，使养老机构正常运转是今后政府需要研究和思考的问题。一些专家学者在加强养老服务体系建设中提出，政府应加强对养老机构的政策资金支持，如对失能失智老人给予一定资金支持。同时，拓展养老机构资金来源渠道，鼓励民间资本兴办养老机构或投资养老服务，在土地使用或租用、税收以及水、电、天然气等收费上给予优惠政策，此外，有关部门应积极搭建社会捐赠的平台，促进社会各方力量与养老机构的沟通交流，以便更多慈善捐赠流向各类养老机构。

3.2.3.3 关于建立考评制度

纵观全县的养老机构质量管理，暂无统一管理或质量评价标准，部分机构存在收住范围、功能定位不够明确，机构服务质量管理随意性较大等问题。养老护理服务如果缺乏可操作的考评制度，特别是绝大多数机构护理员只有 1 名，更容易导致护理员责任心不强、市场意识不强、服务水平参差不齐等弊端，如果在全县建立服务质量考评制度，通过一套经济的和行之有效的管理方法激发员工的潜能，进而提高服务质量，增加服务满意度，提升服务能力，就能为最需要提供服务的老人解决根本问题。

3.2.4 奉节县机构养老发展需求与趋势

3.2.4.1 养老机构需求日趋扩大

奉节县老年人对机构养老需求会不断扩大，主要体现在两个方面：

一是老年人口总量的不断增加和人均预期寿命的延长，使得养老服务对象规模逐年扩充。截至 2017 年年底，奉节县 60 岁及以上的老龄人口已经突破 19.32 万人，占总人口的 18.12%，并且每年以 4.5%左右的速度递增；65 岁及以上的老龄人口已经突破 13.11 万人，占总人口的 12.30%；80 岁及以上的高龄老年人约2.63万人，占老年人口的13.65%；失能或部分失能老年人约1.65万人，占老年人口的8.5%。

二是本次调研发现目前奉节县65岁以上的老人大都是多子女，对社会养老的需求不是很迫切，而60~65岁的老人主要是独生子女（而且这类421家庭从现在开始会逐步增多），这些家庭的老人对社会养老的需求可谓是刚性需求。

3.2.4.2 养老机构服务内容需求日趋多样化、专业化

随着人们生活水平的提高，养老观念的不断改变，对养老服务内容的需求日趋多样化、专业化：

一是老年人养老在传统的吃、穿、住、行基础上，逐渐增加了精神娱乐活动，并且随着医疗技术条件的完善及一些先进理念的引入，康复训练、专科护理已逐渐成为更高的养老需求。

二是由于老年人自身年龄和健康状况、经济状况、家庭成员构成及个人养老观念等的差异，养老需求呈现多样化的特点。总体而言，当前老年人的养老需求应分为3个层次，分别是生活照料需求、医疗卫生需求、精神慰藉需求。其中，生活照料需求包括打扫卫生、洗衣、膳食制备、理发洗澡、压疮护理等；医疗卫生需求包括定期体检、生理指标检测、康复训练、服药监测或协助；精神慰藉需求包括心理疏导、社交娱乐、生活陪伴、不良情绪预防及干预。

通过调研得知，该县大多养老机构都能够提供生活照料与精神慰藉的服务，但在医疗护理方面却不尽如人意，总体来说，服务内容比较单一。而老年人的健康状况不佳决定了医养服务需求的激增。所以养老机构医养的结合将更加紧密，养老服务内容将日趋专业化。

3.2.4.3 养老机构将个性化发展

养老机构作为为老年人提供集中居住、生活照料、康复护理、精神慰藉、文化娱乐等繁多服务项目的服务组织，其主要服务对象既包括自理能力较好的老人，还包括失能、半失能老年人和失智老人。基于服务对象的身体状况类别，养老机构应逐步发展成为自理型养老机构、助养型养老机构和养护型养老机构，服务对象应分别以自理老年人、半失能老年人、失能老年人为主，如朝阳社区老年公寓发展为自理型、一些区域性养老机构规划发展为助养型，频福来颐养中心逐步发展为养护型养老机构，这也是奉节县养老机构后续提升服务质量，提供个性化服务的必然趋势。

3.2.4.4 养老机构服务将向亲情化、人性化发展

“人文关怀对养老服务的标准化、细致化提出了更高要求。”如何在养老

院的集体生活环境中，让老人找到家的感觉，体会到亲人般的关怀，是体现养老机构服务水平的重要方面，也是养老服务机构向亲情化、人性化发展的必然趋势。

3.2.4.5 民办养老机构将不断发展壮大

众多研究报告分析认为，未来我国养老机构发展的趋势包括：民办民营养老机构将成为发展主体；机构与居家、社区养老服务一体化将成为必然趋势；小型化、专业化、社区化、连锁化将成为养老机构发展的主要趋势。随着奉节县老龄化程度的不断加深，公办养老机构逐渐无法满足巨大的养老需求，养老产业已逐渐向市场化发展，因此，民办养老机构将不断发展壮大已成必然。但是大量民办养老机构仍然存在无证经营、场地难寻、融资困难等难题，这是有待各级政府下一步解决的问题。

3.3 奉节县社区居家养老服务现状与发展需求分析

3.3.1 奉节县社区居家养老调查样本基本情况

3.3.1.1 概念界定及调查对象基本状况

本书对老人健康程度的界定标准，主要包括进食情况、穿衣、上下床、大小便、站立转移行走和洗澡六个方面，六项都能独立完成的为健康，一到两项“做不了”的，定义为“轻度失能”，三到四项“做不了”的定义为“中度失能”，五到六项“做不了”的定义为“重度失能”。指标及其赋值见下表（表3-2）：

表 3-2 老人健康状况的界定标准

序号	项目	独立完成	需要协助	完全依赖
1	进食情况	1	2	3
2	穿衣	1	2	3
3	上下床	1	2	3
4	大小便	1	2	3
5	站立、转移、行走	1	2	3
6	洗澡	1	2	3

在本次调查的样本中，老人的健康状况分布如下表所示（表3-3）：

表 3-3　　　　老人健康状况分布情况

<table>
<tr><th colspan="6">老人</th></tr>
<tr><th>分值</th><th>频率</th><th>百分比</th><th>分类百分比</th><th>健康程度</th><th>依据</th></tr>
<tr><td>6. 00</td><td>171</td><td>28. 7</td><td>28. 7</td><td>健康</td><td>完全独立</td></tr>
<tr><td>7. 00</td><td>59</td><td>9. 9</td><td rowspan="2">21. 5</td><td rowspan="2">轻度失能</td><td rowspan="2">一至两项协助完成</td></tr>
<tr><td>8. 00</td><td>69</td><td>11. 6</td></tr>
<tr><td>9. 00</td><td>43</td><td>7. 2</td><td rowspan="2">11. 2</td><td rowspan="2">中度失能</td><td rowspan="2">三至四项协助完成</td></tr>
<tr><td>10. 00</td><td>24</td><td>4. 0</td></tr>
<tr><td>11. 00</td><td>36</td><td>6. 1</td><td rowspan="2">26. 6</td><td rowspan="2">重度失能</td><td rowspan="2">五、六项需要协助完成，但没一项完全依赖别人</td></tr>
<tr><td>12. 00</td><td>122</td><td>20. 5</td></tr>
<tr><td>13. 00</td><td>11</td><td>1. 8</td><td rowspan="6">11. 9</td><td rowspan="6">完全失能</td><td rowspan="6">全部行为中至少有一项完全依赖别人</td></tr>
<tr><td>14. 00</td><td>4</td><td>0. 7</td></tr>
<tr><td>15. 00</td><td>8</td><td>1. 3</td></tr>
<tr><td>16. 00</td><td>6</td><td>1. 0</td></tr>
<tr><td>17. 00</td><td>9</td><td>1. 5</td></tr>
<tr><td>18. 00</td><td>33</td><td>5. 5</td></tr>
<tr><td>合计</td><td>595</td><td>100. 0</td><td>100</td><td></td><td></td></tr>
</table>

在被调查的 595 位老人中，非常健康的有 171 人，占 28. 7%，轻度失能的老人有 128 人，占 21. 5%，中度失能的老人有 67 人，占 11. 2%，重度失能的有 158 人，占 26. 6%，完全失能的有 71 人，占 11. 9%。调查显示健康状况一般、重度失能以上老人的比例占到了 38. 5%，需要居家照顾的人数较多。

3. 3. 1. 2　样本地点分布情况

此次抽样调查，包括永安街道：竹枝社区、香山社区、朝阳社区、胡家社区和明月社区。鱼复街道：新竹社区、步云社区。夔门街道：宝塔坪社区共 8 个社区，采取问卷入户访谈方式进行调查，共完成问卷 615 份，有效问卷为 595 份，具体分布见下表（表 3-4）。

表 3-4 **老人居住地点分布情况**

街道	社区	调查对象	常住居民	户籍居民	60~75 岁	75 岁以上
永安街道	竹枝社区	69	12 985	12 099	1 469	595
	明月社区	69	14 000	9 000	1 100	300
	香山社区	45	8 680	6 533	753	226
	朝阳社区	75	14 839	13 868	2 028	765
	胡家社区	21	3 649	3 660	382	160
鱼复街道	新竹社区	92	18 813	10 733	1 273	323
	步云社区	80	18 725	10 185	1 067	600
夔门街道	宝塔坪社区	143	10 686	8 652	1 355	632

3.3.1.3 老人的基本特点

(1) 老人的性别分布

调查对象中有 352 人为女性，243 人为男性，女性占 59.2%，男性占 40.8%。男性中健康的为 26.7%，轻度失能的为 19.7%，中度失能的为 13.6%，重度失能的为 30.5%，完全失能的 9.5%；女性老人中，健康的为 30.1%，轻度失能的为 22.7%，中度失能的为 9.7%，重度失能的为 23.9%，完全失能的为 13.6%，详见下表（表 3-5）。调查表明，老人男性和女性都以健康为主，不健康的老人中，以轻度、重度失能为主。男性和女性比较，男性中度失能情况突出，而女性完全失能情况更突出一点。

表 3-5 **老人性别分布情况**

		健康状况					
		健康	轻度失能	中度失能	重度失能	完全失能	合计
男	计数	65	48	33	74	23	243
	%	26.7	19.7	13.6	30.5	9.5	100.0
女	计数	106	80	34	84	48	352
	%	30.1	22.7	9.7	23.9	13.6	100.0
合计	计数	171	128	67	158	71	595

(2) 老人的年龄与健康状况

调查中老人的平均年龄为 78.41 岁。76~85 岁的老人共 232 人，占

39.0%；66~75 岁的老人共 173 人，占 29.1%；60~65 岁的老人共 115 人，占 19.3%；85 岁以上的老人共 75 人，占 12.6%。其中，85 岁以上的老人健康状况不太好，重度失能为 30.7%，完全失能为 18.7%，二者合计为 49.4%，需要居家护理的比例较高，详见下表（表 3-6）。

表 3-6　　　　　　　　　　　老人年龄与健康状况

			健康状况					
年龄段（岁）	频率	百分比（%）	健康	轻度失能	中度失能	重度失能	完全失能	合计
60~65	115	19.3	32	29	16	25	13	115
			27.8%	25.2%	13.9%	21.8%	11.3%	100.0%
66~75	173	29.1	54	34	22	44	19	173
			31.2%	19.7%	12.7%	25.4%	11.0%	100.0%
76~85	232	39.0	68	52	21	66	25	232
			29.3%	22.4%	9.1%	28.4%	10.8%	100.0%
85 以上	75	12.6	17	13	8	23	14	75
			22.6%	17.3%	10.7%	30.7%	18.7%	100.0%
合计	595	100	171	128	67	158	71	595
			28.7%	21.5%	11.3%	26.6%	11.9%	100.0%

（3）老人的文化程度分布

老人文化水平普遍不高，小学及以下文化程度有 475 人，占被调查老人的 78.1%，中学文化程度占 18.2%，大专及以上的占 3.7%。调查显示，老人文化水平以小学及以下为主。

3.3.2　老人家庭基本情况

3.3.2.1　*老人家庭现状*

（1）拥有子女数量

被调查的老人平均拥有的子女的数量为 2.9 个，最多拥有子女 8 个，最少为 0 个。调查显示，8.2%的老人没有子女，1.8%的重度、完全失能的老人没有子女，91.8%的老人有至少 1 个或 1 个以上的子女。

（2）居住情况

调查显示，392 位老人目前独自居住，占 65.9%，122 位老人只与配偶居住在一起，占20.5%，有9.4%的老人与配偶和子辈生活居住在一起，少数老人只与子辈生活在一起，占4.2%。

3.3.2.2　老人经济现状

此次调查中的老人月收入主要介于1 500~2 500元的占28.3%，2 500~3 500元的占22.7%，有少数比例老人月收入在3 500元以上，但不容忽视的是，有16.6%的老人月收入在500元以下，16.2%的老人月收入在500~1 500元，后两者的比重共占32.8%，即有三成老人月收入很低。详见下表（表3-7）。

表3-7　　　　老人经济状况

				健康状况					合计
		频率	百分比（%）	健康	轻度失能	中度失能	重度失能	完全失能	
月收入	500元以下	99	16.6	15	14	11	50	9	99
				15.2%	14.1%	11.1%	50.5%	9.1%	100.0%
	500~1 500元	95	16.0	27	26	13	20	9	95
				28.4%	27.4%	13.7%	21.0%	9.5%	100.0%
	1 500~2 500元	167	28.1	56	36	15	38	22	167
				33.5%	21.5%	9.0%	22.8%	13.2%	100.0%
	2 500~3 500元	136	22.9	41	36	16	30	13	136
				30.1%	26.5%	11.8%	22.0%	9.6%	100.0%
	3 500元以上	98	16.5	28	15	12	18	16	89
				31.5%	16.8%	13.5%	20.2%	18.0%	100.0%
合计		计数		167	127	67	156	69	586
		%		28.5%	21.7%	11.4%	26.6%	11.8%	100.0%

从上表可以看出，收入水平较高的老人，其健康状况相对较好。另据调查显示，31.3%的老人收入来源于子女或孙子女，41.5%的老人收入来源于退休金，18.7%的来源于养老保险，15.3%的来源于最低生活保障金。老人的月消费支出主要用于食品和医疗两方面，比例分别达到79.2%和77.3%，其次是衣物和居住方面，比例为53.1%和51.2%，照料支出排在最后，只占46.4%。生活中，食品和医疗的支出是老人必不可少的开支，而照料很多时候是家庭成员在提供支持，这部分是免费提供的。

数据显示，74.6%的老人每月用于医疗支出的费用为 500 元及以下，94.1%的老人每月用于医疗方面的支出为 1 000 元及以下，14.5%的老人医疗支出在 1 000 元以上。67.3%的老人每月用于食品方面的支出为 500 元及以下，94.3%的老人每月用于食品方面的支出为 1 000 元及以下。90.8%的老人每月用于衣物方面的支出为 200 元及以下。90.8%的老人每月用于居住方面的支出为 500 元及以下。91.3%的老人每月用于照护方面的支出为 600 元及以下，6.7%的老人每月用于照护方面的支出为 1 000 元及以上。数据表明，老人在医疗、照护费用方面支出比较节约，少数老人每月医疗、照护费用支出较重，经济方面压力很大。

3.3.2.3 老人住房情况

46.6%的老人的住所目前是旧房，26.6%的是七八成新的住房，7.9%的是新建房，1.8%的是危房。60.3%的老人的住房属于产权房，10.3%的属于使用权房，10.8%、6.7%的是租住房和借住房，11.9%的是其他情况。调查表明，老人基本上居有定所，但少部分老人的住房情况不容乐观，属于危房，另外还有部分属于租住和借住情况。老人住房面积较大，住房面积平均为 67.5 平方米。

55.0%的老人对目前的居住环境感觉一般，但总体上认为还挺舒服的，35.8%的老人认为非常舒适，而 9.2%的老人认为居住环境不太理想。

3.3.2.4 身体不健康原因

（1）不健康的年限

老人平均失能年限为 7.93 年，16.3%的老人失能年限超过 10 年及以上。22.5%的老人在 60 岁或 60 岁以前就开始出现了不健康的状况，55.8%的老人在 70 岁或 70 岁以前出现失能，86.8%的老人在 80 岁或 80 岁以前出现不健康的状况。数据表明，调查中的老人失能年限较长。随着年岁的增加，老人失能的比例在上升。

（2）不健康原因

有 100 位老人因疾病原因而导致身体失能，占 50.8%，有 64 位老人因年龄原因而导致失能，占 32.1%，有 15.1%和 2.0%的老人因损伤或其他原因而失能。可以看出疾病和年老衰弱是老人失能的主要原因。经深入分析，调查显示老人主要是由心血管疾病（占 11.1%）导致失能，其次是由呼吸系统疾病、癌症、跌倒等疾病引起。

3.3.3 老人照护状况

3.3.3.1 老人的保险购买状况

在被调查老人中，有80.7%的老人办理了城镇医疗保险，数据显示，老人多数办理了医疗保险，有医疗保障方面的支持，但也有少数老人没有医疗保障方面的支持。老人中有55.1%购买了养老保险，44.9%没有购买养老保险。由于在城市中，老人及家庭的社会保障意识较强，公共服务比较完善，老人可以享受到更多的社会福利服务。

3.3.3.2 生活照护情况

(1) 生活照护状况

详见表3-8：

表3-8　生活照护状况

		健康状况					
		健康	轻度失能	中度失能	重度失能	完全失能	合计
目前是谁主要负责照料你的生活	由子女照顾日常生活	41	35	18	60	28	182
		24.0%	27.3%	26.9%	38.0%	39.4%	30.6%
	请家政保姆照料	15	11	6	25	13	70
		8.8%	8.6%	9.0%	15.8%	18.3%	11.8%
	自己活老伴照顾	55	50	23	20	9	157
		32.2%	39.1%	34.3%	12.7%	12.7%	26.4%
	专业护理人员	54	30	18	51	20	173
		31.6%	23.4%	26.9%	32.3%	28.2%	29.1%
	其他	6	2	2	2	1	13
		3.5%	1.6%	3.0%	1.3%	1.4%	2.2%
	合计	171	128	67	158	71	595

目前老人中主要由专业护理人员进行照顾的有173人，占29.1%，其次由自己或配偶照顾、子女照顾的分别有157人和182人，分别占26.4%和30.6%，请家政保姆照顾的有70人，占11.8%，其他情况的占2.2%。

完全失能老人主要由子女和老伴照顾，分别为30.6%和26.4%，而由护理人员照顾的为28.2%，重度失能老人中38.0%由子女照顾，32.3%由专业护理人员照顾，15.8%由保姆照顾，12.7%由自己或配偶照顾，1.3%由其他人员照顾。中度失能老人主要由自己子女或配偶照顾，二者合计比例达到61.20%，其次是由专业护理人员照顾，占26.9%，由保姆或其他人员照顾的分别占9.0%和3.0%。轻度失能老人主要由自己子女或配偶照顾、专业护理人员照顾的分别占27.3%、39.1%、23.4%，由保姆或其他人员照顾的分别占8.6%、1.6%。

由此显示，在老人的照护支持方面，主要由配偶、子女、专业护理人员来完成。由保姆照护的占一定比例，但不高。由其他人员来照顾的也占较低比例，据了解，其他人员往往是自己的亲戚。

（2）照护方式需求

老人多数倾向于子女照顾这种家庭照顾方式，占48.2%，也有较大比例的老人倾向养老院或机构照护，占44.5%，只有9.7%的老人愿意非直系亲属照护或采用其他方式照护。

（3）照护服务内容需求

老人所需照护服务内容详见表3-9：

表3-9　　老人所需照护内容

内容	频率	百分比（%）
社区医疗	263	44.2
康复护理	289	48.6
上门治疗	237	39.8
家庭病床	69	11.6
老人活动中心	143	24.0
老人日间暂托	65	10.9
家政辅助	64	10.8
社区居家照顾服务	318	53.4
不清楚	68	11.4

在老人需要的照护服务内容中，53.4%的老人选择包含健康服务、日常生活照料、居家清洁卫生等社区居家养老服务，48.6%的老人选择康复护理，44.2%的老人选择社区医疗，39.8%的老人选择上门治疗，24.0%的老人选择老人活动中心，其他依次是家庭病床、日间暂托、家政服务，分别占11.6%、10.9%和10.8%。调查表明，综合性的服务是老人最主要的照护服务需求，其

次是与康复、医疗密切相关的照护服务，最后是日常生活照护和精神活动方面。

（4）老人未来对机构照护的需求及承担能力

调查显示，老人对机构照护方面需求较大是养老院、护理院和老人公寓，比例分别为 56.0%、38.7%和 34.5%，其次是日间护理中心、暂托中心和临时住宿机构，比例分别是 8.7%、6.7%和 2.7%，还有 16.5%的老人比较犹豫，不清楚所需。

在老人护理费用支付选择方面，大多数老人认为低收入老人应该享受政府的福利，和政府各自承担一部分，占 42.2%，其次是认为应该完全享受政府福利，费用由政府完全承担的，占 37.6%，有 25.5%的老人认为政府可以出台政策，办理长期护理保险，15.8%的老人认为费用完全由自己来承担。多数老人愿意购买老年长期护理保险，占 64.5%，35.5%的老人则不愿意。83%的老人赞成由社区医疗机构提供护理服务、健康检查等服务支持，17.0%的老人不赞成。

3.3.3.3　家庭支持状况

（1）子辈支持频率及内容

子女每周探望一次老人的占 45.5%，每月探望一次老人的占 24.4%，一个季度、半年或超过半年才探望一次老人的分别占 8.4%、4.7%和 8.1%，还有 8.9%的老人从没有子女探望。数据显示，每周、每月都会经常性探望老人的子女共占 69.9%，不时常探望的共占 21.2%，无探望的占 8.9%，说明近三成的老人在子辈情感支持方面比较欠缺。

（2）子辈支持内容

老人子辈在经济和情感两方面都会给予老人支持的占到 61.8%，还有部分子辈经济自身不宽裕但会在情感方面关心老人，占 17.0%，另外 21.2%的子辈仅仅会在经济上给予老人支持。这反映出有近四成的老人在经济或情感方面缺乏子辈的支持。

大部分子辈愿意赡养老人和支付老人的医疗费用，占 81.2%，但也有 18.8%的子辈不愿意。

（3）老人的权益状况

老人中绝大部分没有遭遇过家庭成员的歧视或虐待，共 182 人占 91.9%，但也有少部分老人遭遇过家庭成员的歧视、虐待，共 16 人占 8.1%。94.1%的老人没有遭遇家暴，5.9%的极少数老人曾遭遇过家暴行为。数据在一定程度上说明，老人的照顾主要由家庭承担，有部分由养老机构、社区、市场来承担，在家庭照顾老人的过程中，家庭成员面临着一定的经济、精神压力，从而有歧视、虐待老人的行为发生。

3.3.3.4 老人精神状况及生活满意度

老人中偶尔感到孤独的人群共有 113 人，占 57.0%，常常感到孤独的人群有 29 人，占 14.6%，精神状况好、没有孤独感的老人有 57 人，占 28.8%。分别有 64.4%、10.4%的老人偶尔或常常情绪不好、压抑，只有 25.2%的老人情绪稳定。调查表明，只有近三成的老人在精神方面状况比较好，有近七成老人的精神状况差，会感到孤独、情绪不好。

老人普遍对目前的生活照顾感到满意，占 73.8%，不满意的占 21.7%，完全不满意的占 4.5%。

3.3.4 老人未来养老需求情况

3.3.4.1 老人未来养老需求及承受能力

老人未来养老需求及是否愿意承担费用情况详见表 3-10：

表 3-10 老人未来养老需求及承受能力

H1 您有无计划将来入住养老机构或者接受专业机构的服务			是否愿意承担一部分费用		
	频率	百分比		频率	百分比
有	367	61.7	愿意	323	54.3
无	228	38.3	不愿意	152	25.5
合计	595	100.0	合计	475	79.8
			缺失值	120	20.2
			合计	595	100.0

61.7%的老人有计划将来入住养老机构或者接受专业机构的服务，38.3%的老人没有意愿。54.3%老人的愿意支付一定的费用，25.5%的老人不愿意，另有 20.2%的老人没有回答。

47.4%的老人认为如果入住养老院而自己在经济上有困难，子女会给予帮助，30.3%的老人认为子女经济条件好，但不支持自己入住养老机构，22.4%的老人认为子女赞成自己入住养老机构，但子女经济条件不好，不能够支持。对于将来入住养老院，9.6%的老人无法承受费用，有 26.4%的老人能够承担每月 1 500 元以上的费用，有 24.0%的老人能够承担每月 1 000~1 500 元的费用，有 9.6%的老人能够承担每月 500～1 000 元的费用。调查表明，超过一半的老人有意愿将来入住养老机构或者接受专业机构的服务，但入住费用是个障碍，很多老人，占 73.6%的老人只能承担每月 1 500 元以下的养老机构费用，52.7%的老人子女在入住养老机构方面不能或不支持老人。

3.3.4.2 对政府养老服务的期望及评价

目前老人最希望政府提供的支持是医疗救助，占 55.6%，其次是经济方面的救助和公共服务支持，分别占 44.0%和 33.8%，最后是精神关爱、集中养老、法律救援等方面，分别占 17.8%、11.3%和 9.6%。

老人对目前政府在养老方面的公共政策、老人养老设施建设方面感到比较满意，占 45.1%，很满意的占 26.7%，有 22.7%感到一般，不太满意或不满意的共占 5.5%。

3.3.5 简要分析

3.3.5.1 奉节县社区居家养老服务模式主要特点

根据调查结果显示，目前奉节县社区居家养老服务模式主要有以下几个特点：

一是社区居家养老的认可度有所增加。如今，人们的观念已经随着时代的变迁在不断地转换，人们不再坚守着养儿防老的观念，因此希望能借助更多的外界力量来协助自己养老，从而推动了养老服务的发展。社区居家养老的出现，正好弥补了机构养老的一些不足，减少了家人对长辈的愧疚之心，因此比较受欢迎。

二是社区居家养老的需求逐渐增多。本次调研的 595 名老人中，60～65 岁的老人共 115 名，有 46 名只有一个子女，即真正的“421”家庭，他们非常关注养老，对问卷中的每一个问题都非常认真地作答，他们希望政府提供养老的平台，让子女安心地工作。同时，如今有越来越多的老年人活动于社区中，因此对社区养老的发展都有着自身的理解和要求，但很显然，处于规划发展中的社区无法完全满足老年人所有的需求，随着不断完善设施、服务内容与功能，老年人对社区居家养老提出的要求也越来越明确，越来越多。

三是社区居家养老服务提升的空间很大。显而易见，社区居家养老服务体系目前还存在着许多不足之处。

3.3.5.2 奉节县养老服务模式改善及发展的方向

经过统计，我们发现被调查者的反映充分地表达出了人们对养老服务的需求以及其日后需要改善及发展的方向：

一是人们对养老服务的认识有待进一步加深。目前人们对家庭自我养老的认可度仍然排在首位，但是在各种因素的影响下，社会养老模式逐步得到了丰富、扩大，尤其是社区居家养老服务模式备受专家学者的肯定。如今，越来越多的被调查者也愿意参与到社区养老服务中，在社区活动中，老年人也有了更加健康、积极、愉快的生活方式，通过接触社会，不再感觉孤单无助。也因为政府、社区对老年人无微不至的关怀，越来越多的子女放心地将家中长辈放入社区养老机构中。因此，人们认可的养老模式排名前两位的就是家庭养老和社区居家养老。

二是老年人对于养老服务的需求进一步扩宽。一方面，在生活水平日益提高的今天，站在身体机能逐渐退化的老年人的角度来看，第一需求已不再是温饱问题，而是身体健康。而目前的社区医疗已日趋完善，对于出现各种老年疾病的老年人来说，健康需求已不再是难以满足的事情。据被调查者反映，大力开展各种健康知识讲座、健康义诊等活动，可以开阔老年人的知识视野，增强健康保护意识。另一方面，部分老年人也是刚从工作岗位上退下来的，一时之间难以适应如此多的空闲时间，此时丰富多彩的文体娱乐活动可以满足老人们精神上的追求，如唱歌、跳舞、书法比赛等。同时为改善老年人的生活质量，一些社区可以逐步提供家政服务。

三是养老服务的实施难度进一步加大。根据此次调查，我们充分地了解到老年人数量之庞大并呈日益增加之势，同时“421”家庭刚刚出现，而且会逐渐增多，因此目前的社区养老服务状况很难达到老年人的需求。社区服务人力资源的短缺、养老设施的陈旧、养老服务水平的高低不齐，都在不同程度上影响了社区居家养老服务的进行与发展。因此还是得依靠政府加大养老服务的投入力度，将养老服务的水平保持在一个高度，从而提升社区居家养老服务的水平。

4 提升奉节县养老服务能力可行性分析

养老服务是一个系统工程，其服务能力得以提升应在客观分析运行的制约因素，充分认识分析存在问题的成因的基础上，坚持由政府主导，强化部门协作、注重社会参与、加强宣传引导，同时酌情采取一系列新举措（详见第五章）。鉴于此，该部分简要地分析了奉节县提升养老服务能力的有利因素，重点探讨运行的制约因素和存在问题的成因，希望从养老服务工作实际和发展需求出发，以问题为导向，顺应形势，克服制约因素、逐步解决存在的问题、不断满足多元化养老服务需求，在政府责任视角下，为逐步提升养老服务能力夯实基础。

4.1 提升奉节县养老服务业发展水平的有利因素

4.1.1 资源优势明显

奉节县位于重庆市东北部，是三峡库区腹心，东邻巫山县，南接湖北省恩施市，西连云阳县，北接巫溪县，历来是渝陕鄂边区重要的交通枢纽。

4.1.1.1 自然资源丰富

奉节县有着丰富的矿产、水能、风能等自然资源。气候条件优越，山地立体气候明显，年平均气温 16.4℃，常年日照 1 639 小时，独特的气候优势适宜养老。

4.1.1.2 旅游资源独特

悠久的历史文化与奇特的自然山水造就了奉节县得天独厚的旅游资源，使其享有“诗城”的美誉。近年来，奉节县围绕全域旅游不断加强了旅游基础设施建设，已建设形成兴隆旅游新城，天坑—地缝、白帝城—瞿塘峡两个国家级景区。随着旅游开发向纵深推进，“候鸟式”的养老必将吸引着外地人及本地人。

4.1.1.3 生态环境改善

近年来，通过建设乡镇垃圾、污水处理项目，实施地灾治理等项目，奉节生态环境不断改善。年空气质量优良天数达到320天以上，奉节越来越成为宜居城市。

4.1.1.4 交通条件便利

全县公路总里程达到10 887千米，位居全市之首，其中二级公路491千米，三级公路25千米，四级公路5 763千米，有2条高速，4条省道。全县村村通公路也将为养老带来便利。

4.1.2 发展经济的同时，政府更加重视民生保障

奉节县围绕“高中低”三带，以脐橙、油橄榄、中药材、养殖山羊等为特色效益农业。工业结构转型升级，由曾经的“一煤独大”转变为能源、眼镜、农副产品加工、建材等多点支撑的工业结构，促进了全县经济的发展，使民生事业得到保障。

4.1.2.1 经济运行持续向好

2017年奉节县预计全县生产总值245亿元，增长11%，增速名列前茅。城乡常住居民人均可支配收入分别达到25 880元、10 150元，增长9.5%、10%，增速十年来首次挤进全市前七位。

4.1.2.2 政府重视养老事业

奉节县政府高度重视养老事业，将养老纳入全县全力办好的民生实事。在2017年政府工作报告中提出，2018年全县要新增3个社区养老服务站。

4.2 奉节县机构养老服务运行的制约因素

4.2.1 养老观念保守，养老事业发展基础薄弱

奉节县目前仍然是国家级贫困县，养老事业发展经济基础差。人们养老收入不足，使许多人想进养老机构却消费不起。一方面，奉节县到2016年年底，60岁及以上的18.2万老人中多达70%的老人居住在农村，农村收入低，这部分老人养老收入更低，国家发放的农民基本养老金有限，根本就住不起养老机构；另一方面，县城居民因地方经济不活跃导致经济收入也不高，且一部分老

人无退休金，另一部分城市下岗职工退休工资偏低，这两类人不足以支付入住养老机构的费用。同时，加上传统的“养儿防老”观念导致有些老人即便是儿女出钱送父母进养老机构，一些老人也不能接受。

4.2.2　专业照护人员匮乏，照护水平提升缓慢

目前奉节县所有养老机构从事照护工作的主要是养老护理员，没有配置营养师、社工人员和专门的康复治疗师，而且福利院护理人员较少，除了3所集中供养的机构外，基本上都只有1名护理员主要负责为无法自理的老人喂饭、洗澡、铺床等简单生活照护，这显然无法满足老人的各种需求。福利院的管理人员虽然有时也充当服务人员，帮忙照顾老人的生活，但是工作任务不同，不能做到常态，而且有些脏累的活也不愿帮忙。加上绝大部分护理人员和管理人员，几乎都没有接受过正规的护理培训，很难做好护理工作，所以目前养老机构的照护水平发展缓慢，这也是制约养老事业健康发展的重要因素之一。

4.2.3　收费缺乏统一的参考标准

国家发展改革委民政部《关于规范养老机构服务收费管理促进养老服务业健康发展的指导意见》（发改价格〔2015〕129号）提出：建立以市场形成价格为主的养老机构服务收费管理机制，进一步规范养老机构服务收费行为，主张加强收费公示工作、规范养老机构服务收费行为等。目前奉节县有公办、民办和公建民营三种形式的养老机构，收费缺乏相对统一的参考标准，差距悬殊，没有形成一个良性竞争市场，不利于养老机构服务能力的提升。

4.2.4　民办养老机构发展面临的困境

在日益增长的养老需求和公办养老院扩容难的双重挤压下，我国政府积极推行吸引民间资本参与养老机构建设的政策，自2000年以来，陆续出台了《关于支持社会力量兴办社会福利机构的意见》《国务院关于鼓励和引导民间投资健康发展的若干意见》《关于加快发展养老服务业的若干意见》等文件。其中《关于加快发展养老服务业的若干意见》明确提出要“创新体制机制，激发社会活力，充分发挥社会力量的主体作用”“充分发挥市场在资源配置中的基础性作用，逐步使社会力量成为发展养老服务业的主体”。虽然政府一再倡导对民办养老机构的建设给予大力支持，但在推行中还是面临诸多制约因素。

4.2.4.1　国家优惠扶持政策落实难

为了进一步落实好国家有关养老事业的文件精神，重庆市人民政府《关

于加快推进养老服务业发展的意见》（渝府发〔2014〕16号）、《重庆市老龄事业发展和养老体系建设“十三五”规划》渝府办发〔2017〕153号都明确指出：大力发展社会化养老服务。支持社会力量进入养老服务领域，根据养老市场需求，建设满足不同需求的养老服务机构。鼓励社会力量举办规模化、连锁化的养老机构。鼓励社会力量对企业闲置厂房、商业设施及其他可利用的社会资源进行改造，兴办养老服务机构。加大财政投入和社会筹资力度，重点支持供养型、养护型和医护型养老机构发展。各区县（自治县）要在资本金、场地、人员等方面，进一步降低社会力量举办养老机构的门槛，简化手续、规范程序、公开信息，为社会力量举办养老机构提供便捷服务。鼓励境外投资者以独资、合资、合作等方式兴办养老服务机构。

上述这一系列文件对重庆市养老事业进行了系统化设计、制度化安排、长效化推进，对进一步加快构建社会养老服务体系的步伐提出了基本原则，明确了发展目标，同时对发展养老服务业也规定了许多优惠扶持政策。但“政策一大堆，落实到位难”，本次调研发现奉节县民办养老机构在创建、运行中仍然面临诸多困难。主要表现在：

一是政策落实难。虽然各级政府对发展养老服务业规定了许多优惠扶持政策，但现实中各级相关职能部门出台和实施具体措施进程缓慢，对国家提出的优惠政策难落实、难兑现的现象十分普遍。①在银行贷款方面，民办养老机构由于资金紧张，投资规模小，担保困难，银行贷款难。这样也就导致民办养老机构规模偏小，标准偏低，服务水准不高，吸引力降低；②在土地租赁和购置方面，民办养老院若以出让方式取得土地使用权，在土地出让金收取标准上得不到一定的降低优惠；若通过征收购买土地，在申报用地审批时在管理费和购买费用上不但无法享受减免或补贴，而且征收购买难；③在水、电、煤、气等方面，中央和地方都明文规定享有价格优惠，但由于其涉及各行业、各部门利益，相关部门在政策的具体执行中存在认识差异和相互推脱现象，导致这些优惠政策几乎未予落实。

二是文件原则性强，操作性不够。各级涉及养老方面的大部分文件原则性比较强，对于具体问题怎么操作没有细化，从而在政策落实过程中容易被一些职能部门大打折扣。如有些养老政策强调宏观指导，缺乏对养老产业布局、规模、服务结构的详细规划。又比如，按照规定，养老机构用水和煤气应执行民用价格，用电应按最优惠价格收费，但事实上民办养老院真正能够完全享受到这些政策优惠的却不到15%。因为对于水、电、煤气等事项，民政部门无强制其执行的权力，只能与相关单位进行协调。

4.2.4.2 养老事业缺乏总体规划，土地“梗阻”制约，民办养老健康发展难

政府对养老产业缺乏总体规划。民办养老事业，需要统筹规划，统一协调。目前政府还没能结合县情，根据社会经济发展状况、市场实际需求情况来制定相应的民办养老院发展规划，更没有相关部门进行统一协调，导致民办养老院的发展在很多方面不尽如人意。其主要表现在：

一是申请用地难。长期以来，政府在供地计划中并未确定养老服务设施用地占总用地计划的比例，也未单独确定养老服务设施供地面积和位置，造成养老服务机构申请用地困难。

二是规模扩大、健康发展难。目前，民办养老机构获取土地的方式主要是招标、拍卖、挂牌、协议出让和租赁用地等。但随着土地价格的增长，民办养老机构几乎没有能力从市场上竞价取得土地。还有一部分通过自建房屋办养老院。这些民办养老机构若想扩大养老院办院规模，无论是改建还是扩建，都无法保证土地租赁的稳定性，而且租房办养老院的还有20%存在消防通道等安全隐患问题，这都将影响民办养老健康发展。

4.2.4.3 审批手续程序复杂，办证难

常规手续仍然比较复杂，审批程序难。申办一家合格的养老院，必须先通过消防、卫生计生、房屋安全（环保）、资金审核等步骤的前置审批，然后向民政部门提出申请，获批后再办理工商营业执照和其他手续，待正式营业1年后方可申请政府补贴。一些民办养老院或者个人认为很难达到上述相关要求，难以办理工商营业执照和其他手续，只能放弃办证，放弃政府补助，甚至直接放弃办院。

4.2.5 缺乏有效的管理监督

一是缺乏对服务对象养老需求的有效评估，不同年龄段的老人，不同文化和工作经历的老人，不同经济状况、身体状况和家庭状况的老人，都有不同的养老服务需求。对这些不同的养老服务需求，目前还没有机构进行有效的调查评估，缺乏准确的数据。没有准确的数据，就无法做出准确的服务规划，如养老机构网点的布局建设、养老护理人员的配置和培训、养老设施的建设等。

二是对养老机构的服务标准和管理制度缺乏统一规定，包括对经费投入、服务内容和专业化、职业化要求，以及对义工和志愿者的参与、社会工作的介入等方面，都没有统一的标准和明确的要求，以致无法进行评估和监督，也就难以提高老年人的生活质量。

三是对作为民办非企业单位的养老机构，资产归属难以界定，随着民办养老机构的规模扩大、资产增值，其在经营期内发展起来的资产应如何进行归属界定？公办养老机构和居家养老机构，如以“公办民营”的模式进行探索，在民营期内发展起来的资产，在经营期满后如何进行归属界定？这些实际存在的问题，困扰着投资者，也在很大程度上影响了投资者的积极性。

4.3 奉节县社区居家养老服务运行的制约因素

4.3.1 老人家庭照护力量很薄弱

一是老人家庭户照料人数有限。八成失能家庭是一代户家庭，不到十成家庭是三代户家庭，极少数是二代户家庭。

二是老人收入不高且不稳定，但各方面支出大。老人主要的支出是食品和医疗方面。六七成的老人每月在食品和医疗方面的支出费用各自最少要 500 元，九成的老人每月在食品和医疗方面的支出费用在 1 000 元以内。老人基本居有定所，但部分老人住房情况不乐观，尤其是困难老人，住房多是旧房、危房。

三是老人健康情况一般。失能主要由心血管、呼吸系统、癌症、跌倒等疾病和年老衰弱等引起，高龄老人多以中度、重度失能为主，失能年限较长。

4.3.2 老人照护资源短缺

一是老人社会保障政策覆盖面有限。老人中较高比例办理了医疗保险，但在养老保险方面只有五成的老人办理了。有一成半的老人享受了最低生活保障的救助。但总体而言，老人的社会保障定位还没有形成，长期护理保险还没有进入议事日程，有效的老年护理津贴制度尚未建立。

二是老人家庭照护面临较大的经济、精神压力。老人的生活照护主要由家庭承担，然后再由家庭以外的力量来承担。家庭成员照顾老人的先后顺序是：配偶、子辈、孙辈、远亲。家庭以外的力量首先主要由一些机构如养老院来承担照顾，最后会考虑由市场来承担照顾，如保姆。调查中老人反映照护费用支出较低，这正是由于家庭提供的是免费照顾，家庭对老人长期的免费照顾，使家庭面临较大的照顾压力，极少数家庭对老人有歧视或虐待、家暴行为。老人精神状况较差，近七成的老人会有孤独感或自觉情绪不好、压抑等。近三成的老人子辈很少探望或没有探望。

三是对照护方式、照护内容城乡老人有不同的选择，照护费用多难以承担。老人在照护方式上多倾向于家庭照顾，其次是养老院等机构照顾。在照护服务内容方面，老人最主要的需求是包括健康服务、日常生活照料等综合性的服务，其次是康复、医疗方面的服务，最后是精神方面的服务。综合服务需求方面，老人在家政服务、精神服务、老人活动中心等方面的需求比较突出。老人期望政府能出台老人照护方面的福利政策，享受政府的护理补贴。

4.3.3 社区居家养老发展缓慢，专业照护人员匮乏

老人（尤其是重度失能老人）对长期照料护理有着较高的专业化和规范化要求，而实际上，大多数照护者本身文化水平较低，对于老年慢性病的知识非常缺乏，照料和护理老人对于许多家庭来说是一个挑战。同时，社区服务中心也缺乏长期照料和护理老人的专业设施，专业养老护理人员和社会工作者匮乏。对于相当多的老人而言，其照护需求超过了一般家庭的能力，即使是配偶或子女愿意照护老人，也往往因为缺乏专业技能使得家庭成员对于承担长期照料护理力不从心，照护效率事倍功半，照护甚至难以为继。

4.3.4 社区养老全面启动的困境

社区养老是一个新型养老模式，因而从一开始启动实施就会有许多问题迎面而来。首先是资金问题。社区养老的开展必须需要强有力的资金支持，虽然社区养老服务资金的筹集具有多种渠道，但一般来说政府是资金投入的主体。从目前来看，政府投入的启动资金缺口依然很大。加之民间资金募集因宣传力度不够等原因，使资金来源渠道与资金数量难以确定，因此社区养老可能会面临因缺乏启动资金，而不能支撑其运作的尴尬局面，进而形成目前制约社区养老发展的瓶颈。

2013年奉节民政局在重庆市民政局的大力支持下，共投入150余万元，建设了香山、朝阳、新竹三个社区养老服务中心，并投入使用，其中朝阳社区养老服务中心还积极申报了市级示范社区。在设施方面，安装了电风扇、电视机，配备了桌椅、饮水机、报架、书橱、培训室，铺设了地板，增加了户外健身设备，各种防火防电设施一应俱全，能同时容纳几十个人共同活动。但目前奉节县社区养老服务中心全面启动还存在诸多不足：

一是社区覆盖范围较小。近年来，通过资源整合，奉节县相继建成了一批社区养老服务硬件设施，但是由于不平衡、不配套的布局，以及实用性较低的缺陷，且由于房屋资源极其紧张，众多服务站点普遍呈现小而散的特点，功能

相对单一，服务覆盖面窄。

二是设施项目单调无趣。通过对奉节县社区养老服务情况的调查，得知目前一些社区的基础设施规模太小、功能不够完善，因此能够开展的活动极为有限，致使服务项目过于单一，老人的生活缺少一定的乐趣。

三是养老资金较少。本次调研发现，奉节目前的社区居家养老服务产业化程度极低（重庆市普遍存在），经营方式与管理方式的市场成分占比都比较低。要想使社区居家养老服务行业逐步发展壮大，资金是必不可少的物质基础。在重庆市的社区居家养老服务的开展过程中，一直存在着扩张老年人服务需求与资金紧缺之间的矛盾。政府每年的预算投入主要用于建设社区居家养老服务中心等机构，用于服务人员的培训与薪酬发放，用于建设老年服务的设施，虽然在很大程度上改善了居家养老现状，但与养老服务的正常工作经费相比还是存在很大的差距，致使大多数社区养老服务中心的工作没有落到实处。财力上的制约还造成了某些社区的服务对象仅限于生活极端困难的老年人，社会捐款的热度又不高，致使社区居家养老服务在发展的道路上困难重重。

四是社区养老还面临政策法制不健全的问题。由于我国关于社区养老的各项政策法规和规章制度尚不够完善，很多社区养老规划的任务是由上级主管部门下达或由社区街道自行开展，缺乏科学管理方式的指导以及制度的保障，具有一定的随意性，使得各地在社区养老服务中心工作的具体执行者普遍感到难以着手，这也是制约其全面启动的因素。

4.3.5　社区养老运行的困境

一是参与社区养老服务的观念淡薄。在我国传统养老模式中，人们普遍依赖老伴和子女，往往没有社区观念。社区养老是政府专门针对老人的重大福利性项目，但现实中发现社区民众对其性质十分陌生，甚至许多老年人还不了解社区养老，不知道设立在社区的服务中心究竟是什么性质的机构。在实际调查中发现，社区养老服务中心都成立很久了，许多附近的老年居民还不清楚它究竟是做什么的。即便有的老年人对社区养老有了一些初步的了解，但是其消费意愿不够，消费预期也不容乐观。因宣传力度不强，没有形成必要的舆论氛围，老年人的支持率和参与率较低，导致社区养老的一些服务项目丧失了预期的规模效应，而这反过来又影响了相关服务项目的开展，造成恶性循环。社区养老服务中心的工作就逐渐开始萎缩，有的就剩下一具空壳，甚至沦为上级考察以及参观的一个形象工程。

二是社区养老的硬件扩建、维护不到位。社区养老服务中心困于资金有限，适合老年人的活动设施长期得不到扩建及修缮，能满足社区养老服务的基础设施如房屋、健康娱乐设施匮乏，一些是租了商品房，一些是借用养老院的设施，一些是社区办公用房等，场所规模以及格局比较混乱。此外，近几年新建商品房社区为迎合购房者的年龄偏好，硬件设施大多都建造了商业街、体育娱乐中心等适合年轻群体消费的项目，社区里面并没有规划建设老年活动中心，忽视了老年人的需求。

4.3.6 社区养老评估的困境

不断的评估监督对社区养老事业的持续发展来说极其重要，它关系到对社区养老的管理、监督检查，也关系到以后发展经验的积累和社区养老实施标准与实施效率的不断提高。但从目前的情况来看，养老服务体系没有统一的评判标准，加之服务管理不规范，直接导致服务机构或者说提供方无所适从，同时服务接受者对服务的满意度到底如何判断也是一个问题。

此外，服务的监督者与评估者的角色由谁承担难以确定，现在一些经济发达的城市虽已建立评估监督机制，但政府部门还是主要的评估监督工作承担者，部分也由服务机构自行评估，这样易造成角色混乱，达不到预期的效果。而且大多数的评估员由医院的志愿医生、社区中的相关工作人员或社区养老服务中心的领导担任，缺乏必备的评估技巧与专业知识。同时，由于缺乏统一的执行标准，社区养老在运行的各个环节都存在各自不同的做法，这些都给统一的评估监督工作带来了一定的困难。

养老服务需求主要包括老年人生活、医疗、精神三大方面，要针对这三大需求的内容，对居家养老体系中提供不同服务的各服务机构建立规范的评估标准，同时也有必要对老年人需求、健康状况、经济能力等建立相应的评估标准，形成一个完整的居家养老评估指标体系。居家养老服务评估指标体系应分为两大部分，即对居家养老服务对象评估的指标体系和对居家养老服务提供者评估的指标体系。在国家建立的统一的服务质量标准的基础上，奉节县可根据实际情况再制定具体的实施细则。养老服务质量的评估工作可由政府部门主管，委托专门的社会评估机构进行专业化评估。养老服务产业的发展必然导致管理的社会化，养老服务过程涉及社会多个职能管理部门，需要政府各部门加强协作，只有通过标准化管理，才能把社会化管理体现在我们养老服务的各个具体环节。

4.4 在政府责任视角下提升奉节县养老服务能力

促使养老服务能力得以提升，在政府责任视角下积极推动养老服务事业可持续发展是有力的途径。近年来，奉节县民政局按照政府主导、政策扶持、社会参与、市场推动的原则，逐步推动养老服务事业发展，构建了政府主导下的社会养老服务体系，解决了因人口老龄化和高龄化带来的诸多养老服务难题和矛盾，以实践充分验证了政府转变职能对社会组织生存发展产生的深刻影响及其重要性和必要性。

但是，与重庆市内乃至全国经济较发达地区相比，奉节县社会养老服务整体发展仍然相对缓慢，其服务能力还无法适应日益多元化和专业化的养老服务需求。同时养老服务属于准公共产品，这决定了政府在养老服务发展中不能缺位。因此，为确保养老服务能力得以提升，应当由地方政府承担起关键的引领责任，在养老事业建设与发展的政策扶持、资金投入、人才发展等领域发挥积极的作用。

4.4.1 规划、制定与落实具体的优惠政策，加强政策扶持

面对人口老龄化趋势的加快，社会养老服务体系的建设与发展尤为重要。国务院于 2011 年年底出台的《社会养老服务体系建设规划（2011—2015年）》明确提出“社会养老服务体系建设应以居家为基础、社区为依托、机构为支撑”，其中，“机构养老服务以设施建设为重点，通过设施建设，实现其基本养老服务功能”，同时，“各级政府对养老机构和社区养老服务设施的建设和发展统筹考虑、整体规划”“加强政府在制度、规划、筹资、服务、监管等方面的职责，加快社会养老服务设施建设”。在中央政府出台指导性规划后，地方政府也在养老机构的建设与发展方面制定并出台了一些鼓励和扶持的政策。正是在各级政府的支持与鼓励下，“十二五”期间，奉节县的养老机构无论是在数量上还是质量上都有了长足的发展，养老服务能力也得到了较大的提高，这在一定程度上缓解了当前奉节县的养老难题，使众多老年人及其家庭获益。

但是，我们调研发现，面对上级政府制定的指导性规划或实施计划，基层政府往往存在着制定具体实施细则不及时、实施细则内容的操作性不足等问题，可能造成一些养老机构并没有实际享受到相关优惠政策。对政府及其官员

而言，承担行政责任不但意味着对全体国民、立法机关和宪法及法律负责，还意味着对政府自身的行政法规、行政制度和行政上级负责。同时，行政官员对上级的责任是最直接的和常规的，对公民的责任则是终极性的和更为重要的。因此，为了进一步提升养老服务能力，面对上级政府的规划或指导，奉节县各级政府特别是直接面对公众和具体公共事务管理的基层政府应当积极地回应，一方面要及时科学地调查研究当地养老服务的实际运作情况及主要困难，另一方面要深入细致地把握老年群体的生活、心理需求，从而为规划、制定和落实具体的优惠政策提供指导。具体包括：

一是无论当前及今后一段时间地区经济发展情况如何，面对日益严峻的老龄化趋势，地方政府都应当将养老服务事业的发展明确地纳入当地的经济与社会发展规划之中，将为老服务的基础设施建设纳入政府社会事业建设规划之中，同时，从制度上为养老服务的发展提供强有力的保证。

二是根据国家已有的优惠政策制定出具体的实施细则并加以监督执行，如对符合条件的民办养老机构应贯彻落实好相关补贴政策，推动优惠政策的具体化和操作化，最大限度地减少民办养老机构各方面的开支。

三是在养老机构的运营过程中，政府可以针对日常开支项目给予最大幅度的优惠，包括在电的使用方面应当按照当地的最优价格收取；在水和天然气以及煤气的使用方面可以按照居民生活类价格执行；在电话业务方面执行住宅电话资费标准，并在一定程度上给予最大的通话优惠政策等。

四是按照新公共服务的观点，政府官员要能够使公民相互接触以便他们可以逐渐认识到彼此的利益并且从根本上形成更加长远且更加广泛的社区意识和社会利益意识。因此，为了更好地发挥社会养老的功能，地方政府应当引导养老机构面向社会公众公开机构服务信息，同时依托街道和社区组织准确掌握老年人口的服务需求，在养老机构与老年群体之间构建养老服务信息与服务需求的双向沟通机制。

五是对于服务行政来说，根本的行政观念要转化为以服务对象的满意为最高标准。因此，地方政府应积极推行养老机构服务质量奖励制度，对当地服务质量好、社会效益优、公众评价高的养老机构给予奖励和扶持，提高养老机构加强自身建设的积极性以及主动解决实际问题的能力，促进其改善服务质量、提升服务能力。

4.4.2 加强公共财政支持力度，加大养老服务事业的资金投入

“积极开展应对人口老龄化行动，弘扬敬老、养老、助老社会风尚，建设

以居家为基础、社区为依托、机构为补充的多层次养老服务体系。”2015 年 10 月 29 日中国共产党在第十八届中央委员会第五次全体会议通过的《中共中央关于制定国民经济和社会发展第十三个五年规划的建议》中，对我国养老政策方向这样定位。

目前，一方面养老机构的运作需要稳定、可持续的资金投入，另一方面社区养老服务中心需要增加投入。建设与发展资金的缺乏已经在一定程度上成了提升服务能力的障碍。因此，政府有责任加强公共财政支持力度，加大养老服务事业的资金投入，以确保服务能力得以提升。

一是采取适当方式加强对养老服务的财政支持。《社会养老服务体系建设规划（2011—2015 年）》指出，“地方各级政府要切实履行基本公共服务职能，强化在社会养老服务体系建设中的支出责任，安排财政性专项资金，支持公益性养老服务设施建设”。总的来说，地方政府应加大对养老机构的财政支持和补贴力度，提高养老机构投入资金在民政事业费支出和政府财政支出中的占比，确保养老机构在发展中的资金需求。针对公办养老机构，地方政府应当将其所需经费列入财政预算并建立动态保障机制，以缓解公办养老机构在发展中的资金瓶颈问题。针对民办养老机构特别是非营利性养老机构，地方政府可以根据前述服务质量奖励制度所评定的结果适当给予经营补贴，并且促进当地银行等金融部门扩大对养老服务机构的信贷投入，或者是适当放宽养老机构申请贷款的条件。

二是对于现有养老服务设施的维护、改造、扩建以及建设新的养老服务机构，地方政府可以构建相关事项立项与审批的“绿色通道”。对于所辖城镇或农村地区的现存闲置机构、场馆或者居所，鼓励养老机构采取购买、置换等方式将其转换成可供有效利用的养老服务设施，以在一定程度上解决现有基础设施陈旧、不完善等问题。

三是地方政府应针对老年群体以及养老机构合理地提高补贴标准、扩大补贴范围。调查发现，该县民政针对 90～99 岁的 1 725 名老人每人每年给予 1 200元补贴，对 100 岁及以上的 20 名老人每人每年给予 3 600 元补贴，而这一部分老年人所占比例较小，应当酌情面向当地高龄老人或困难老人适当提高补贴标准。同时，在前述根据服务质量奖励制度的评定结果提供经营补贴的基础上，还可以根据养老机构所提供的床位数、房间数及其他服务设施、服务项目的基本情况，以及具体从事老年人日常照护服务的工作人员规模、专业技术水平等来提供专项补贴，从而促进养老机构持续性地提高服务水平。

4.4.3 大力培养专业化养老服务人员，有效增强养老服务队伍的稳定性

可以说，经济发展的根本目标是一个社会群体的经济福利得到不断改善，社会成员的生存权益和人生价值得到尽可能全面的实现。因此，随着国家和地区经济总量的持续增长、经济制度和产业结构的持续优化，社会公众对养老服务的期望与需求会不断增加。同时，养老服务人员的专业化水平、工作满意度与职业发展诉求等也将直接影响养老服务能力的提升以及养老事业发展的可持续性。面对当前存在的专业化服务人员缺乏、工作人员收入较低且流动性大等问题，地方政府需要采取有力举措引进和培养合格的专业化养老服务人员，并且与养老机构一起构建和完善养老服务人员的职业发展平台，以有效增强养老服务队伍的稳定性。

一是地方政府需要开展与本地区或相邻地区的大专院校以及中等职业技术学校（如重庆市三峡卫生学校）的沟通与交流，依托养老机构（如频福来颐养中心、朝阳社区老年公寓）来搭建相关专业的社会实践平台，对其中有意向从事养老服务工作并参与养老机构社会实践的学生提供一定水平的学费、生活费补贴，或以奖学金的形式来表示认可和鼓励，对于毕业后正式进入当地养老机构工作的学生提供一定水平的职位补贴，从而激励具有养老服务专业知识和技能的年轻人才进入养老机构工作，扩大养老机构专业服务人才的引进比例。

二是为了不断提高养老服务人员的专业素养和机构的服务能力，有效地回应养老服务人员的职业发展诉求，地方政府可以对自行开展服务人员技能培训的养老机构给予适当的财政补贴，也可以采取政府组织的形式免费为养老服务工作人员提供职业技能培训，以增强其服务意识和对养老服务工作的认同感。

三是地方政府有责任为养老机构内的职工提供基本的社会保障，通过构建养老机构服务人员工资收入水平动态调整机制，使其平均工资待遇保持在当地一般职工的平均工资待遇之上；通过与养老服务人员签订劳动人事合同，确保其享有就业和职业发展的相关权益；通过准许养老机构工作人员自身及直系亲属中的老年人口优先使用公办养老机构服务资源等方式来增加养老机构工作的吸引力，继而有助于提升养老服务人员的积极性。

总之，应对愈发突出的老龄化危机，离不开政府、社会组织和公众的密切配合，离不开社会养老服务体系的科学构建和逐步完善。为此，奉节县应当立足社会现实，选择最恰当的路径，在转变政府行政职能的过程中，综合各方力量，充分发挥社会组织的力量，着力构建和谐的公私伙伴关系。同时，还需要

看到，除传统的家庭养老和新兴的社区养老之外，依托专业性养老机构的养老方式必将为社会养老服务体系的构建和完善发挥重要的支持功能。而对于核心职能是提供纯粹的公共物品与公共服务的地方政府来说，在推动养老服务发展的过程中更加应当承担起关键的引领责任，须在建设与发展养老服务体系的政策扶持、资金投入、人才发展等领域发挥积极的作用，包括科学地规划、制定与落实具体的优惠政策，加强公共财政支持力度、加大养老服务事业的资金投入，制定养老服务专业人才引进与培养政策、有效地回应养老服务人员的职业发展诉求，继而提升养老服务能力，推动社会养老服务事业的可持续发展。

5　提升奉节县养老服务能力对策建议

5.1　健全养老服务体系

养老服务体系是指老年人在生活中获得的全方位服务支持的系统，既包括家庭提供的基本生活设施和生活环境、社区提供的各种服务和条件，更包括政府、社会提供的有关服务的形式、制度、政策、机构等各种条件，一般不包括物资和经济供养内容。实质上就是指与经济和社会发展水平相适应，以满足老年人基本生活需求、提升老年人生活质量为目标，面向所有老年群体，提供基本生活照料、康复护理、精神关爱、紧急救援和社会参与的设施、组织、人才和技术要素形成的网络，以及配套的服务标准、运行机制和监督制度。

国发《“十三五”国家老龄事业发展和养老体系建设规划》（〔2017〕13号）指出：“到2020年，老龄事业发展整体水平明显提升，养老体系更加健全完善，及时应对、科学应对、综合应对人口老龄化的社会基础更加牢固。”奉节县民政局在人口老龄化日益加剧的今天，不断加快养老服务业发展，积极推进养老服务体系建设，立足满足人民群众“老有所养、老有所医、老有所乐、老有所学、老有所为、老有所教”的养老服务工作目标，经过持续探索与创新，奉节县养老服务体系（以下简称“养老体系”）建设取得了长足进步并日趋完善，养老服务发展取得了一定成效。近年来，人口老龄化程度逐步加深，服务供给与各类需求之间的诸多矛盾凸显，“养老体系”建设仍然任重道远，其理论研究与实践架构就是本次调研专家们关注的焦点。从政府来看，2011年民政部确定形成“政府主导、社会参与、全民关怀”的服务体系；从学界来看，人口老龄化是一个持续变化的过程，老年人的需求也是动态发展的，对社会养老服务体系建设的研究也应针对不断出现的新问题逐步深入，从服务对象、主体、内容、方式及其保障措施等方面探究有效策略，为建设多元化社会养老服务体系提供理论和实践依据。

健全的“服务体系”应主要体现在投资主体的多元化、服务方式的多样化、服务内容的人性化、专兼职服务人员的逐步专业化，面对严峻的养老形势，根据渝府办发《重庆市老龄事业发展和养老体系建设“十三五”规划》（〔2017〕153号）要求，结合奉节县实际情况，就如何进一步健全“养老体系”进行如下分析：

5.1.1 养老体系建设的现状

5.1.1.1 人口老龄化现状

截至2017年年底，奉节总人口107.4万人，其中60岁及以上老龄人口已经突破19.32万人，占总人口的18.12%，并且每年以4.5%左右的速度递增；65岁以上老龄人口已经突破13.11万人，占总人口的12.30%；80岁及以上高龄老年人约2.63万人，占老年人口的13.65%；失能或部分失能老年人约1.65万人，占老年人口的8.5%；五保户5 600人。

5.1.1.2 养老机构概况

目前，奉节县有养老福利机构32所，总床位3 800张，现实际入住老人1 300余人，其中政府办养老福利机构26所，床位3 326张；社会办养老机构6所，床位474张。城镇养老服务机构9所，乡镇、社区养老服务机构23所，其中有3所失能养老院，床位460张；在12所社区养老服务机构中社区互助型养老服务机构有3所，床位174张。此外，农村幸福院、社区养老服务站、农村五保家园、农村养老安居工程等设施，起到了一定的补充作用。按照民政部民政事业“十三五”发展规划所确定的每千名老人拥有35~40张养老床位的约束性指标，奉节县需要近7 000张养老床位，差距还很大。另外，现已建的乡镇（农村）社会福利院23所是由原农村敬老院维修改造，设施设备简陋、功能单一。其中床位数不足50张的有14所，占农村社会福利院的61%；床位数100张以上的有4所，分别位于吐祥镇、草堂镇、永乐镇、兴隆镇，占乡镇社会福利院的17%。乡镇社会福利院因建设规模小，运行成本高，服务管理不能满足供养人员需求。特别是偏远乡镇社会福利院，普遍存在消防安全隐患，入住率普遍偏低，很难发挥辐射带动作用。总的来看，奉节现有的养老机构一方面由于人口老龄化对养老服务机构需求很大；另一方面床位数总体严重不足，功能及安全设施等配置相对滞后，部分养老机构基础设施较简陋，规模小的现状，使供需出现了严重不平衡。

5.1.1.3 基本养老格局初步形成

随着奉节县养老服务事业的不断发展，居家养老、社区养老以及机构养老有机结合的基本架构已初步形成，格局整体较好，基础建设基本完善，并已取得较为显著的实际效果；目前管理正在逐步规范，模式日渐呈现多元化；享受社会养老服务的区域与范围逐步扩大，服务对象也逐渐扩大至城乡适龄老年人；专业化建设也有所加强。但这些发展已不能适应快速增长的老龄化现状及人们对养老服务的需求，远远满足不了新形势、新任务、新需求的发展。因此该县体系建设有待进一步统筹规划，以此不断提高服务管理能力、提升服务队伍专业水平、解决存在的一些困难和问题，达到服务能力的全面提升。

2014 年 12 月 25 日，奉节县人民政府颁发《关于加快发展养老服务业的意见》，提出到 2020 年，全县养老服务床位数达到 6 000 张，每千名老人拥有养老床位 35 张，努力把奉节县建成渝东北片区养老服务业示范县。鉴于此，当务之急就是逐步加强社会养老基础设施建设，做好统筹规划，建议适当倾斜北岸、酌情考虑扩建农村区域性养老服务机构，同时，狠抓服务质量，在发展壮大的路上不断完善以居家为基础、社区为依托、机构为补充、医养结合的多元化养老服务体系。

5.1.2 养老体系建设存在的主要问题

整个养老服务市场还不够成熟，缺乏有资质的品牌为养老服务提供引领；同时社会办养老服务业效益周期长、风险高，对投资者缺乏吸引力；而且奉节县地处西部，是国家级贫困县，本地老年人受子女养老的传统观念影响，自费购买所需养老服务的理念尚未形成。种种因素的制约，使目前该县社会养老服务体系呈现出基本架构不够完善，运作机制不太健全，服务队伍建设相对薄弱等问题。

5.1.2.1 基本架构不够完善

（1）供求矛盾突出

奉节目前所建的 32 所福利机构编制床位 3 800 张，共入住 1 300 余人，其中自理老人入住 700 余人，失能或半失能老人入住近 600 人。奉节现有失能或部分失能老年人约 1.65 万人（占老年人口的 8.5%）、五保户 5 600 人，这部分人群是最需要照顾的群体，从现有情况分析，一方面床位闲置，另一方面真正需要照顾的老年人却没有入住，床位缺口大，供求矛盾仍然突出：

一是养老机构缺乏功能定位。公办养老机构对“三无”老人、贫困老人的基本养老服务的兜底明显有缺口，如兴隆镇社会福利院编制床位 150 张，目前入住仅 19 人，而且全部是自理老人。

二是部分养老机构对收住对象有选择性。大部分养老机构更加倾向于对基本能够自理的老人提供服务，对失能失智老人的服务供给严重不足（调研中多家养老机构提出因为护理难度大，没有收住这类老人），目前全县32所养老机构就有11所根本没有收住失能、半失能以及失智的老人。调研中发现，一些子女迫于无奈，放弃工作或者专门请假在家中照顾老人的现象较为普遍。

三是养老机构选址建设欠人性化。所建养老机构在地理位置与规划方面，因为土地、房屋的限制，只能将养老机构建在位置相对偏远的地方。这些养老机构医疗等配套设施不够完善，子女探望不方便，可能造成很多老年人和子女不愿意选择这种养老机构。

（2）社区居家养老服务能力不足

受养老观念的影响，社区居家养老服务开展力度不够、项目明显欠缺。目前该县居家养老所能提供的服务还停留在日常生活护理和家政服务等基础层面，对于老年人的心理呵护、精神慰藉以及社会参与支持等方面的项目十分欠缺，如某养老服务中心（福利院）在30张床位爆满的情况下，仅为3名老人“上门”做居家服务。具体体现在：

一是市场参与的积极性不高，导致社区与居家养老服务机构的数量不足，难以满足居民的养老服务需求，加上传统养老观念等原因，目前部分家庭条件较好的老人（包括多子女的家庭）大都选择一对一请一个亲属或者家政人员上门照护。

二是新建小区养老服务设施建设不到位，适老化设备设施配置有限。

三是缺少社区居家养老服务发展的规划和具体的政策文件，对市场、社会主体参与社区居家养老服务的激励性不足。

四是对社区、居家养老服务的财政投入不足。

五是社区居家养老服务能力有限。主要表现在：首先，服务对象覆盖面较窄，偏重于健康老人的服务，而忽视了失能、失智、失独、空巢、“三无”、贫困老人等特殊群体的服务需求。其次，养老服务的不同项目资源，如医疗卫生服务等项目，由于管理体制的条块化、分割化，以及协调整合机制的欠缺，资源难以实现共享，服务项目自然供给不足。再次，社区和机构养老服务床位等设施明显不足，目前缺少床位3 000余张。最后，机构设施有待优化。目前大部分养老机构居住环境有待改善，适合老年人康复、医疗、娱乐的设施数量不足且种类较为单一，难以有效保证为老年人提供优质的服务。可喜的是，对机构设施逐步优化已得到政府重视，例如在调研期间，朝阳社区老年公寓正在装修中。

（3）民办养老机构势单力薄，缺乏有效的监管评估机制

调研发现，奉节县为数不多的6所民办和2所公建民营的养老机构的管理运营能力普遍较弱，缺乏足够的资金、设施与人员投入，管理服务水平较低。具体表现在：

一是工作人员整体年龄偏大、专业知识储备不足、养老机构管理经验与能力不足。

二是护理人员数量严重不足。1个护理人员要照顾10多个老人，劳动强度较大。如鱼复街道月康老年公寓入住老人135人（其中自理老人46人，失能、半失能老人89人），护理员仅8名。

三是由于收费水平一般，人员工资与运行成本较高，多数民办养老机构只能勉强维持。由于机构自身的“造血”功能较弱，自然依赖政府政策与资金支持。

四是受传统的养老观念的影响，对机构养老不太接受的群体较多。如在人口较密集的兴隆镇，乐居老年公寓编制床位100张，定位于收住各种状态的老人，自身的宣传力度较大，但是入住率偏低，调研时入住仅20人，其中有失能、半失能老人15人。

五是缺乏有效的监管评估机制。民办养老机构规章制度不够完善，管理水平参差不齐。一方面，内部管理不够完善。大多数管理人员对国家相关规定和行业标准知之甚少，无规章可循，随意性大，一般采用的是家庭式的管理与服务方式。此外，管理人员法律意识淡薄，一些民办养老机构在和老人签订入住的合同方面法制意识不强。另一方面，外部监管比较分散。目前，养老服务事业存在多头领导的现象，涉及民政、公安消防等多个部门。各部门分散管理，导致缺乏一致行动的能力，一些优惠政策难以落实。养老服务评估标准的缺失，导致一些养老机构在提高服务质量方面缺乏动力，老人也得不到高质量的服务。目前在6所民办养老机构中，有3所在调研时发现以上两个方面的问题较大。

（4）农村养老服务体系相对滞后

奉节县面积4 087平方千米，辖33个乡镇（街道、管委会），到2016年年底，农村60岁及以上的老年人有12.7万人，占全县老人总人口比例的69.8%。但是，目前该县农村养老服务体系严重滞后。主要表现在：

一是农村养老服务机构的数量不足。

二是农村养老服务机构的设施简陋，医疗设施、消防设施、安全设施、生活设施、服务设施等因陋就简。

三是农村养老服务机构的管理服务水平较低，缺少专业化的农村养老机构管理、服务人员。

四是社会工作者、志愿者、公益性服务组织对农村养老服务的参与明显不够。

5.1.2.2 养老服务队伍建设薄弱

目前，该县养老服务队伍有在岗养老服务人员约100人，他们大多未接受过养老护理专业教育、未经过专业化的技能培训，在专业知识和服务技能方面有所欠缺，仅能满足老年人的基本生活照料需求，难以有效满足医疗护理、精神慰藉等专业化程度较高的需求。以养老服务机构中的服务队伍为例，本次调研了解到，该县受过专业培训的护理员接近30%，取得养老护理员职业资格证书的仅占25%。

5.1.2.3 运作机制有待健全

在养老服务建设这一系统工程中，该县仍尚未建立起切实可行的运作机制，政府、民间投资不足和养老服务不够规范、监督管理不严等问题一时难以得到有效解决，社会养老服务的可持续良性发展难以得到有效保障。养老服务政策的操作性和精准性不够，缺乏有效的激励和约束机制。

一是养老服务政策条文相对简单，一般化、原则性、笼统性内容较多，具体、具有可操作性的内容较少。缺少养老服务政策的配套实施方案，尤其是对一些综合性的政策文件，缺乏与之配套的实施方案。

二是政策的精准性不够，缺乏对不同经济发展水平的分类指导，缺乏考虑对不同人群差异化养老服务需求的满足。

三是一些养老服务政策文件提出了保障措施和有关要求，但是并没有将其纳入考核体系中，缺乏强制力与约束力。

四是政策出台部门对政策实施的跟踪检查和监督、评估不够，政策实施的目标和效果难以得到保障。缺乏养老服务政策实施效果的奖惩机制，将会影响地方落实政策的积极性。

5.1.3 健全养老体系的对策

在深入分析奉节县实际县情的基础上，借鉴市内外成功经验，本书认为健全养老服务体系应完善体系基本架构、加强队伍建设、推动养老机构提质增效和不断完善运作机制。

5.1.3.1 完善基本架构，构建多元化的养老体系

奉节县目前要完善体系基本架构，建设多元化的养老体系，结合目前养老

发展的趋势和该县养老机构的入住率等情况进行规划。不能为了达标盲目地扩建床位，应在提升社区养老服务水平的基础上，优化居家养老服务体系，加快机构养老体系社区化发展，进一步加强农村养老服务建设，助推医养结合的养老服务体系，健全多元化的服务体系。

（1）加大政府投入力度，加快社区养老服务建设

加强硬件与软件设施的建设，是提高社区养老服务水平的重要措施。对于硬件基础设施，可采取分批建设、逐步推进的方式完善老年公寓、托老所、社区养老服务中心等的基础设施，如配建日间休息室、休闲娱乐室、图书阅览室、健身康复室和配餐室，配备各类健身设备、体育设施、娱乐设备和电子设备，为老年人生活、娱乐等提供场所，以满足老人多方面的需求。另外，酌情考虑在社区养老服务中心加强信息化建设，逐步建立信息综合服务网络，包括老年人的信息网络、服务人员的信息网络等，建议率先在永安街道朝阳社区老年公寓建居家养老服务信息平台。同时，进一步规范行业管理，扎实开展社区养老服务机构的服务评估工作，督促社区养老服务机构逐步规范，开展生活照料、家政服务、精神慰藉和心理疏导等服务工作。

（2）提高认识，优化居家养老服务

奉节县 2017 年年底 60 岁及以上的老年人口已经突破 19.32 万人，占总人口的 18.12%，传统的家庭养老观念根深蒂固，加上农村老人总量多达老年总人口比例的 70%，因此应在提升社区养老服务水平的基础上优化居家养老服务体系。

一是开发与优化家庭养老资源，以文化与制度双重推动居家养老服务可持续发展，具体思路包括：重塑“上慈下孝”文化，推动以家庭成员为基础的双向照顾及跨代养老模式，既能缓解老年照护资源不足的问题，又能为老年人提供优质的养老服务；规范子女赡养责任与义务，充分发挥家庭养老与社会养老的合力作用；酌情建立照料者津贴制度（对照料自己年迈的父母，或者照料社会老人，而影响自己从事有酬工作的人员的一种收入补贴），激励和调动家庭成员及社会人员参与居家养老服务，进而为居家养老服务人力资源的开发提供条件与支持。

二是分层次完善养老服务：对生活能自理的老年人，可为其提供老年餐厅（食堂）、交通陪伴、聊天解闷等较为简单的日常生活援助；对生活不能自理的高龄、独居老年人应提供日常照料、家政服务、紧急呼救和安全援助等服务；对体弱多病的孤寡老人可采取政府出资方式，提供一定的免费服务或集中供养。

（3）推动机构养老社区化发展

将养老机构融入社区，特别是乡村社会福利院应与村委会等密切配合，有效避免机构远离社区、居委会、村委会而导致老年人在心理上产生被抛弃的感觉的弊端。在优化公办养老机构设施建设的同时，应着重加强其与社区、居委会、村委会的密切合作，发挥养老机构在社区、居委会、村委会中的作用，促进养老服务机构的社区化发展。

（4）支持社会力量兴办养老机构

全面放开养老服务市场，促进各类市场主体增加养老产品和服务的供给，构建统一开放、竞争有序的现代养老市场体系。深化养老服务业“放管服”改革，进一步降低准入门槛，优化审批流程，精简前置手续，鼓励社会力量兴办养老机构，加强建设支持和服务指导。同时，建立有效的监管评估机制，对经营不善、服务质量不合格，甚至无证（照）经营的机构应加强常态化监管和整治，确保养老机构正常运营和老年人生命安全。

（5）进一步加强农村养老服务建设

奉节县于2015年年底开始对孤残困难家庭失能人员进行集中供养，并出台了《孤残困难家庭失能人员集中帮扶办法》。目前吐祥镇社会福利院、草堂镇社会福利院和永乐养护中心由政府兜底，集中供养失能人员350人，设置床位460张。奉节县政府兜底集中供养的模式已经发育成熟，集中供养失能人员、助推脱贫攻坚工作已成为奉节县的经验之谈，建议进一步推广。

2015年统计数据显示，奉节县因病、因意外致残的贫困户有948户，共1 013人。因此应统筹规划、加大基础建设投入力度，一方面积极推动农村特困人员供养服务机构的服务设施和服务质量达标，保障农村特困人员集中供养需求，另一方面还应积极思考如何为低收入、高龄、独居、失能农村老年人提供养老服务，建议通过相助、志愿服务等模式以及建设农村幸福院、养老大院等方式，大力发展农村互助养老服务。同时，积极培育为老服务社会组织，试点成立老年协会，发挥他们和农村基层党组织、村委会等组织的作用，依托农村社区服务中心（站）、村卫生室、全民健身设施等，为留守、孤寡、独居、贫困、残疾等老年人提供丰富多彩的关爱服务。

5.1.3.2 加强养老服务队伍建设，逐步实现专业化的服务体系

人才是行业发展的基础，养老服务人才队伍建设是多元化“养老体系”建设的重要支撑，其专业水平的高低、服务质量的好坏，将对老年人产生最直接的影响。养老队伍建设应做实、做强、做大养老服务业底层护理员的培训工作，探索持证上岗制度和专业认证机制，可采取规划专业教育、加强岗位培训

与规范志愿者队伍等方式来强化。

（1）规划专业教育

具体而言，奉节县应在充分评估社会对养老服务人员多元化需求的基础上，结合自身优势，规划专业教育。目前渝东北仅有奉节县有“重庆市三峡卫生学校”一所中等卫生职业学校，该校一直招生火爆，而且主要招护理专业的学生。该校拥有成熟的护理师资，如果依托该校拓展人才培养渠道，如通过新办老年服务与管理、康复治疗技术等专业，以及与该校签“订单培养”等方式，既可促进学校的发展，也可促进养老服务队伍“老中青”年龄结构的良性发展，还可辐射至周边区县，为渝东北片区培养养老方面的专业人才。

（2）加强岗位培训

养老服务专业人员的培训可以采取多种模式。首先，主要考虑依托“重庆市三峡卫生学校”的师资对工作人员进行专业培训，学校在提升养老师资水平方面可以和“重庆城市管理职业学院健康与老年服务学院”合作，通过互派老师交流学习来指导提升能力。该校的学生也可以到“重庆城市管理职业学院健康与老年服务学院”进行阶段性的实训。其次，政府应加强对“重庆市三峡卫生学校”的养老实训基地建设，成立专门的“培训基地”，借助“医养结合”的大好形势，在县卫计委的支持下，整合奉节县人民医院、奉节县中医院的资源，鼓励护理技术人才定期到机构、到“培训基地”给护理员们开展培训、指导工作，并逐步规范发展这一“培训基地”。

（3）制定、完善激励措施

要引导养老服务人员主动地、高质量地完成工作任务，为维持其工作满意度，就要有薪酬激励、表彰奖励等措施。对于薪酬激励，可采用“按劳取酬”“以岗定薪”“优绩优酬”的分配方式，提高专业人员待遇水平，并使其享受各种社会保障政策。对于获得职业资格证的养老护理员应按级别和工资挂钩。对于工作能够坚持 3 年、5 年的员工也应适当奖励，在一线照护失能、失智的老人需要积累实践经验，应注重对人才的培养和对护理员们的职业生涯规划，提高护理员的职业认同感。

（4）发展志愿者队伍

加大宣传力度，借微信公众号平台，从以下几个方面发展壮大志愿者队伍。

一是志愿者队伍的建设应根据县情，首先考虑在“重庆市三峡卫生学校”招募在校护理专业学生，结合“隔代亲”和护理专业比较适宜看护老人等因素，学校护理专业的学生往往是老人最喜欢的群体，搭建这一平台也为学生参加社会实践提供了条件。

二是在寒暑假提供平台，欢迎回家的大学生组建“志愿服务团队”。同时加大社会宣传力度，招募热心人士，成立“爱心团队”。

三是鼓励老年人参与志愿服务，依托各类基层社会组织广泛参与基层公益慈善、移风易俗、环境保护、纠纷调解、文教卫生、邻里互助等志愿服务，建立健康老年人参与志愿互助服务的工作机制，引导低龄老年人服务高龄老年人，探索互助式养老模式。重庆市人民政府办公厅公开发布的《重庆市老龄事业发展和养老体系建设“十三五”规划》提出“老年志愿者注册人数占老年人口的比例达到12%”。

四是招入“志愿服务团队”“爱心团队”后都应进行一定的培训，诸如沟通交流技巧、服务方式和态度、专业技能等，并制定相应的管理办法、长期运行的制度和提供适当的方便，如通过设置微信平台加入“志愿服务团队”或者通过社区这一窗口招募志愿者，以及在比较集中的老年公寓设置固定的办公室等。

（5）建立考核评价机制

建立养老机构、社区养老服务站（点）星级评定机制，将养老服务从业人员登记注册、职业技能、参加教育培训、规范用工、信息公开等规范管理情况与星级评定相挂钩。酌情建立养老服务行业社会评价机制，鼓励养老行业组织（协会）发布养老机构、社区养老服务站（点）服务质量排行表，以促进养老服务社会化、市场化运营。

5.1.3.3　*推动养老机构提质增效*

优化养老机构功能布局，根据服务对象数量及分布，统筹规划布局，合理确定养老服务设施的建设规模。奉节县目前在优先保障特困供养人员集中供养需求和其他经济困难的孤寡、失能、高龄等老年人的服务需求的基础上，逐步提高养老机构服务质量。

（1）尝试公办养老机构改革试点

建立健全老年人入住评估制度，优先保障城乡特困人员、孤老优抚对象、孤寡、失能、高龄等老年人的服务需求，增强公办养老机构托底功能，托底养老的公办养老机构原则上由政府运营。具备向社会提供养老服务条件的公办养老机构如果一直经营不善可以考虑转制为企业或开展公建民营。在实际工作中要完善公建民营养老机构管理办法，鼓励社会力量通过独资、合资、合作、联营、参股、租赁等方式参与公办养老机构改革。政府投资建设和购置的养老设施、新建居住（小）区按规定配建并移交给民政部门的养老设施、由党政机关和国有企事业单位培训疗养机构等改建的养老设施，均可实施公建民营。《重庆市老龄事业发展和养老体系建设“十三五”规划》的发展目标提出：政府运营的养老床位数占养老床位总数的比例不超过50%，护理型养老床位的比例不低于30%。

（2）全面提升养老机构服务质量

为了扎实推进养老福利机构服务质量建设专项检查，奉节县民政局于2017年7月初采取了三项措施：

一是部门联动，明确责任目标。积极协调公安、卫计、质监等相关部门，制定出台《关于开展养老院服务质量建设专项行动的通知》，明确工作目标、工作要求、专项行动内容、主要任务和职责分工。

二是以会促学，提升服务能力。组织辖区范围内有福利院的乡镇（街道）民政办主任，民办养老机构负责人，从事养老院、福利院养老服务信息数据管理的工作人员召开专题会议，重点对养老福利机构的运营管理、生活服务、安全管理等方面进行培训。

三是对症下药，确保整改到位。成立养老福利机构服务质量建设专项行动领导小组，抽调工作人员组成两个工作组，通过实地走访、查阅档案等方式，对全县养老福利机构服务质量建设情况进行督查，根据检查出的问题，按照“一院一策”帮助各养老福利机构制定整改措施，落实消防设施改造工程，健全完善规章制度，提高养老服务水平。对全县30余所养老福利机构服务质量进行了专项督查，取得了一定成效。但要达到全面提升养老机构服务质量，仍然任重道远：

① 建立健全养老机构分级标准，着力养老机构服务质量的提升。如频福来颐养中心目前仅仅把老人分为自理、介护两类就不太科学，该中心应进一步优化存量的床位结构，降低空置率，适当提高“护理型”养老床位比例，向“养护型”养老机构发展。目前，频福来颐养中心有白帝镇卫生院的医疗护理支持，为了吸引医院的医生护士为该中心的老人提供优质的专业服务，可以探索政府购买服务的方式来调动医务人员的积极性。

② 抓住重庆市养老服务标准化示范单位创建的契机，统一增强标准化意识。对《养老机构基本规范》《老年人社会福利机构基本规范》《养老机构安全管理》《社区养老服务规范》等现有的基本标准，积极进行全面宣贯实施，在提升县养老服务中心和草堂社会福利院服务质量的同时，其余的机构应酌情根据不同的机构性质、服务需求和基础条件，参照对生活照料、安全管理、医疗护理等方面的标准进行服务，逐步提升全县养老服务的整体水平。

③ 为了切实提高全县养老机构的服务质量，应在加强组织领导的基础上，制定考核办法。根据民政部等六部门印发《关于开展养老院服务质量建设专项行动的通知》、渝府办发《关于全面放开养老服务市场提升养老服务质量的实施意见》的要求，结合该县实际情况，建议制定具体的《养老机构服务质量考核办法》，成立考核小组，从考核内容、评分项目、考核奖惩等方面进行细化，将各项工作于细微处去着手落到实处。考核小组根据评定结果，对单位（养老机构、社区养老服务站等）颁发“敬老文明号”或其他的流动红旗。

④ 探索制定养老服务机构责任和风险防控的政策措施，积极推动养老机构责任保险工作，引导和鼓励养老机构投保、保险公司承保。认真执行《养老设施建筑设计规范》《建筑设计防火规范》，对符合消防安全规定而又未取得相关许可的养老机构，可通过地方政府一事一议的方式予以解决。

5.1.3.4 加快推进医养结合发展

建立健全医养结合的优惠扶持政策，全面建立医疗卫生机构与养老机构合作机制，支持养老机构和医疗机构按分级诊疗原则组建多种形式的医养联合体，鼓励养老机构与周边医疗机构建立合作关系，为老年人提供治疗期住院、康复期护理、稳定期生活照料以及临终关怀等一体化服务。切实落实“专家下基层坐诊”等措施，这在提高基层医疗卫生机构为老年人提供医疗服务的能力的同时，进一步提高了养老服务质量。

5.1.3.5 完善长效运作机制，促进体系的可持续性发展

通过建立运行机制与监管机制等，完善体系的长效运作机制，确保社会养老服务的可持续发展。

（1）建立政府与市场有机结合的运行机制

政府在“养老体系”建设与完善的过程中，不仅应充当养老服务提供者的角色，还应承担监督管理、组织协调的重任。同时，还应促进市场机制作用的发挥，加速养老服务产业化，实现融资渠道多元化。总体而言，要凝聚多种社会力量于体系的运行过程，激励社会力量参与到养老服务的实践中，逐步形成由政府宏观调控、社会力量参与投资或全资兴办、养老机构依法经营、市场灵活调控的多元化管理体制和运行机制。

（2）健全监管机制

监管机制包括准入、监管与退出等几个方面：

一是应把好入口关，重点加强对服务提供者资质的评审与考量。

二是应对养老机构的运作条件进行定期考核与评估，对其不规范的行为进行督促整改。

三是应完善退出机制，严格规范养老服务机构的关、停制度与手续，切实保障老年人的权益。

综上所述，人口老龄化的严峻形势，养老问题的巨大压力，是各地必须面对的重大挑战，奉节县也不可避免。老年人的需求又是动态的、发展的，解决养老服务需求多样化带来的问题不可能一蹴而就，应立足长远，统筹规划，发挥政府的主导作用和保障、引导作用，进行更为深入的研究与实践，探索与创新健全的“养老体系”：将政府、家庭、社区、机构等多方主体有机结合，根据生活照料、康复护理、精神慰藉 、紧急救援和社会参与等需求设置具体的服务内容，形成由政府主导，以居家为基础、社区为依托、机构为补充的多层次养老服务体系，以满足全县老年人日益增长的养老需求。

5.2 着力构建社区养老

养老一直以来是备受关注的热点，养老模式则是备受关注的焦点。社区居家养老服务是指政府和社会力量依托社区，为居家的老年人提供助餐、助洁、助浴、助医等服务。它是对传统家庭养老模式的补充与更新，是我国发展社区服务，建立养老服务体系的一项重要内容。本书结合奉节的县情，提出要“着力构建社区养老模式”，并主要从以下几个方面思考为什么要着力“构建”以及如何“构建”这一模式。

5.2.1 养老新政策剖析

“积极开展应对人口老龄化行动，弘扬敬老、养老、助老社会风尚，建设以居家为基础、社区为依托、机构为补充的多层次养老服务体系。”2015 年 10 月 29 日中国共产党在第十八届中央委员会第五次全体会议通过的《中共中央关于制定国民经济和社会发展第十三个五年规划的建议》中，对我国养老政策方向这样定位。

对比“十二五”规划纲要，规划建议对机构养老在整个养老服务体系中的定位有了重要变化。“十二五”规划纲要指出，“建立以居家为基础、社区为依托、机构为支撑的养老服务体系。”从“机构为支撑”到“机构为补充”，一词之变折射出“十三五”乃至更长的未来时期，我国养老政策的新思路。

对此，全国老龄办副主任吴玉韶表示，这一调整符合国情，符合中国人居家养老的文化传统，适应了中国未来养老的新方向。同时，从国家对养老服务的财政投入、资源利用的角度来说也是最优选择。在养老服务体系中，机构养老只能作为一种补充，特别是对于高龄、失能、“三无”等特殊老人群体。

“十二五”期间，我国机构养老快速发展。民政部数据显示，全国社会养老服务床位数从2011年的315万张，快速增长到截至2015年9月底的594.8万张，将近翻了一番。但是由于中国人的家庭观念特别强，这样的文化传统和现实国情决定了，愿意在机构养老的老年人还是少数，绝大多数老年人要靠家庭养老与社区居家养老相结合。全国人大内务司法委员会委员李江认为，解决“中国式养老”的难题，必须有中国式解决方案。因此，与此同时国家也出台了一系列鼓励居家和社区居家养老的政策。

5.2.2 深入剖析社区居家养老

世界卫生组织在《关于老龄化与健康的全球报告》中指出，老年人应当享有安全、独立、舒适地生活在自己的家庭和社区的权利。以社区为依托的居家养老服务备受肯定，将居家养老与机构养老相结合的社区居家养老对老年人最有利，而且社区居家养老可减少养老相关的卫生服务支出，具有一定的经济优势。

5.2.2.1 社区居家养老模式的优势分析

全国老龄办发布的《关于全面推进居家养老服务工作的意见》(〔2008〕4号）指出，全国所有社区都要建立起多种形式、广泛覆盖的居家养老服务网络。因此，社区式居家养老服务模式在全国逐渐蓬勃发展起来。与机构养老服务相比，社区居家养老服务具有很多优势。

(1) 覆盖面广

不同于机构养老模式受资金限制，社区居家养老模式整合了多方面的人力、物力资源，覆盖到了大部分城镇社区和农村社区的老人。中国人的养老观念也更倾向于选择社区居家养老。

(2) 契合传统的养老文化

养老，既要物质上养老，更要精神上养老。由于子女长期在外，很多老人心里很空虚、很寂寞。在填补老人们的空虚和寂寞，丰富老年人的精神生活上，社区居家养老服务无疑具有先天优势。以社区为平台，整合社区内各种服务资源，为老人提供养老服务，老年人可以不用改变原来的生活方式、生活习惯，也不用离开自己熟悉的生活环境。这样的养老方式，让老年人有了更强的归属感，更符合我们的文化传统和风俗习惯。从这个角度看，大力推进社区居家养老服务建设，更接地气，也更契合我们的传统文化与习俗。

(3) 成本低，效率高

社区居家养老大大节约了社会的养老成本，使养老资源得到了最充分的利用。老年人在家里安度晚年，可以充分利用原有的物质资源（住房、家具、耐用消费品和生活设施等），而且还可以按照自己的特殊需要安排饮食起居，既可以提高生活质量，又可以减少不必要的支出。社区居家养老较之机构养老，具有投资少、成本低、服务广、收益大、收费低、见效快的特点，还能减轻机构养老服务的压力。

5.2.2.2　社区居家养老“怎么养”

社区居家养老既不能按养老支持力或供养力区分归类，也不明确属于正式养老或非正式养老服务中的一种。其本质是以社区为平台，整合居家养老和机构养老，即给居家养老或者机构养老服务一个依托，让提供养老服务的机构在社区里工作。目前，社区居家养老的实施形式主要有：

(1) 养老机构进驻普通社区

该种方式目前最为多见。北京市养老照料中心及驿站采用的是公建民营模式，场地由政府免费提供，而后交由企业低偿运营。该类机构的优点是老年人距离自己或子女的住所近，费用较低；缺点是该形式本身不配备医生团队，仅有护理人员，医疗活动需向社区卫生服务机构购买或转送至综合医院进行。

(2) 老年人入住养老社区

该种方式与以往的养老院模式存在一定的相似之处，老年人以租住或会员的形式入住养老社区，即可享受上门护理、家政等服务。

(3) 老年人购买养老房产　该类社区居家养老采用“养老+地产”的开发形式，其核心为适老性设计，同样能够提供护理、家政等服务。

后两类社区居家养老具有较多的相似点，其优点是社区设计核心为养老，无论文化氛围还是房屋构建，均会考虑老年人的需求，社区内多引入专业医疗机构；而缺点是费用较高，距离子女较远。而入住机构的费用目前主要由家庭及个人承担，其间发生的医疗费用符合医保条件的由医保报销。

5.2.2.3　社区居家养老“养得怎么样”

在不同养老模式下，老年人的生活质量、身心健康水平有显著差异。部分研究显示，机构养老者在生活能力、身体健康、心理健康方面均不及居家养老者，这可能与养老机构远离老年人原有生活环境有关。但另有调查认为，机构养老者在生活能力、生活质量方面优于居家养老者，这考虑与养老机构有更多的活动项目有关。由此可见，居家养老与机构养老各有利弊。而社区居家养老试点实践显示，社区居家养老将居家养老与机构养老相结合、将生活照料与医疗保障相统一，在老年人熟悉的生活环境中加入专业的、多元的服务项目，为老年人提供更舒适、安全、经济的养老照护服务，对老年人身心健康均有益处。

（1）重庆市成功助推社区居家养老服务

近年来，重庆市重点围绕建平台、强队伍、发展“互联网+”等方面，大力推进社区居家养老服务，不断满足社区群众及时、便捷、个性化的养老服务需求。

一是加强平台设施建设。将城镇社区养老服务设施建设工作纳入市委、市政府22件为民办重点民生实事，市级每年安排4 450万元资金给予建设补助，各区县每年支持社区居家养老服务工作资金达1.8亿元。

二是开展“互联网+”服务。建成区县级社区居家养老信息服务中心40个，依托互联网技术为社区老人提供及时、便捷的生活照料、家政服务、康复护理和精神慰藉等居家养老服务。2015年，全市通过社区养老服务信息平台，为社区老人提供逾200万人次的“互联网+”居家养老服务。

（2）北京有力推进社区居家养老

2017年5月13日，在“一带一路”国际合作高峰论坛上，北京市民政局副局长李红兵表示，目前北京市通过213家社区居家养老照料中心以及周边养老驿站向110余万居家老年人提供养老服务。社区居家养老照料中心主要服务于失能人群，养老驿站则主要针对独立老年人。二者的服务内容均包括日间照料、呼叫服务、助餐服务、健康指导、文化娱乐、心理慰藉六类基本服务项目及其他拓展项目，以确保老年人老有所养、老有所乐、老有所医。

5.2.3 大力发展社区居家养老服务

《重庆市老龄事业发展和养老体系建设“十三五”规划》明确提出：促进以居家为基础、社区为依托、机构为补充、医养结合的养老服务体系不断健全。

2017年11月27日，从重庆市民政局社区居家养老服务“千百工程”的新闻发布会上获悉，未来3年，我市将投入18亿元资金新增1 000个社区养老服务站，3年后社区养老服务将覆盖80%以上的城镇社区和60%以上的农村社区，“千百工程”的实施将优先满足高龄、失能、失独、特殊困难等老年人的基本公共养老服务需求，丰富老年人生活照料、康复护理、精神慰藉、文化娱乐等服务供给，构建政府基本公共养老服务保障体系，探索建立多样化的养老平台。

目前，奉节县作为一个已有 19.32 万老人的贫困县，社区居家养老才刚刚起步，社区日间照料中心的作用尚未充分发挥，农村的养老体系建设相对滞后。结合该县这一现状，政府和社会力量如何依托社区、居委会、村委会，为居家的老年人提供生活照料、精神慰藉、康复护理和文化娱乐等方面服务，大力发展社区居家养老服务，达到加快养老服务步伐、促进养老服务体系多元化发展的目标，建议如下：

5.2.3.1 基本思路

大力发展社区居家养老服务的基本思路主要包括：

（1）政府主导推动，构建工作网络

政府积极发挥主导作用，出台政策文件，组建工作网络，努力推进居家养老服务工作。

（2）加大宣传力度，营造良好氛围

社区居家养老服务工作是一种社会养老服务模式，奉节人民对它还比较陌生，大多数老年人持观望态度，要改变这些现状，可以通过上门宣传、发放公开信和爱心卡、组织相关活动、办宣传专栏、张贴标语口号等多种方式加以宣传动员，提高干部群众思想认识，鼓励干部带头支持父母融入社区居家养老，营造良好的居家养老的社会舆论氛围。

（3）深入调查摸底，及时造册建档

为了居家养老服务工作能够更科学、更有效地向前推进，深入了解无偿、低偿、有偿这三类服务对象的基本需求是关键。为此，建议尽早组建居家养老服务团队，然后组织居家养老专业服务队深入社区、走进家庭，对 60 岁及以上老年人进行全面摸底登记，并按照老年人的性别、年龄、家庭详细住址、身体状况、居住状况、经济状况、所需服务等内容进行登记造册。重点对 70 岁及以上的独居老人的情况进行调查核实并造册建档。逐步建立以需求为导向的居家养老服务信息库，为因地制宜地开展服务奠定基础。

（4）实行实地指导，逐步开展站点建设

实地指导，逐步推进服务站点建设。实施多元服务，普惠老年群体。

一是实施政府购买服务。面向所有老年人，开展有偿服务。

二是实施社区居家养老服务中心（站）的服务。各社区服务站（点）主要提供两大方面的服务。第一，为无偿、低偿服务对象提供所需的上门服务，如生活照料、家政服务、疾病防治、康复护理、临终关怀、代购代买、配餐送餐等。第二，提供服务站点内的服务，即面向辖区内 60 岁及以上老年人的服务，如日托照料、餐饮服务、医疗保健、文化娱乐、体育健身、谈心交流、精神慰藉等。这些服务基本上是免费或低偿服务，普惠社区老年人。

三是建立并实施政策引导机制。第一，引入社会中有信誉的中介服务机构为居家养老提供服务。首先确定个别社区（或村委会）作为居家养老服务试点，深入开展社区居家养老服务工作。第二，鼓励社会资本、民办养老机构参与居家养老服务，给予床位补助。

5.2.3.2 具体措施

大力发展社区居家养老服务的具体措施主要包括：

（1）建设居家养老服务信息平台、提供上门服务的“示范点”

永安街道朝阳社区老年公寓地处永安街道少陵路248号，是目前县城人口最集中的“富人区”，该机构自开业以来，口碑不错，算是群众比较满意的养老公寓。此时正值装修（改建），如果借此机会建立起居家养老服务信息平台，就可以吸引周边生活能够自理的老人走出家门到该社区服务中心接受为老服务和参加活动，同时考虑建一个较大规模的食堂为中午子女不在身边的老人解决午餐问题，既可以增加老人们对机构的了解和信任，又可以促进养老服务的良性发展。一直以来众多专家学者都认为推行社区居家养老的难点和重点在于办好老年食堂，从提供助餐做起。对生活不能自理的老人则采取派专人上门照护，为居家老年人提供助餐、助浴、助洁、助医、助行、精神慰藉等多种精准化、个性化、专业化服务。同时依托社区信息平台，在社区逐步建立为老服务热线、紧急救援等多种求助和服务形式，逐步全面建设便捷有效的为老服务信息系统。

（2）结合实际，创新1中心+N站+N点模式

平安乡作为全市18个深度贫困乡之一，人口分布稀疏，在奉节29个乡镇中比较有代表性。该乡位于奉节县西北部，距县城86千米，地处奉节、巫溪、云阳三县交界处，面积为126.98平方千米，辖12个行政村，现有60岁及以上老人4 012人，在家居住3 438人，其中26人愿意到福利院自费享受全托养服务，1 690人愿意到流动幸福院享受养老服务；特困人员155人，其中15人愿意到福利院集中供养；失能人员208人，其中6人愿意到集中供养机构；12个村（社区）均无养老服务设施。鉴于此，奉节县民政局创新开展“1+19”流动养老服务，一个中心带动N个站和N个点，为老人提供活动场所和日间照料。奉节县结合实际情况创新社区居家养老服务模式，拟定在2018年3月前：在平安社区新建1个老年活动中心；在双店村、桃树村、天台村、射淌村等11个村，新建4个养老服务站、租房开办15个流动幸福院（点）；改扩建平安乡社会福利院，设计床位80张以上，配置多功能活动室、图书阅览室、

康复保健室、心理疏导室等；新建、改建、扩建天台、和平、平安等 9 个村（社区）便民服务中心，设置一站式服务平台、两委办公室、图书阅览室、档案室等功能室，并在室外配备健身器材。

（3）整合村、社活动场地和公共设施，推行“农村互助养老新模式”

奉节县面积约 4 087 平方千米，总人口 107. 4 万人，辖 29 个乡镇、3 个街道办事处、1 个管委会。29 个乡镇分布在南北两岸，农村居住比较分散，经济相对落后，而子女绝大部分成年后都在外地打工，农村留守老人 65 岁及以上的就有 8. 5 万余人。这一部分老人往往操劳过度，体弱多病，生活自理能力较差，经济条件也有限，他们的供养、养老只能多元化，建议进一步探索整合村、社区活动场地和公共设施，推行“农村互助养老新模式”，让一部分自理能力较好的老人就近安度晚年。实施细则如下：

① 在农村推行互助养老，重点服务对象是因子女长期外出务工、经商或长期在外、身边无人照料的农村留守、独居老人。对无子女且无法定赡养人的孤寡老人，应按五保供养条件全部纳入“五保供养”范围，使其享受“五保供养”政策。

② 立足实际、创新“模式”。针对该县农村经济普遍较薄弱的县情，遵循“村级主办、互助服务、群众参与、政府支持”的原则，探索创新“互助养老模式”。

第一种方式是建设以“集体建院、集中居住、自我保障、互助服务”为发展模式的农村互助幸福院。该幸福院凡年满 60 周岁、生活能够自理的独居老人，由其子女与村委会签订协议后可免费入住；入院老人的衣食和医疗费用由其子女承担；不设专职服务人员（但要指定负责人），老人们彼此照顾、相互服务，实现了“抱团养老，就地享福”。

第二种方式是根据居住环境和老人的具体情况，通过建立村互助养老协会，实行一帮一结对，关照和帮助老人日常生活等途径，关心照料好农村留守、独居等老人的生活问题，营造敬老、爱老、助老的良好氛围。一个村的老年人大都比较熟识，有一定的感情基础，该方式也有一定的优势。

③ 以互助方式进入互助养老幸福院，要坚持本人自愿的原则，所需的衣被等生活用品由本人或子女提供。互助养老幸福院的水、电、暖、有线电视、固定电话等日常运转费用，由村集体与入院老人家庭共同承担或村集体承担。必要时，积极探索建立村上资助、社会捐助、邻里帮助、志愿者义助、老人互助、子女依法养助的扶助机制，鼓励互助养老幸福院创新互助内容和形式，逐步提高民主管理和互助服务水平，实现可持续发展。

④制定保障措施确保该养老模式健康发展，及时成立协会。在村委会的指导下，宣传发动村民按自愿原则成立村养老服务互助协会，负责组织开展以关心留守、独居等老人为重点，多种方式并存、各个层面参与的互助养老活动，指导搞好互助养老幸福院的日常运行管理。协会由会员民主选举理事会作为其日常管理机构，理事会由会长、副会长、理事组成，一般5~7人。理事会成员应从德高望重、号召力强、热心公益活动的老人中推举，会长一般由村干部兼任，副会长在老年人中选举产生。协会成立后，要建立相应的管理制度，实现自我管理、自我服务和自我监督。同时做好这三个方面的工作：

一是不断加强组织领导。各乡镇要建立党政主导、民政牵头、部门协同、社会参与的工作机制。

二是动员社会力量。要落实优惠政策，引导和鼓励社会各方力量积极参与设施建设。动员机关、企事业单位、社会组织和个人开展结对帮扶、爱心捐赠等活动；鼓励和组织社会力量及志愿者为农村留守、独居等老人提供生活照料等方面的服务。

三是强化督促检查。各级民政人士还应鼓励和呼吁社会各界对建设互助养老幸福院的情况进行监督，切实推进农村养老服务事业的顺利发展。

5.2.3.2 相关策略

今后奉节县要深入推进社区居家养老服务，不断加强和完善社区居家养老服务体系建设，达到为老年人特别是特殊困难老年人提供周到、便捷、高效、体贴的专业化服务的目标，还应从以下几个方面下功夫：

(1) 加强政府主导作用，建立社区居家养老服务的长效机制

社区居家养老是一项得民心，暖人心的民生工程。因此，各级政府应把加快养老服务事业的发展作为关注民生、保障民生、改善民生的一件大事列入重要议事日程，纳入政府民生工程。建立健全养老服务体系建设的管理体制和运行机制，应充分发挥其“牵头”的职能作用。从各地经验看，政府的推动和引导，必须作为这项工程的初始动力，并贯穿于发动、规划、组织等各个环节和过程。政府要从宏观规划、组织实施管理、舆论宣传、政策制定和资金投入方面给予大力支持。

一是规划要科学。各级政府在全力推进发展居家养老服务工作的进程中，要将社区居家养老服务纳入各级政府工作目标管理和发展规划，要将城镇社区居委会、村委会的养老服务机构、老年活动场所、托老所等社区老年服务场所和设施纳入城镇建设总体规划，与城镇建设同步实施。

二是资金要保障。开展社区居家养老服务必须有一定的经费作保证。如居

家养老服务机构的启动资金、政府购买服务对象的补贴、居家养老服务人员的补贴、居家养老设施的建设等。为此，各级政府要将发展老年福利服务事业的资金列入财政预算。

三是政策要优惠。从现有的情况看，有关老年人的政策法规还是比较完善的，但更重要的是抓督查和落实。同时政府要制定“扶持和优惠”政策，给予社区居家养老服务一定的财政补贴，在租房、水电和税收方面给予减免或优惠。提高政策吸引力，以调动社会力量和民间资本参与养老事业的积极性。

四是部门要合力。居家养老服务工作涉及多个政府部门，不仅需要政府各部门发挥各自的职能作用，而且要注重相互间的密切配合，实现政府服务的整体效应，着力形成“党政主导、民政牵头、部门配合、社会参与”的工作格局。

(2) 加大宣传力度，积极推进社区居家养老服务体系的构建

广泛宣传，为推进居家养老服务工作营造良好的社会氛围。

一是应当在全县上下广泛开展系统、深入、持久的有关居家养老服务工作的宣传教育活动，使社会各界对其重要性和必要性有充分的认识达成共识，进一步提升为老服务的社会荣誉感和责任感，努力营造一个社会关心支持、个人积极参与的良好氛围。

二是做好面向居家老人的宣传教育，逐步改变老年人传统的生活观念和消极的消费理念，增进老年人对社会的认同感和信任感，消除顾虑和偏见，鼓励更多的老年人主动融入社区大家庭，乐于接受服务。

三是开好居家养老现场会，党委、政府、涉老部门、社会、学校、家庭各方都要重视，要按有关要求做好居家养老服务工作。要加强对青少年的尊老、爱老教育，教育他们从身边做起，从家庭做起。学校、共青团组织要鼓励、动员、组织青少年参加一些援助困难老人的活动；要支持并推动社会志愿者义务为老年人服务，帮助老年人解决生活困难，进而在全县逐步形成尊老、爱老的良好社会风气。

(3) 实施规范化管理，提供多层次的居家养老服务

要通过政府强有力的政策指导，逐步建立起一套居家养老的质量监管、评估、职业培训、经费补贴等体系，不断规范居家养老服务工作，使居家养老服务工作能真正落到实处。同时力求针对不同类型的老年人群，提供不同层次的居家养老服务。

一是高龄老人、非自理老人。对高龄老人、非自理老人应以上门照料服务为主（即家务助理服务），为老人提供医疗、康复、护理、洗涤、购物、餐

饮、心理咨询等全方位的服务。

二是生活基本能自理但又需要一定照料服务的中高龄老人。对这类老人可提供日间护理中心、托老所、老年康复站等形式的服务。一般是早出晚归，白天在社区日间护理中心或托老机构接受护理和康复服务，也可参加社区组织的各种有益身心健康的文化娱乐活动。

三是独居老人、残疾老人等特殊群体。这部分老人是社区居家养老服务的重点保障对象，对他们要按照政府救助和社会互助相结合的原则，提供多层次、多元化、多项目的贫困救助服务。

四是低龄老人、空巢家庭老人。这部分老人多刚从工作岗位上退下来，一般身体健康，收入也较高，子女又往往不在身边。政府和社区组织要鼓励、提倡、支持低龄健康老人在自愿的前提下，参与社会发展和公益事业活动，也可依托社区服务中心、老年大学、老年活动室，让他们参加各种有益的文化、体育、教育活动。

（4）探索不同类别的服务方式，切实加强服务队伍建设从老人实际需求出发，服务内容要从目前以求助医疗、文化娱乐等服务为主，逐步扩展到居家帮助服务、暂托服务、医疗照顾服务、娱乐学习服务、情感慰藉服务等一体化的服务，服务形式可以包括上门服务（居家服务）、社区设施服务（如日间照料中心、日间护理中心、社区活动中心）、社区支援网络服务（如社区结对关心）等，以便老年人根据自己的需求和习惯利用不同的服务项目和服务方式。同时，要切实加强养老服务队伍建设：

一是建立专业服务队伍。引导和鼓励相关专业毕业生从事老年服务，构建养老服务技能培训体系，不断提高养老服务队伍的专业化水平。同时，要维护好从事养老服务的工作人员的合法权益，逐步提高养老服务人员的工资水平，落实社会保障待遇，以确保队伍的稳定性。

二是逐步推进养老服务职业技能资格鉴定和专业职称评定等工作，实行持证上岗。

三是建立志愿者和义工服务队伍。动员、组织、引导国家机关公务员、企事业单位职工、高校学生，以及低龄健康老人，本着自愿和量力而行的原则，采取时间储蓄的方式，组织他们开展各种公益服务，并对其服务时间和内容予以记录，转换为相应时间的免费居家养老服务。

总之，着力建设社区居家养老服务，要以构建和谐社区为主线，积极探索居家养老工作的途径和方法，在实践中，注重发现新情况，解决新问题，总结经验，为养老事业的发展做出贡献。

5.3 积极推进医养结合

关于医养结合和健康老龄化，党的十九大报告提出：“实施健康中国战略”“积极应对人口老龄化，构建养老、孝老、敬老政策体系和社会环境，推进医养结合，加快老龄事业和产业发展”。随着老龄化加速，失能、半失能老人的治病和养老事实上已很难分开，单纯的福利院、养老公寓、敬老院等养老机构已很难满足高龄、失能、空巢、患病老人的医疗和养老的多重需求。一些老人长期住在医院，把医院当成养老院，造成了医院资源的浪费和“一床难求”的现象。为此，要在以居家为基础、社区为依托、机构为补充的养老服务体系初步建成的基础上，积极推进医疗卫生与养老服务相融合的“医养结合”模式在我国得以发展。

5.3.1 我国医养结合养老模式的理论探索

我国现阶段提出的“医养结合”可视为“整合照料”的一部分，它主要是以半失能、失能、高龄老人为服务对象，不仅强调老年照顾中的护理，更加突出医疗对安全养老的重要性。

医、养资源的整合需要政府的强力推动。目前，老年照护事业发展相对领先的地方，如上海、杭州、宁波、天津等地，都与当地财政投入的力度有相对较大的直接关系。现阶段，我国老人特别是高龄、失能、空巢老人在获得机构养老服务方面还存在以下难题：

一是养老机构特别是民办养老机构的风险回避行为致使机构养老市场涵盖人群出现结构性失衡，许多养老机构都不愿接收失能老人，导致最需要入住养老机构的高龄、失能、空巢老人被排斥在市场之外，不利于老人的身心健康发展，如本次在“频福来颐养中心”的调研一位工作人员就提出了这一现实问题，这也是医疗与护理能力没有迈上新台阶的一个具体困难。

二是我国许多传统的养老机构以“养”为重点，“医”和“养”不能合理地结合，这种模式使得老年人在出现突发情况时不能及时得到救治，且容易导致医疗资源的不合理利用。为了探索适合我国实际情况的社会养老模式，解决老人在传统养老模式中面临的“医”和“养”分离的难题，国内许多地区陆续开展了养老示范区建设，整合医疗和养老资源，开创了“医养结合”的养老新模式，为政府“老有所养、老有所医、老有所乐”等决策提供了参考和思路。“医养结合”既体现在为社区居家养老的老人，包括为健康老人提供健康管理等公共卫生服务，也体现在养老机构和医疗机构紧密合作为入住的老人，尤其是慢性病、易复发病、大病恢复期、残障及绝症晚期老人提供医疗和养老服务。从国际经验和我国国情来看，社会养老需要长线投资，应该说“医养结合”是养老服务的必然发展趋势。通过医疗机构和养老机构之间医疗资源和养老资源的整合，形成了资源共享、优势互补，使传统的只单纯为老人提供基本生活照护服务的养老服务模式得以优化，改善了“医养分离”的难题，满足了高龄、患病、失能、空巢老人的养老需求。

5.3.2 医养结合养老模式的实践探索

虽然我国“医养结合”养老模式的理论研究才刚刚起步，但实践中的探索已有数年。近几年，越来越多的地区依据国情、地域人口特征坚持试点先行的原则，广泛探索“医养结合”的多种实现途径，率先提出试点工作，整合优化社会资源，将养老机构和医疗资源有效整合：既鼓励有条件的社会医疗单位创办医疗康复相结合的养老机构；也鼓励有条件的养老机构经审查批准后内设医疗机构，实现“医养合一”，并将符合条件的养老机构纳入医疗定点范围，得到了社会的认可。

5.3.2.1 “医养结合”养老模式典范

(1) 省外部分典范

自2007年起，武汉市江汉区率先试点“医养结合”的社区卫生服务中心，开始收治生活不能自理、卧床和临终关怀等失能老人，至2014年1月，民政部门已为该服务中心核准养老床位50张，现入住了40多位老人。2011年8月，青岛市拟将医养结合专护病房设在二级或三级医院，其中，青岛市南区人民医院将老年病科、老年护理中心改为医养专护病房，试点以来，该医养专护病房一床难求。2012年12月，上海市普陀区桃浦李子园养老院开始探索医养结合，于2013年6月建成投入使用。李子园养老院在其旁边建造一座二级医院，与养老院仅一墙之隔，大大方便了老人就医，同时，临床医师也可以对有需要的老人进行随访，缓解了出院老年人担心得不到及时治疗的心理压力。2013年2月，北京市恭和苑尝试试点“医养结合”，政府积极鼓励并要求相关部门在现有政策的基础上，继续研究相关扶持政策，尽快出台“医养结合”试点行业规范及标准和质量评价体系。

南宁市在2016年已列入国家“医养结合”试点城市，成为“医养结合”首批国家级试点，并确定12个试点机构，出台试点实施方案，开启了“医养结合”的养老新模式。南宁的美好家园孝慈苑目前与江滨医院签订了协议，初步为入住的老年人提供优先就医等便利服务的绿色通道，为老年人提供定期体检，下一步计划是设立自己的卫生服务。

（2）重庆市部分典范

为积极应对快速增长的高龄、失能老人养老医疗服务需求，近年来，重庆市大力推进医养结合型养老融合发展，通过政策引导、机构培育、人才建设、开放合作等多种途径，构建起多层次、多形式的医养结合养老服务新模式。目前已初步建立医养结合的政策体系、标准规范和管理制度，建成了一批兼具医疗卫生和养老服务资质及能力的医疗卫生机构或养老机构，并逐步提升基层医疗卫生机构为居家老年人提供上门服务的能力。

① 重庆青杠老年护养中心

我市重庆青杠老年护养中心是全国首家医院下属的养老机构。其基本概况是：该中心由重庆医科大学附属第一医院全资兴建，是 2009 年国家发改委下达的基本养老服务体系建设试点项目，是全国第一家由大型公立医院主办并正式运营的养老机构。中心设置了慢病区和护理院，重点针对已经度过了急性期和危重期的老人，他们已经不需要过多的医疗干预，而是需要后期的康复训练和专业护理。青杠老年护养中心是全国第一家医疗享受国家医保覆盖的老年护养中心。老人所有的医疗活动都可纳入国家医保报销。其中，设立的“重医一院护理院”成为重庆市第一家纳入医疗保险定点医疗服务的护理院，所产生的医疗费用和床位费都可按国家医保报销比例报销，进一步降低了入住的费用。青杠老年养护中心目前入住率高达 87%（床位数 517 张，入住总人数 451 人），其中护养区入住 207 人（床位 244 张），其余 244 人分别住在神经内科、慢性病科和护理院等区。

在医疗方面，重医附一院在护养中心开设有与老年疾病相关的学科，为中心住养的老人提供权威的健康支持。当老人出现躯体疾病时，可立即转到医疗区，相关专业的医师可立即为老人制定最佳的治疗方案。除此之外，重医附一院还为青杠护养中心开设了“绿色救治通道”，当护养中心的老人出现了严重的病情，需要更进一步的治疗时，24 小时待命的救护车可在第一时间将老人转往重医附一院本部，相关科室会无条件提供床位，保障老人的安全和健康。在养护方面，该中心每月将对老人的身体状况进行健康评估，给家人提交健康报告，同时提供专业的医疗、康复和保健服务。

② 重庆市社会第一福利院

该院是重庆市民政局直属的社会福利机构，是全市最大的养老工程，是全市率先实行医养护发展战略的养老机构，不同于传统养老院，是集颐养、休闲、度假、娱乐、医疗、护理、康复于一体的具有自身特色和全方位多功能的新型综合福利事业单位。现有休养床位近 1 000 张，内部硬件设施配套齐全，设有高中低档房间，可适应不同经济层次的老人的养老需求。

院下设有福康医院：该院是经卫生行政部门审核批准的一所集医疗、预防、保健、康复于一体的综合性的、非营利性的公立性医院，是重庆市基本医疗保险定点医疗机构。医院设有门诊部、住院部，有内科、外科、儿科、妇科、中医科、康复理疗科等，重医附二院是该院的指导医院。该院现有高中级专业技术人员 12 名，另配有专业康复理疗师、心理咨询师，外聘专家教授多名，院医护工作者多年来一直从事老年医疗康复工作，积累了丰富的临床经验，特别是在老年呼吸内科、心脑血管疾病、精神卫生、老年康复等方面尤为擅长，每年门诊量达二万多人次。医院开放床位 150 张，设备完善、专业配套齐全、技术力量雄厚、服务质量高、服务态度好、收费价格低廉，是实实在在为老人服务、减轻患者负担的“老人住得起的医院”“儿女放心的医院”。

院下还设有老年康复中心：老年康复中心是集医疗、护理、康复、休养于一体的综合性收治中心，是经卫计委批准的非营利性医疗机构，专门对患有老年痴呆、智障、慢性精神障碍等疾病的特殊老年群体提供特殊服务，中心实行“医、养、护”相结合的工作模式，有多年从事该专业的医师、护师、护理保健师、生活护理员等各种专业人员，医护力量强大，中心有开放床位 200 张。

③ 重庆市中西医结合康复医院

该院是直属于重庆市民政局的全民所有制事业单位，是重庆市基本医疗保险、重庆市工伤医疗保险和重庆市残疾军人康复定点的市级医疗单位，是一所集医疗、康复、假肢安装、按摩、保健、老年休养于一体的现代化综合医院。医院康复医疗中心设置了老年康复区、病瘫康复区、临终关怀区和老年休养区四个病区，医护人员 24 小时值班，随时对患者实施医疗救治。

④ 重庆市沙坪坝区井口社区卫生服务中心

井口社区卫生服务中心承担预防、医疗、保健、康复、健康教育等工作，于 2011 年 3 月成立托老科，入住老人从 1 名发展到 100 多名，其托老科设施齐全，环境优雅，配有专门的休闲场所。托老科以“长期照护”作为一个新型的护理理念。该中心为定点医保事业单位。近年来，沙坪坝区双碑、西永社区卫生服务中心都先后成立了托老科，可以收住本地或者异地老人。

2016 年 8 月 30 日，由全国人大常委会办公厅、民政部社会福利慈善事业促进司、国家卫计委基层司及全国人大代表等组成的调研团一行 30 余人，在市人大常委会副主任沈金强等领导的陪同下，来到该中心调研“医养结合”工作的开展情况。调研组实地考察了温馨病房、中医馆、公共卫生科、老年人活动室等相关科室，查看了老年人档案资料、数据录入、老年人就医环境、住宿环境、娱乐设备、康复设备等。调研组肯定了医院开展的“医养结合”工作，为推进“医养结合”养老模式提供了宝贵经验。

5.3.2.2 奉节县推进“医养结合”模式的概况

频福来颐养中心在2016年正式投入使用，可满足450名老年人的入住需求，现已入住老人165人，该中心已与夔门街道卫生服务中心合作，在中心设立了分院，开设门诊，方便老年人就近享受医疗服务，提升了老年人健康养老服务质量。同时，近年来政府鼓励全县社会福利机构与医疗机构、社区卫生服务机构加强合作，实现了老年人卫生健康服务在养老机构与医疗机构之间的便捷对接，提高了处理各种突发性疾病和其他紧急公共卫生事件的能力。

5.3.3 医养结合养老模式推进中的问题与困难

有目共睹，近年实施“医养结合”以来，养老服务质量大大提高，老年慢性病患者的日常生活能力得以提高，降低了再住院率，既节省了医疗资源，同时又减轻了家庭照看负担。但目前对“医养结合”养老模式仍然存在一些认识模糊的问题，“医养结合”不是养老服务与医疗服务的简单组合，其复杂性、现实性不容忽视。奉节县处于探索阶段，对在推行中可能出现的问题和困难，是在积极推进这一模式时需要充分了解和认真思考的。

5.3.3.1 当前“医养结合”养老模式的问题分析

目前从国内各地“医养结合”养老模式的运营情况来看，整体上呈现出“医养结合”养老模式潜在服务需求较高，实际推广困难较大等问题。主要表现为：

（1）主管部门交叉重叠，责任边界不明晰

从各地实践情况来看，业务主管部门交叉重叠、责任边界不明晰是当前“医养结合”养老模式在实践中面临的最大困难。

（2）养老机构服务定位偏差，阻碍自身发展

作为一种养老模式的创新探索，准确定位是“医养结合”健康快速发展的重要保障。就目前各地实践中所凸显出的问题来看，具备公立、民营大型、专业化较高等特点的养老或医疗机构基于自身已有基础，能顺利增设“医+养”业务。但在不少已开展“医养结合”服务的机构中，存在较为严重的盲目定位高端市场、瞄准高端人群的问题，不能很好地契合本地区的经济发展水

平、消费水平、人口结构等实际养老需求，严重影响了养老机构的入住率。如已纳入基本医疗保险试点的福山老年公寓是山东省规模最大的现代化养老机构，前期由于其市场定位较高，主要收住身体状况较好的较高消费群体，只有少部分经济条件较好的家庭才能负担得起，入住率一直不足20%，2016年实施“医养结合”后该老年公寓调整服务定位，入住率上升了一倍。

（3）违规操作严重，“套保”风险隐患较大

在“医养结合”养老模式的实践中，部分地区存在“套保”隐患。调研发现，在部分已纳入基本医疗保险试点且开设养老、托老服务的民办医疗机构中，存在套用医保资金支付养老床位费的现象。这些违法、违规行为不仅严重影响了医疗保险资金的正常使用，还侵蚀了医疗保险基金，更加损害了其他参保人员的权益，且人为地增加了养老机构和医疗机构的合作难度。

5.3.3.2 个案困难剖析

（1）进一步了解江汉区常青街社区卫生服务中心

早在2007年，武汉市率先在江汉区常青街社区卫生服务中心，试点“医养结合”模式养老院。开业以来，该养老院备受社区老人青睐，省内外卫生、养老机构纷纷前来取经，武汉市也大力推广社区“医养结合”模式。但10年来，该模式在武汉推广遭遇尴尬困境。据武汉市民政局统计，该市中心城区有122家社区卫生服务中心，在民政部门登记开设养老机构的仅有9家，复制成功的寥寥无几。虽然该社区卫生服务中心在6层小楼里，4~5层为康复养老院，但由民政部门核准的50张床位基本住满（主要是80岁至90岁的高龄和失能老人）。该中心负责人李文兵给我们调研人员介绍（2017年11月4日），他们社区的医养结合模式就是充分利用中心的医疗资源，为失能老人和部分自理老人提供家门口的养老服务。日常护理在护士长的指导下由护工实施，一旦老人需要治疗，则进入社区医疗模式，由综合科主任和社区医生共同负责。养老院护理费用按月收取：自理老人2 000余元、半失能老人3 000余元、失能老人4 000余元。调研中，部分社区卫生服务中心负责人诉苦：办养老院力不从心，缺场地、缺资金、缺养老护理医护人员、缺设备。负责人肯定了常青街社区医养模式之所以比较成功，关键在于政府相关部门的大力支持：为给社区养老院提供场地，区政府将原属卫生、城管部门的办公用房整合后，移交社区卫生服务中心；中心还扩充医护人员，与协和医院、武汉红十字医院成立医联体，请大医院医生定期到中心出诊，并开通老人转诊绿色通道。“医养结合”发展遭遇的问题，已引起相关部门的高度重视。去年，湖北省政府参事室“医养结合”课题组专程到部分市县进行专题调研。课题组指出，“医养结合”

推广还存在很多难题：目前各省医养结合机构，绝大多数未纳入民政部门对养老机构的补助范畴，未享受到养老床位的相关建设和运行补助；规划、土地、税收、金融等部门更缺少政策支持；缺乏对护理人才的培养，专业人员先天不足；养老机构和社区居家养老对象的医疗服务费用未纳入医保、新农合的政策报销范围，更有异地养老人员的医疗费用难以结算等问题，导致已开展医养结合服务的机构难以为继。武汉市民政局老龄工作处处长李剑华分析，养老服务目前还属于微利产业，照料失能老人风险较大，是部分社区卫生服务中心积极性不高的主要原因。

（2）静观奉节频福来颐养中心

奉节县频福来颐养中心地处渝东北的一个县城，目前的优势主要在于大环境（基本建筑设施与地理位置较好，地理位置较好是指临县：巫溪、巫山、云阳等地暂无此规模的颐养中心）较好，入住率在永安街道朝阳社区老年公寓维修期间（该处老人全部临时搬至该中心）达到36%，该中心设立了白帝分院，开设了门诊，目前的运行情况如下：

一是中心的定位是主要收住本县收入较高的消费人群，同时目前不太希望收住自理情况较差的老人。所以慢性病较严重的、自理能力差的需要门诊医护人员处理的老人不多。

二是投入使用后，为了“老有所医、老有所养”，率先和夔门街道社区卫生服务中心合作成立了频福来分院（以下简称分院）启动“医养结合”试点。在本次调研该中心的老人和分院的相关工作人员时，他们针对“医”方面反映较多的是：分院设备设施较差，医、技、护人员配置不够齐备；药品不齐且药价较高；慢性病所需药品的需求和报销等问题一直没有得到彻底解决等。

5.3.4 积极推进奉节县医养结合养老模式的措施

奉节县在实施“医养结合”过程中还有很多问题亟待解决。如：工作机制不够完善，养老与卫生医疗服务从政策上没有突破，养老与医疗、医保还不能从政策上无缝对接；市场化进程缓慢，医疗资源利用率不够高等。本书结合2016年8月重庆市政府办公厅转发的《关于推进医疗卫生与养老服务相结合的实施意见》，就推进奉节县“医养结合”养老模式提出如下建议：

5.3.4.1 依托政府，多部门协同夯实“医养结合”基础

奉节县“医养结合”的前期工作在县委县政府的高度重视和支持下，各部门之间通力协作取得了较好的成绩，在积极推进“医养结合”养老模式的路上仍然需要依托政府力量，多部门协同调研、座谈交流、商榷，逐步夯实

“医养结合”的基础工作：

（1）完善组织架构，引导“医养结合”合理布局

建议成立县级领导小组，依托政府推出从医疗卫生、保险、公共事业等方面全方位、系统性地促进“医养结合”发展的政策；出台“医养结合型”养老机构的准入、规划、管理服务、培训等相关实施细则。

（2）加快体制创新，推行多形式“医养结合”服务模式

结合实际，推行多形式“医养结合”服务模式包括：

一是将现有的社区卫生服务中心与养老服务相结合，实现养老与健康医疗的无缝连接，为老年人提供集生活照料和康复关怀于一体的养老服务。促进各大医院与养老服务机构紧密合作，最大限度地利用社会资源。

二是将老年养老与医疗服务型机构逐步纳入医疗保险统筹，另外确定报销标准，使其医疗服务功能进一步覆盖老年群体。

（3）逐步改善服务方式，推动“医养结合”融合发展

改善服务方式，主要是指：

一是除专业医养机构外，基层社区卫生机构和乡镇卫生机构应与养老机构签约合作，向其提供建立健康档案，开展健康体检等医疗护理服务，对失能、半失能的居家老年人给予医护知识指导。

二是以社区卫生服务中心和乡镇卫生院作为基础，二级医院与社区就养老服务、老年人医疗建立快速通道，医院协助基层培训养老服务人员。

三是对现已开办的养老机构，在机构设置上予以支持，协调卫生计生行政部门对符合条件的养老机构内设医疗机构，按相关规定发放医疗机构执业许可。

四是倡导执业医师到养老机构设置的医疗机构多点执业，支持有相关专业特长的医师及专业人员在养老机构开展健康服务工作，支持养老机构的医护人员到医疗机构进修、培训。

五是稳步推进医疗机构与养老服务融合发展。在社区卫生服务中心、乡镇卫生院和其他医院加强护理建设；支持有条件的综合医院开设老年病科，做好老年病、慢性病防治和康复护理，主要接收失能、失智、重病老人。

六是认真落实敬老优待政策，支持各级医疗机构为老年人开展多种形式的义诊。

（4）探索建立“护理保险”等制度

重庆市作为15个长期护理保险制度试点城市之一，重庆市人社局、重庆市财政局已于2017年12月11日印发《重庆市长期护理保险制度试点意见》

给各区县，因此建议奉节县结合实际，积极稳妥启动实施该制度。

一是奉节县酌情启动“老年人长期护理保险”试点。

二是以政府为主导，加强顶层设计，通过适度调整基本医疗保险统筹金和个人账户金比例等方式，重点解决对中低收入老年人的长期照护问题。

5.3.4.2 相关政策落实到位

（1）打破条块分割，理顺“医养结合”的管理机制

“多龙治水”的交叉管理格局、模糊的部门职责界限是目前阻碍我国“医养结合”发展的主要障碍。要结合奉节县的实际情况，理顺“医养结合”养老模式的管理机制。

一是政府应打破体制障碍，理顺、规范、明确相关部门在“医养结合”业务上的职责范围，避免部门间条块分割以及权责交叉、重复，杜绝“医养结合”养老服务资源的无端浪费。

二是打破相关主管部门间的壁垒，加强部门协同合作，在严格规范管理的前提下，改进“医养结合”机构资质审批管理方式，加快行政许可和审批速度，提高审批效率。

三是管理部门在完善“医养结合”服务网络建设的同时，应结合区域特色，进一步统筹规划、突出重点、整合资源，促进“医养结合”。

如常山县于2017年7月10日联合出台的《关于建立“医养结合”制度的通知》（常民字〔2017〕42号），开始尝试乡镇卫生院与养老服务机构建立医养帮扶关系，并制定帮扶协议，协议从养老服务机构老年人在就医过程中遇到的种种不便和养老医疗服务质量不高的方面入手，内容包括：

一是加快机构养老医疗服务质量建设。通过开辟就医绿色通道、建立全科医生挂联机制、每年例行一次体检、定期为养老服务机构消毒杀菌、建立慢性病管理和健康档案、护理员配合医嘱照料等方式，补齐养老服务机构在医疗服务上的短板。

二是开展提升居家养老医疗服务质量的试点。县民政局在文峰、金川、紫港三个社区开展的居家养老“智慧养老”模式试点工作取得了一定成果，“智慧养老”通过智能医疗设备如血糖检测仪、血压测量仪等为老年人提供慢性病管理和建立健康档案，针对老年人的身体状况提出改进意见，并配备一定适合老年人运动的健身器材。尝试通过“智慧养老”模式，促进“医养结合”，使居家养老的老年人在照料中心中得到更加优质的医疗服务。

目前，通过“医养结合”工作，常山县民政局养老服务机构内专业的消毒杀菌、卫生防疫工作已经实现；慢病管理与健康档案已经建立；养老服务机

构内老年人体检已经形成机制；医嘱与养老服务机构护理人员已经建立有效联动，能及时为有特殊需求的老年人提供专业的服务。

(2) 拓宽“医养结合”供给渠道，供给主体准确定位

“医养结合”养老模式的主要目的是提供“医+养”的综合性服务，因此，拓宽“医养结合”服务的供给渠道的前提是多元化的参与。供给主体应结合自身的软、硬件条件，针对面向人群的服务需求，结合自身实际准确定位，充分整合医养资源。

首先，加大颊福来颐养中心“医养结合”的力度。《重庆市老龄事业发展和养老体系建设“十三五”规划》的通知提出要建立医疗卫生机构与养老机构合作机制，鼓励医疗卫生机构与养老机构融合发展。

“医养结合”的“医”首先是要有临床医疗的意识，即及时对症治疗老年人身体出现的各种临床病症；同时加大康复医学的支持，更多地解决老年人个体因身体年迈体衰带来的问题；在实施过程中必须还要有预防医学的思考，既把老人看成是个体的，也看成是群体的，要有对老人群体性疾病的预防医学涉入。所以该中心应在医疗、康复和健康管理以及入院评估等方面调整定位，加大“医养结合”的深度和服务力度，并落到实处。

其次，鼓励有一定实力的公立医院，在满足现有医疗资源供给的基础上，结合自身优势拓宽业务范围，开设养老服务业务，建托老科或者养老机构。如该县人民医院、中医院、康乐镇中心卫生院可以酌情考虑。

最后，进一步发挥社区卫生服务机构的作用，针对社区老年群体开展乡村福利院、家庭出诊、家庭护理、特需服务等延伸性医疗服务，并与综合医院建立定点双向转诊机制，发挥基层卫生服务机构的分级诊疗功能，推进“医养结合”服务的全覆盖。

(3) 严格监管服务过程，提高“医养结合”的服务质量

目前，奉节县“医养结合”养老模式仍处于初步推行阶段，服务内容缺乏统一的规范标准，服务质量缺乏监督管理。应坚持“医 +养 +康+护”一体化服务的原则，根据服务对象的健康评估情况和养老需求，提供相应层次的医养服务。具体实施可以由相关部门联合成立“医养结合”工作标准化技术委员会，参考国家标准，借鉴发达地区成功的经验，对服务宗旨、服务内容、服务形式、服务流程、服务管理、人员要求和服务保障等进行统一规范，制定“医养结合”服务的行业标准，严格监管服务过程，正确引导“医养结合”服务工作的发展方向，提高服务质量。同时，随着老年服务需求的日益增长，加快制定有助于“医养结合”养老模式良性发展的规章制度，切实调动和保护

医护人员、养护人员及受护人员的参与积极性和合法权益。如改革医保支付方式；尽快建立长期照护制度等亟待完善的保障制度。

(4) 加大专业人才培养力度，建立专业养老服务团队

“医养结合”专业人才的缺乏是我们“医养结合”养老模式健康发展的“短板”。目前，我国养老服务劳动力市场普遍存在门槛较低、专业素质不高、流动性较大等特点，大部分养老护理人员主要来自家庭的“40”“50”后，对老年人的生理心理特征、服务需求等缺乏专业认知，尤其是针对慢性病患者以及失能、失智等生活无法自理的老年人，根本无法满足他们专业的养老服务需求。必须加大“医养结合”专业人才培养力度，建立专业养老服务团队，包括康复治疗师、护理员、社工师等。结合奉节县实际情况，建议如下：

一是借助“医养结合”的东风，先从“技术上融合”，因为不是每个社区、每一家养老机构都能通过同时建立“院中院”的形式走“医养结合”的道路，遵循党的十九大报告中提出“积极应对人口老龄化，构建养老、孝老、敬老政策体系和社会环境，推进医养结合，加快老龄事业和产业发展”的要求。整合资源，鼓励临床护理中级、高级人才积极参与社会养老群体中护理员的业务技术指导工作。

二是通过选一家机构（如在永安街道朝阳社区老年公寓）建立“医养结合”实训基地等方式，落实养老护理专业技能型人才的培养，逐步形成一支训练有素的专业技能队伍。

三是频福来颐养中心应进一步深入开展“医养结合”，最好尽快引进一个成熟的养老护理管理方面的人才，牵头组织该中心的护理管理以及专业技能型人才的培养工作。

5.3.4.3 跟进具体措施

根据对医和养的定位（侧重）不同，建议探索推进多种“医养结合”的养老模式：以医为主、以养为主、医养并重、齐头并进。下面结合奉节县目前的格局，建议逐步落实到位：

(1) 在频福来颐养中心逐步推行“医养并重”的养老模式

奉节县地处县级城市，结合本县的生活水平、消费观念、养老观念、人口结构（包括大部分老人的家庭结构）以及经济条件等，该养老中心目前主要定位于收住自理能力较好的、消费水平较高的群体不现实，应借助已经规划医院入住等优势，调整定位，走“医养并重”的养老模式，逐步调整服务定位、状态，争创县级“医养结合示范性养老机构”。

建设之初，该中心就立足于“养老示范福利机构、敬老主题文化公园、

涉老疗养康复基地”三大功能定位，围绕“一切以服务老人为中心”的宗旨，以“老有所养、老有所医、老有所乐、老有所学”为目标。为实现这一目标，建议从以下五个方面着手：

一是加大宣传力度，有针对性地推广。一方面收住自理能力较好的、消费水平较高的群体，同时逐步向收住失能、半失能、失智的老人倾斜。（永安街道朝阳社区老年公寓主要收住自理能力较好的老人，带动推行社区居家养老）。

二是调整思路，建特色专科医院。调研了解到现代康复在奉节县整体发展比较慢，如果该中心及早引进现代康复人才（康复医师、康复治疗师），调整思路，扩建以康复为主的特色专科医院，以此吸引奉节经济条件较好的需要康复治疗的老弱病残（特别是心脑血管患者、慢性病患者、膝关节病患者等）的老年群体入住，既能提高就诊率，又能逐步提高颐养中心的入住率。

三是规范服务内容、提升服务质量与护理管理水平。一方面要加对专科医院的投入，除硬件外，技术力量的跟进仍然不容忽视，在建设以现代康复为治疗特色的同时，还应固定对老人进行慢性病诊治的医务人员和邀请定期坐诊的内科专家等；另一方面，中心要及早引进护理管理人才（最好聘请在医院从事护理及护理管理工作多年，对老年护理有所钻研的资深的专家）和适当聘用年轻的护理专业毕业的护理人员。照护老人，护理员是主力军，目前团队主要是“40”“50”后组成，最好发展为老中青，这样有利于传帮带。同时，要注重不断加强护理技能的培训，逐步严格按照养老护理分级标准跟进（包括收费也应参考其他同级别的养老机构的介助、介护、自理等标准执行）。

四是重视入住时的评估、安置等工作，建立初评与老人入院试住等制度，组建评估小组（建议由中心和分院的相关工作人员组成）等，在试住期间完成系统评估。评估小组中的医护人员、康复师、营养师、社工师应根据各自的专业知识，在一周之内得出系统测评结果，并制定相应的护理方案。

五是在调整定位的基础上，建立老人依赖感，控制出院率。在从细节抓入住率的同时，应以“老有所医”为根本，同时尽量满足老人的精神文化需求和做好子女安抚、解释以及宣传等工作，增加老人归属感，减少出院率。

（2）在朝阳社区老年公寓推行“以养为主”的模式

“以养为主”的养老模式，面向人群是以自理型老人为主和部分需要护理的刚需老人。医的需求：针对自理型老人的健康管理、慢性病管理、康复训练等；针对刚需老人的专业护理以及急救。养的需求：生活服务、娱乐服务，以及针对刚需老人的生活照护。鉴于此，以朝阳社区老年公寓为代表的养老机构，包括永乐养护中心、草堂镇社会福利院、吐祥镇社会福利院以及其他一些乡镇福利院应由政府出面，通过适当调整其就近的医疗机构的资源，使其与福利院之间实现有效衔接与双向转诊，充分提高医疗资源利用率。“以养为主”，但同时“以医助养”，如为老人开展入院体检，建立健康档案，开辟绿色抢救通道等。

（3）在北岸确定一所综合医院发展“以医为主”的养老模式

“以医为主”的模式是以医院为依托，面向刚需老人提供专业照护服务。服务人群包括以失能、半失能、失智等老年人群为主以及部分长期卧床、需要全面照护的老年人群。医的需求：急性医疗、慢性病治疗、专业护理、康复训练。养的需求：全面的生活护理、临终关怀。结合该县目前养老机构的布局概况，结合本次调研了解到的情况，建议首先考虑康乐镇中心卫生院（详见讨论分析：康乐镇中心卫生院发展“以医为主”的养老模式的必要性及可行性分析）发展“以医为主”的养老模式。

（4）在县城在建区扩建或在朱衣新区新建“医养中心”

按照奉节县现有的卫生区域规划，未来卫生布局东有县人民医院，西有县中医院。县人民医院为国家二级甲等医院，正努力创建三级甲等医院。县中医院为国家二级甲等中医综合医院，是奉节县残疾人康复定点医院，该院康复科是重庆市特色专科。朱衣新区新院正在加快建设，建设投入使用后也将积极争创三级医院。这两所公立医院始终坚持公益性，认真履行社会责任，其医疗、护理、康复、教育培训等资源优势突出，建议奉节县依托这两所大型公立综合医院进一步进行“医养结合”服务体系建设试点项目，实行医疗资源的合理配置，实现“养老”与“医疗、护理、康复、培训”的无缝连接，解决现有养老机构在医疗服务上的“短板”。

5.3.4.4 讨论分析：康乐镇中心卫生院发展“以医为主”的养老模式的必要性及可行性

（1）必要性分析

① 社会养老基础设施薄弱，差距较大

目前，奉节全县有福利机构 32 所，其中，公办 26 所，民办 6 所，城乡各类社会福利机构总床位数 2 450 张，其中，有 3 所失能养老院，床位 460 张。按照民政部民政事业十三五发展规划所确定的每千名老人拥有 35~40 张养老床位的约束性指标，奉节县至少需要 7 000 张养老床位，差距很大。

② 医疗机构和养老机构相对独立、资源不能共享

缺乏医疗支持是奉节养老机构存在的“硬伤”，主要为老年人提供满足基

本生活需求的养老服务，无法给入住的患病老人提供专业的医疗康复、生活照料、文化娱乐、精神慰藉；而医疗机构又无法为患病老人提供有效的生活照料、文化娱乐和精神慰藉。

③ 五保户和农村留守老人供养和就医问题突出

目前，奉节县有五保户 5 600 人，由于奉节县养老基础设施薄弱，五保户多数为分散供养，集中供养的仅有 1 450 人。分散供养受居住条件的限制，管理服务难度大，基本生活得不到切实保障；集中供养居住条件相对较好，但缺少规范的管理与服务。奉节县经济相对落后，农村绝大部分成年人在外地打工，留守老人 65 岁及以上的就有 8.5 万余人。有的年事已高，生活自理能力差，由于经济条件有限，他们的供养和就医问题突出，牵动着在外打拼的子女的心，这已成为一个普遍的社会问题。

④“医养结合”养老模式需要进一步完善

目前，奉节县“医养结合”模式需要进一步探索多元化。北岸竹园镇、大树镇、青莲镇、汾河镇、平安乡、石岗乡等乡镇所建养老机构相对较少，建议在康乐镇中心卫生院推行“以医为主”的养老模式，既解决了五保户和农村留守老人的供养问题，又解决了这一群体的医疗问题，还有助于完善奉节养老服务体系。根据康乐镇突出的区位优势和医疗卫生服务辐射能力，在康乐镇建一所规范化、标准化的“医养结合”型中心卫生院，是奉节县对“医养融合发展”模式的积极探索，对奉节县有序推进“医养融合发展”，能够起到积极的示范作用；对改善民生，打造渝东北医疗卫生、养老服务高地具有重大意义。

（2）可行性分析

①康乐镇中心卫生院建设标准不达标，建议选址新建

按照《乡镇卫生院建设标准》的有关要求，康乐镇中心卫生院，医疗辐射大树镇、石岗乡、汾河镇，辐射人口约 4 万余人，康乐镇户籍人口有 45 329 人，暂住人口约 6 700 余人，总的服务人口在 9 万人以上。按其标准化卫生院建设计算：每千人口需设 1.2~1.5 张床位，每张床位建筑面积应有 50~55 平方米，通过测算，康乐镇中心卫生院需设置床位 135 张，建设业务用房 7 425 平方米，公共卫生服务用房 500 平方米，总计需要新建业务用房约 8 000 平方米。目前，康乐镇中心卫生院占地面积不足 2 000 平方米，建设面积严重不足，四周已无拓展的空间，布局不合理，功能不完善，改造难度大。其现有的医疗条件无法达到中心卫生院建设标准，满足不了广大群众对医疗卫生服务的需求。

②康乐镇政府重视民生，建设用地有保障

康乐镇是全县的移民大镇、农业大镇和能源重镇。根据康乐镇未来的发展前景和医疗卫生服务对周边乡镇的辐射影响能力，需要建设一个规范化、标准化的中心卫生院，为当地及周边群众提供良好的医疗卫生与养老服务；同时，康乐镇作为奉节县以能源为主导的工业园区，其产业链长，服务人口多，也需要建设一个规范化、标准化的中心卫生院提供医疗保障。

③ 民政局试点，积极探索“医养结合”

民政局前期已经规划在康乐镇建设一所“医养结合”型养护院。计划以康乐镇中心卫生院为基础，以五保老人、失能老人、半失能老人为救助对象，积极探索试点，建设“医养结合”卫生院。该方案已纳入《奉节县国民经济和社会发展第十三个五年规划纲要》和《奉节县“十三五”民政事业发展规划》。

④ 项目实行整体规划设计，统一运作管理

奉节县卫计委负责康乐镇中心卫生院新建项目，民政局负责康乐镇养护院新建项目，但在规划设计、建设过程中，应加强协调合作，共同利用康乐镇政府拟规划出的20亩用地（1亩≈666.67平方米），进行整体规划设计，在整体布局和功能分区上，要实现资源共享，降低建设成本。建成后，要制定可行且完善的运作模式和保障制度，实行统一管理。

目前奉节县推进“医养结合”的养老模式需要进一步明确组织实施的部门，在未来的工作中，应依托政府明确卫生行政、民政、劳动和社会保障等部门的监管职责，结合县情不断完善服务体系，明确“医养结合”模式的服务对象、服务内容、服务的提供方式、服务的实现方式、服务人员、服务机构资质和准入标准，应尽快出台引导“医养结合”模式发展的意见规划，加强老年照护的组织管理，使其稳步向制度化、产业化、规范化方向发展。

5.4 跟进安全防护管理

随着人口老龄化的迅速发展，老年人的健康、生活质量及社会保障等相关问题日趋受到关注，在养老机构中，老年人的安全照护问题也已经得到了各级政府的高度重视。特别是河南省鲁山县琴台办事处辖区康乐园老年公寓2015年5月25日晚的火灾（这次“5·25”火灾安全事故，造成38人死亡，6人受伤），再一次向社会、政府、各级职能部门、养老服务机构敲响了警钟，各级政府多次强调安全第一。众所周知，老年人由于身心功能的退化、慢性疾病、认知功能的减退，再加上自身控制环境的能力下降，遇到意外和突发状况时往往难以应对，跌倒、烫伤、坠床、误吸、走失等安全问题在老年人群中发生率较高，在养老机构中也时有发生。这些情况的发生不单单能给老年人的生活质量以及家庭带来很大的影响，在机构还特别容易引发照护纠纷，给养老服务工作的开展带来麻烦。

本次调研奉节县各大养老机构的目的就是通过调查走访了解机构内老人们的真正需求，分析养老服务体系、模式、管理制度、服务内容等方面存在的不足并提出具体的解决策略。对此，调研中发现各个养老机构或多或少地存在这样那样的安全隐患，如“鱼复街道月康老年公寓”明显存在安全管理不够到位的问题：该养老服务机构目前入住老年人 138 人，大部分都是刚性需求的老人，即自理能力弱、残障或智障、对护理依赖性强、安全能力与防范意识差，且该机构管理不够规范，从床单步行梯等多处在安全防护方面存在隐患。同时，结合频福来颐养中心已经发生的坠床事件这一事实，在我们全程调研中发现仍然没有一家机构用有“床档”的护理床。鉴于此，我们把老年人的安全防护管理单独罗列出来，希望要求各大养老机构结合以下安全照护原则，根据老人安全的影响因素，结合自身实际情况制定具体的安全照护细则，积极跟进老年人安全防护管理办法。

5.4.1 增强安全防护意识

5.4.1.1 认清影响老年人安全的因素

建议培训管理及护理人员，提高安全意识，熟悉可能影响老人安全的原因，如生理因素。由于全身各个器官以及认知功能的退化，运动平衡功能的下降，老人很容易发生跌倒、扭伤、骨折等事故；疾病因素、心理因素、社会支持等因素也是发生意外事故的隐患；居室环境因素如居室杂物堆放太多、不适宜的地面环境、居室采光不好、居室内行走的空间不够大；卫生设施配备不全面、没有摆放防滑垫、马桶旁边缺少扶手；居室中无床边呼叫器或救助电话等求助设施等也可能会导致老人发生意外；还有照护者的专业技能水平有限也是导致老年人发生安全问题的因素之一。奉节县养老机构的护理人员大多数文化程度不高，没有接受过专业的培训，在老年人发生烫伤、跌倒、噎食后处理方法不当也是安全隐患。最后必须强调的是老年人自身对安全问题的认知不够，防范意识淡薄也是祸患，部分老年人从电视、报纸、杂志等渠道获取预防安全问题的知识和信息，但是对于安全问题的预防能够真正掌握的老年人占少数。

5.4.1.2　老年人常见的安全问题分析

老年人常见的安全问题主要包括以下几种情况：

（1）跌倒

长期卧床的老年人起身时由于重力作用使脑部供血不足出现头晕，易造成跌倒。居室、浴室、卫生间、走廊等的布局和配备不合理或老年人对生活环境不适应，也容易造成跌倒。如新建的永乐养护中心、吐祥镇社会福利院等机构都应增设扶手（走廊宽度足够完全可以增设）。

（2）烫伤

老年人怕冷，一些伴有感觉障碍、皮肤感觉迟钝且敏感性下降的老年人易发生烫伤。另外，老年人使用保暖用品、沐浴洗澡时水温调节不当也容易导致烫伤。

（3）坠床

患有神经系统疾病的老年人多伴有意识障碍、定向力障碍、肢体功能障碍、视力障碍等，这可导致老年人坠床。另外，在护理过程中，翻身不当也容易造成老年人坠床。

（4）走失

患有老年痴呆的老年人因记忆力、判断力减退和定向力障碍而容易发生走失现象。

（5）误吸和噎食

老年人因神经反射活动衰退，咀嚼功能不良，消化功能下降，引起吞咽障碍而容易发生噎食。脑血管病变会使老年人丧失正常的吞咽功能，在饮水或进食时易导致异物的吸入，特别是在饮水时更易发生，严重的会引起肺部感染甚至窒息死亡。

（6）压疮

老年人因肢体功能障碍、长期卧床容易造成局部皮肤受压、弹性下降、血液循环障碍，易并发压疮。

（7）自杀

老年人在面对身体老化过程中带来的一连串问题，比年轻人在自杀方面更高危。据有关统计，老年人已成为我国自杀率最高的人群。神经和精神方面的疾病、老年抑郁症、丧偶、经济、社会、文化等因素在老年人自杀中起着重要作用。

（8）用药错误

大多数老年人常患有多种慢性疾病，一般需要同时服用几种药物，容易出现漏服、多服、少服、错服药等现象。

5.4.2 安全防护对策建议

5.4.2.1 加强老年人慢性病管理，提高日常生活活动能力

首先养老机构应逐步完善健康管理，收集健康信息、建立档案、与医院建立“医养结合”协作关系、定期体检观察发现健康危险因素，对高危对象进行有计划的健康管理，如发生病情变化，能及时提供到位的紧急救护。护理人员要重点学习常见老年病的护理知识，养老机构需提高对老年疾病的护理水平，包括饮食安全护理、用药安全护理以及康复护理。加强老年人疾病的宣教，使老年人了解自身的健康状况和能力。另外护理人员要熟悉老年人的生活规律和习惯，及时给予他们指导和帮助。

5.4.2.2 完善养老机构环境设施

养老机构外环境的硬件设施必须适合老年人的生活起居，居室内环境更要根据老年人的特点进一步完善，如室内的光线适宜、居室内无障碍物、有紧急呼叫器、地面的防滑处理以及在危险地带设置警示标识等。

5.4.2.3 加强照护者的护理技能培训

养老机构中的照护者自身文化水平不高，预防护理安全问题发生的关键是要提高他们的护理技能和服务水平。机构可以开设专业理论和技能培训课程和讲座，提高照护者的理论和实践操作能力。

5.4.2.4 规范使用辅助具和保护具

根据老年人身体的不同需求，采用有利于肢体活动的辅助具，可以方便他们行走，包括拐杖、轮椅等助行器等。在使用前一定要严格评估老人身体情况是否适宜，评估辅助具是否安全、环境是否适宜等，在使用时也应严格按规范操作（本次调研多次发现机构中部分护理员使用轮椅极不规范）；保护具是为了老年人的安全与治疗，通常用来限制他们身体或机体某部位的活动，包括床栏（床档）、约束带等，如防止老人坠床可以使用有床栏（床档）的护理床等加强防范，使用保护性约束时护理员需加强观察和护理确保护理安全，并注意和家人解释。

5.4.2.5 宣讲老年人护理安全问题

根据老年人的特点和不同需求，采用他们易于接受的宣传教育方式，如在机构宣传栏中刊登有关安全预防的宣传画，制作宣传手册发放给老年人，组织护理安全知识讲座等，从而增强老年人的安全防范意识。

5.4.2.6 健全相关护理应急预案

照护者及管理者应对老年人生活中和疾病护理中可能出现的有害因素进行

分析，制订跌倒、噎食、烫伤、猝死等突发事件的应急处理流程和应对措施，对应急预案进行反复学习和演练，并不断完善。建立应急预案可减少环境和自身状态的改变给老年人带来的伤害，同时也可提高照护者的理论水平和技术水平，强化老年人的风险意识、自我保护意识。

5.4.2.7 做好养老服务机构的消防安全工作

消除安全隐患，做好各个养老机构的消防安全工作，需要从以下几个方面着手：

（1）认清目前养老机构存在的消防隐患

目前一些机构还存在以下安全隐患：

一是规划不太合理，好几所养老机构设置在居民小区中，有的紧邻周边居民建筑甚至直接设置在居民建筑内，防火间距严重不足，一旦周边或同一建筑内发生突发情况，势必会影响养老机构的安全。

二是无证经营，养老建筑未办理相关建设工程的消防审核和验收手续。

三是未按消防技术标准配置消防设施及器材，部分器材已损坏或淘汰。

四是消防安全制度形同虚设，部分场所灭火、应急疏散预案可操作性差。由于人员的配置及资金问题，部分养老院和福利院的消防安全制度还停留在纸面上，夜间防火巡查制度、日常防火检查制度未能完全落实，导致日常消防安全管理存在漏洞，不能及时发现隐患。此外，大部分养老院和福利院的灭火、应急疏散预案可操作性差，未能针对老年人的实际情况制定切实可行的预案及落实火灾疏散时相应的护理人员的工作。

五是养老服务队伍职业化建设滞后，服务队伍的整体素质较低，专业水平、业务能力和服务质量不能有效满足服务对象的需求，而且消防培训工作落实不到位，护理人员大多消防技能差，不能按预案有效地扑救火灾及疏散老年人。

六是老年人消防安全意识淡薄，疏散能力差。老年人作为弱势群体，认知度低、理解力差，不能正确认识火灾带来的危害，应对火灾的逃生能力很弱，往往小火酿大灾，造成意想不到的严重伤亡。

（2）按行业标准规范建设养老建筑设施

养老设施建筑要求包括：①老年公寓、养老院等养老机构应设置在独立的建筑内。公共走道净宽不宜小于1.5米，长度大于20米的内走道应设置排烟设施。公用楼梯的有效宽度不应小于1.2米，应采用封闭楼梯间，楼梯间的门应为乙级防火门。窗槛墙高度、窗间墙宽度不宜小于1.2米，以减少火势蔓延。②根据《建筑设计防火规范》，老年人的居住建筑应设火灾自动报警系统，除老年公寓外，大于 5 000 平方米的养老院或敬老院应设室内消火栓系统，每层大于 1 500 平方米或总面积超过 3 000 平方米的老年人护理病房应设自动喷水灭火系统。各养老机构应据此逐步规范。

（3）老年人的居住建筑应设置火灾自动报警系统

消防设施根据《建筑设计防火规范》要求设置，老年人的居住建筑应设置火灾自动报警系统，但也要充分考虑到老年人大多有高血压、心脏病等疾病，火灾自动报警系统声光报警装置应设置在管理人员用房内，报警系统应与城市远程火灾监控中心联网。建筑室外 150 米范围内应设置室外消火栓等消防水源，建筑室内应设置带消防水喉的室内消火栓。建筑灭火器应按 A 类场所配置，老年人床位在 50 张以上的为严重危险级，灭火器配置级别为 3A，单位级别最大保护面积为 $50m^2/A$；老年人床位在 50 张以下的为中危险级，灭火器配置级别为 2A，单位级别最大保护面积为 $75m^2/A$。

（4）加强养老机构火灾的预防措施

要做好养老服务机构的消防安全工作，应加强养老机构火灾的预防措施建设。

一是强化管理，消除火灾隐患。养老机构对所配置的消防设施、器材和消防安全标志，应定期检验、维修，确保消防设施和器材完好、有效。在检查中要注意检查安全出口是否上锁，楼梯间和楼梯是否堆放杂物，疏散走道是否畅通以及消防设施的完好程度，要查看保养记录，完善应急预案和措施。

二是加大宣传力度，提高防范意识。养老机构应注重消防教育宣传工作，不仅要对员工的基本消防知识进行培训，要求员工掌握日常用火、用电等防火知识，还要定期组织养老机构的员工进行消防灭火演练，保证养老机构的员工都会报警、疏散和扑救。另外，为老年人举办安全消防知识讲座，讲解用火、用电的基本常识，向老年人示范失火后的报警程序。

三是建立健全的安全管理体系。养老机构应制定相应的消防灭火疏散预案和规章制度，明确内部人员的岗位和任务，落实责任到人。定期组织内部员工进行消防演习，同时对各楼层消防设备设施进行检查、检修。物业人员、仓库保管员对存储设备、物品要严格依照防火规定进行管理，并掌握防火和灭火基本知识，定期做好防火检查记录。

总之，做好消防安全防护工作，应做到：在完备、规范硬件设施的基础上，常抓安全教育，同时做到不间断的安全检查，并且注重加强员工素质的培养以及制定可行的安全预案和规范的管理制度等。

5.4.3 特别提醒

老人走失和自杀是不容忽视的两大杀手，在此单独罗列出来，以期得到关注。本次调研中就有2位福利院院长特别提及此事。

5.4.3.1 防止老年人走失

防止老年人走失应在认清老人走失的原因的基础上，落实预防管理措施。

(1) 认清老年人走失的原因

老年人走失的原因主要包括以下几个方面：

一是很多老年人文化程度偏低不识字或是记忆力衰退、辨识能力差，不会使用现代化的信息工具，一旦外出，就有可能走失。

二是在自己农村的老家生活多年的老年人入住机构后，由于相对封闭，他们对新的生活方式感到陌生和不适应，一方面想出去随意走走看看，另一方面又不识路，一旦单独外出，很容易迷路走失。

三是城市建设、环境改造和生活方式的快速改变，也是老年人经常走失的原因。

四是在养老的人群中，患有老年痴呆、小脑萎缩、抑郁症等疾病的人数占有一定比例，老年痴呆是老年人常见的疾病，疾病的发生能使患者出现记忆力减退、反应迟钝的现象。由于记忆力和定向力减退，老年人外出也常常找不到自己回家的路。

(2) 落实防止老年人走失的管理措施

防止养老机构的老人走失应从加强以下几个方面的管理着手。

一是入住管理：了解老年人有无走失史，严格签订入住协议。准确、动态地评估老年人的认知能力。对老年人进行详细体检，并认真记录。对老年人做全面详细的跟踪观察，有异常情况通报给主管，并与家属联系，必要时，签订补充协议。详细登记护送人姓名、住址和联系方式。

二是门卫管理：完善门卫设施、设备，确保安全；必须由专人管理，建立健全出入登记管理制度；制定严格的老年人外出制度，自理老年人外出或非自理老年人家属陪伴外出均应进行详细登记。

三是护理管理：加强巡视，密切观察失智老年人的异常变化。营造良好、舒适、温馨、安全的居住环境，组织老年人参加感兴趣的活动，使老年人安心休养。经常与家属沟通，通报老年人的生活及精神状态等信息。易走失老年人外出时必须要有专人陪护。照护者应加强与老年人的沟通与交流，给老年人安排适当的娱乐活动、治疗作业、智力康复和自理能力等训练，循序渐进，持之以恒。在老年人房间门口做特殊的、容易记忆的标识，利于老年人的辨认。带着老年人反复熟悉周围的环境，强化记忆。

四是员工管理：加强素质教育，坚持“以人为本”的服务理念，让老年人得到良好的照料；加强巡视，让喜欢走动的老年人在自己的工作视线范围内活动；提高护理技巧，制定完整的针对易走失老年人的管理办法；发挥团队协作精神，共同关心、参与和管理。

另外，建议根据情况设计特色标识：可为易走失老年人佩戴联系卡或爱心手环，注明老年人的姓名、居住地、联系方式等，便于走失时接受他人的救助，使其安全返回。或者酌情制作专门的背心，要求老人外出逛街都要穿上，在迷路或走失的时候，便于市民、村民通过拨打背心上印制的电话告知相关工作人员。在本次调研过程中，康乐镇社会福利院李院长就提出了这一建议。

5.4.3.2　防止老年人自杀

随着人口老龄化的加快和老年人口的增多，老年人自杀是一个全球性的公共卫生和精神卫生问题，我国老年人自杀问题也日趋突出，老年人群体已成为我国自杀率最高的群体。这一点在养老机构也必须引起重视。

（1）认清老年人自杀的原因

通常来讲，老年人自杀不是单纯地由一件事情引发，而是在多方面危险因素累积到一定程度，经历内心徘徊后，最终由一个压力或者创伤诱发。

一是身体疾病因素：随着年龄的增长，身体各部分的机能都在不断下降，大多数老年人常患有多种慢性疾病，病程长且不易痊愈，一方面忍受不了疾病的折磨，对生活绝望；另一方面给家庭带来负担，老年人容易产生累赘感，从而选择自杀。

二是精神疾病因素：抑郁症是老年人自杀的主要危险因素之一，孤独感也与自杀意念相关。抑郁和孤独感是两种经常一起出现的心理体验，密切相关又相互独立。另外，焦虑症、精神病等也是老年人自杀的危险因素。

三是家庭因素：家庭因素一方面是家庭纠纷，老年人常会感到被忽视，内心会产生痛苦和矛盾，当这种矛盾愈演愈烈时，老年人便会采取自杀的方式。有的子女直接把老人送进机构，没有和父母同住或把老人送进养老机构后很少探望老人，这使老年人感到被遗弃，容易产生轻生念头。另一方面是丧偶，丧偶对老年人心理的影响非常严重，对于和自己生活了几十年的人突然死去，许多老年人常常悲痛欲绝、悲伤过度，或者眼睁睁看到一起进机构的老人一个一个去世而产生心理阴影。

四是社会因素：社会因素一方面是社会角色的转变，离退休老年人从工作岗位退居到家庭，导致了老年人社会角色的转变。有的老年人不习惯退休生活，思想常有空虚感、失落感。特别是在退休前受人尊敬，生活经历丰富的高层领导者或高地位职业者，由于退休，丧失了原有的社会地位和权利，常常表现出一种巨大的失落感，在心理上难以适应，住在机构好像找不到存在感。而且退休后经济收入减少，有的老年人需要依靠子女生活，遭到子女们的嫌弃，便会产生强烈的无用感，对生活失去信心。另一方面是社会支持系统的缺乏，空巢老人，子女不在身边，对老年人的生活照顾不周，在精神上的慰藉更少，使老年人产生孤独感。另外，老年人由于身体疾病、心理等原因，与社会联系少，会加深对社会生活的疏远和隔绝感。

五是生物因素：在不同的年龄阶段，突触传导和神经传导系统会发生改变，据估计，随着年龄的增加，如果补偿效果不足，则容易产生抑郁症。

（2）落实老年人自杀的预防措施

照护者一旦发现老年人有自杀的动机，就要通过直接的、间接的和行为上的线索对老年人的自杀倾向加以评估，从而采取干预措施。同时，应从以下几个方面防患于未然：

一是对从事养老服务的人员进行预防老年人自杀的相关培训，使他们有能力去帮助老年人改变一些错误认识，并增强捕捉老年人自杀征兆的能力。

二是定期组织开展老年人心理讲座和活动，促进老年人心理健康，增强老年人的责任感并使老年人认识到自我价值，从而预防老年人自杀。

三是对有疾病困扰的老年人，养老机构应整合相关资源为他们提供医疗、护理及康复服务。

四是如果老年人出现精神及心理障碍，应及时带老年人去看心理医生。

五是应妥善管理精神类药品、尖锐物品等，要把这些东西放在老年人难以取到的地方。发药时要落实好“服药到口，咽下离开”的制度，防止老年人藏药，累积后吞服自杀。

六是照护者对有自杀高危倾向的老年人要进行重点评估，必须要安排专人陪护，一旦发现老年人出现情绪焦虑的现象，应及时有效地对老年人进行心理疏导，解决其面临的困扰。

七是对有自伤、自杀念头的老年人在必要时可用约束带进行保护，尤其是夜间。

八是对工作繁忙、缺乏对老年人关心的儿女，养老机构负责人应经常跟其进行联系，反映老年人的心理状态，要他们尽量多打电话关心老年人，探望老年人。因为子女及亲人的关爱尤其重要，将会最大限度地减少老年人自杀。

综上所述，老年人安全问题是养老照护工作的重点和难点，也是养老机构亟待解决的首要问题。

5.5 加强养老服务标准化建设

标准化是现代化社会服务和管理的重要手段和必要条件。养老服务业标准化建设是养老服务业发展的内在要求，也是建设社会养老服务体系的重要技术支撑。养老服务标准化建设是指对养老服务标准制定、贯彻落实、监督管理等建立规范的过程。养老服务标准化包括从制度层面做好养老服务标准的制定、修订工作；从实施层面做好养老服务标准化的贯彻和落实：管理标准化、技术标准化、设施和人力资源配置标准化；从监管层面做好养老服务标准化的监督和规范管理。

推动养老服务标准化建设是贯彻落实《老年人权益保障法》《养老机构管理办法》等的重要内容，是保障老年人合法权益和提升服务能力的必要要求。行业标准和规范管理是推进养老服务工作的重要基石，是更好地提供为老服务、加强行业管理的准则和依据。近年来，各部委非常重视养老服务标准化建设，不断出台相关标准，使社会养老在标准化的指导下日趋完善。

养老服务标准化是对养老设施、管理、服务及人力资源等建立规范的一个过程。推动奉节养老服务工作标准化建设，应重点围绕改善为老服务水平开展工作，以着力提升“标准化意识”为前提，规范养老服务业标准，探索养老服务标准化的贯彻和落实，严格规范质量管理。

5.5.1 规范养老服务业标准

养老服务业标准是包括养老服务基础通用标准、服务技能标准、服务机构管理标准、居家养老服务标准、社区养老服务标准、老年产品用品标准等在内的标准。

近几年，民政部非常重视加强养老服务的标准化建设。养老机构的标准有《老年人居住建筑设计规范》《养老设施建筑设计规范》，这两大标准均由住建部发布作为新建养老机构的指引；既包括《老年人居住建筑设计标准》《老年养护院建设标准》《社区老年人日间照料中心建设标准》和《老年人福利机构基本规范》，还包括《养老护理员国家职业标准》《养老机构安全管理》《老年人能力评估》等。近年在推进“医养结合”中，国家卫计委又出台了两个标准，包括《养老机构医务室基本标准（试行）》《养老机构护理站基本标准（试行）》。奉节规范养老服务标准应在结合这些标准的基础上，以《养老服务标准体系建设指南》的基本要求为指引，进一步认真研究重庆市近期出台的相关标准：

一是在养老机构管理服务方面，加快制定《养老机构设施设备配置规范》《养老机构内设医疗机构服务质量控制规范》等标准，制定标准时应参照市民政局的相关标准：《重庆市养老机构管理服务标准（试行）》（渝民发〔2014〕97 号），乡镇敬老院的管理服务执行的《重庆市敬老院管理服务标准（试行）》和新修订的《重庆市城乡养老机构服务管理办法》等规范性的要求。

二是在社区养老服务方面，2017 年 9 月 12 日，由渝中区民政局主要负责起草编制的重庆市地方标准《社区养老服务规范》通过市质监局批准发布，于 2017 年 11 月 1 日正式实施，以此不断规范服务标准。

三是在养老服务专业人才建设方面，酌情制定养老服务从业人员基本要求、养老服务人员职业培训规范等标准。

建议结合以上养老服务标准和县情不断规范、完善服务标准，包括制定养老服务信息化的相关标准以及近几年的工作重点和工作计划，为推动养老服务标准化建设打好基础。

5.5.2 探索养老服务标准化的贯彻和落实

奉节县自从开展养老服务以来不断加强政策引导，相继出台《奉节县人民政府关于加快发展养老服务业的意见》等文件，从政策上积极引导支持社会力量投入养老服务事业，加快养老服务业的发展。其出台的《关于进一步加强社会福利机构管理的指导意见》，对社会福利机构的院务、财务、安全、人员和工资、生产经营等进行了明确规定，为进一步规范管理社会福利机构奠定了基础。但是走访调研发现，各大养老机构管理与运行的制度仍然不够完善，标准化意识不够强，为了推进标准化在养老领域的普及应用和深度融合，提升服务能力、服务质量，应在着力提升标准化意识的基础上从以下几个方面贯彻和落实标准化工作。

5.5.2.1 提高制度建设水平

2017 年 4 月，为了认真贯彻落实民政部等六部委《关于开展养老院服务质量建设专项行动的通知》（民发〔2017〕51 号）精神，奉节县民政局安排部署的全县养老院服务质量建设专项工作启动，旨在提高全县养老院服务质量，建议借此东风，通过学习熟悉国家标准《养老机构基本规范》、行业标准《老年人能力评估》《老年人社会福利机构基本规范》和《养老机构安全管理》等现有基本标准，积极进行宣传实施，同时对照标准找出不足和差距，逐步规范标准化制度的建设。并结合县情制定适宜的机构管理制度和服务流程，如在现有基础上督促各大养老机构建立健全各类规章制度：养老服务需求评估制度、等级护理制度、服务质量考评制度、统一查房制度、安全管理制度、岗位制度、考勤制度、值班制度等，进一步提高管理水平，力争逐步向标准化管理迈进。

5.5.2.2　改进环境设施

近年来先后出台了《奉节县农村幸福院建设实施方案》《奉节县城镇社区养老服务设施建设及运行管理办法》，该办法对养老服务设施建设的申报条件、申报程序、建设标准、验收程序、运行管理等进行明细化，其中建设养老服务设施必须在广泛宣传发动、召开社区老人、群众代表会，由乡镇政府（街道）、社区和群众取得一致意见后的基础上申报，明确乡镇人民政府的责任范围，联合财政、规划、消防等职能部门最终验收，使养老服务设施与项目建设一直保持公开、公平、公正的原则。但随着养老服务需求的不断加大，要想以标准化建设促进服务能力和服务水平的提升，就需要为老人们进一步营造良好的养老环境，让养老机构得以规范运行。

（1）有效改进养老机构的环境设施

为逐步达到标准化建设，应参照相关标准，对机构内环境设施进行适老化、标准化升级改造。

加强机构的无障碍环境建设改造，主要考虑酌情增设电梯（如频福来颐养中心），增加无障碍标识和消防标识（都应该具备），改造坡道、改造增加走廊、卫生间安全扶手、护角等，以降低老年人发生意外风险的概率。

在完善机构内服务场所配置方面，依据国家标准《养老服务基本规范》，部分机构应逐步新增老年人能力评估室、中医保健室、康复训练室、心理咨询室、心理慰藉室、健康管理室、文化娱乐室、公共浴室等功能科室，为入住老年人提供更全面优质的服务，提升老年人的生活质量。

（2）老年宜居环境建设

推进社区居家养老服务，构建好居家养老环境，已成为建设老年宜居环境的重中之重的举措。宜老社区建设迫在眉睫，随着发展养老产业的需求的增长，各级政府对老年宜居环境建设的政策支持力度在不断加强。

奉节县在推进与老年人日常生活密切相关的公共设施的改造中，应提倡适当配备老年人出行的辅助器具，加强社区家庭的适老化改造，优先支持老年人居住有电梯的住宅等。加强老年宜居环境建设，奉节县城目前正值西部新区胡家坝棚户区改造的契机，下一步应加快完善公共政策，在城镇体系规划、城市规划中要逐步明确和体现老年宜居环境建设的基本要求。同时还应立足市场需求，重视配套服务；努力提高各类公共建筑、空间和设施的适老化程度；着力加强老年宜居社区建设，并加快构建老年宜居环境建设标准体系，避免新环境产生新的问题。

一是建设城市社区有居家服务站、日间照料中心，社会办有老年服务中心及家庭居家养老“五位一体”的健康养老服务体系新格局。

二是积极拓展养老机构运营新思路。以县城中心朝阳社区老年公寓改建后入住运营为契机，考虑增设网络服务平台，以标准化建设促进服务能力和服务水平提升，健全机构内部管理制度，积极探索通过政府购买服务，提高管理服务的规范化、标准化、专业化水平，满足供养需求，为居家老人提供便捷可及的养老服务的建设。

三是不断创新为老服务新模式。积极开发老年人力资源，为老年人的家庭成员提供养老服务培训，倡导“互助养老”模式，开发民政 App“健康养老”模块，推进老年人健康管理、紧急救援、精神慰藉、服务预约、物品代购等服务。

四是建立健全服务新机制。依托县城社区养老服务中心、部分农村互助养老院以及新建农村老人饭桌等养老服务设施，开发老年宜居生活和代际亲情住宅。

5.5.2.3 推行信息化管理

信息化建设将在养老服务工作标准化建设中发挥重要的促进作用。信息化管理，已经成为养老服务体系质量建设的重要部分，大力推广、创新有效的信息化管理手段，可以推动更加精细的养老服务管理，提高养老服务总体水平。政府应用信息化管理，能及时掌握养老服务动态信息，加强对养老服务行业的监管和指导，准确地对居家、社区及机构养老给予指导和补贴；养老服务行业应用信息化管理，可以加深行业认知，准确地了解老年人的服务需求并制定服务标准，促进养老服务行业标准化水平的提升；养老机构应用信息化管理，可以公正客观地掌握入住老人的身体状况和了解需要提供的服务，有效地与老人家属协调配合，做好老人的护理服务工作。

在逐步推进养老信息化管理的过程中，首先便是制定标准，标准先行，使得养老信息化建设有据可依。以“建立老年人信息数据库”为基础，以“提供生活照料、精神关怀、增值服务”为基本服务内容，为养老机构建立较完善的养老服务体系，把养老机构打造成一个真正意义上的信息化、智能化养老生活社区。

5.5.2.4 创新开展养老服务评估工作

（1）养老服务评估工作的重要性

养老服务评估作为开展养老服务的基础性工作，对推进“养老体系”建设，提升养老服务水平，保障经济困难的孤寡、失能、高龄、失独等特殊老年群体的服务需求，合理配置养老服务资源，提升养老机构的服务质量和运行效率都具有重要作用。

一是用于推进居家养老服务社会化。居家养老服务机构可以根据评估结果分析老年人服务需求，在征得老年人同意的前提下，加强与相关服务单位的对接，制定个性化的服务方案，提高居家养老服务的针对性和效率。

二是用于确定机构养老需求和照料护理等级。对于经评估属于经济困难的孤寡、失能、高龄、失独等老年人，政府投资兴办的养老机构应当优先安排入住。养老机构应当将评估结果作为老年人入院、制订护理计划和风险防范的主要依据。

三是用于对老年人的健康管理，这也是做好“医养结合”工作的前提。把评估工作纳入养老服务信息系统建设，推进建立老年人健康档案，有利于发展“医养结合”的养老模式。

四是作为养老机构的立项依据。要根据服务辐射区域内老年人的能力和需求评估状况，合理建设符合实际需要的养老机构，提高设施设备使用效率。

五是可以规避不良现象。科学地按照《老年人能力评估》的各项指标严格评估并得出老人身体状况的结论，加之评估软件自动生成评估结果，无论政府、老人、家属、照料机构，都无可挑剔，大大避免了靠人情确定居家服务标准和靠人情确定入住机构护理等级的不良现象。

（2）评估的具体措施

按照《民政部关于推进养老服务评估工作的指导意见》精神，养老服务评估，是指为科学确定老年人服务需求类型、照料护理等级以及明确护理、养老服务等补贴领取资格等，由专业人员依据相关标准，对老年人的生理、心理、精神、经济条件和生活状况等进行的综合分析评价工作。养老服务评估工作是重点也是难点，做好这项工作需要解决以下四个方面的问题：

① 完善评估标准

完善评估标准，首先要解决“评什么”的问题。建立一套多元、公正、科学、规范、可操作的评估指标衡量体系是养老服务评估的核心。2013 年，民政部发布了民政行业标准《老年人能力评估》，对老年人的日常活动能力、精神状态、感知觉与沟通能力、社会参与能力等方面进行了重点关注。但对老年人的家庭特征、经济收入、居住方式等情况，却没有纳入评估范围，而这部分因素往往会影响老年人对养老服务需求的选择。因此，养老服务评估指标体系的内容应该包括老年人的日常生活自理能力评估、认知情况评估、家庭经济状况评估及养老服务需求评估等。建议参照民政部颁布的标准《老年人能力评估》（MZ/T 039-2013）、田兰宁院长主编的《老年人能力评估基础操作指南》，根据重庆市统一制定的养老服务评估指标，结合奉节县的经济发展水平、老年人经济状况、居住状况和生活环境，将评估指标与通过面谈、走访等方法观察反映的指标相结合，制定评估标准。评估可分为第一次评估、常规评估、状况变化后重新评估等。

② 健全评估工作机制

健全工作机制，解决“谁来评”的问题。评估组织网络建设是做好养老服务评估的保证。从长远发展的角度来看，政府应该培育建立一批独立、公正、专业的养老服务评估机构，由该类机构统一对需要养老服务的老年人进行评估。目前重庆市尚未开展对第三方评估组织的培育工作，民政部门应会同卫生部门成立养老服务评估指导小组，负责养老服务评估的组织、指导、协调等工作，并抽调一批具备医学、社会工作、心理学、社会学、法律、社会保障等基础知识的专业人员组成评估小组。民政部门是养老服务评估的主管部门，具体负责在本行政区域内制定养老服务评估办法或规程，落实对老年人家庭经济状况、居住环境的核对评估，负责对街道（乡镇）、社区（村）的评估人员进行业务培训。卫生部门应负责做好老年人生活自理、认知能力评估和专业评估人员培训。在此基础上，逐步打造一支专业化的评估队伍，培育一支专业的第三方评估机构。

③ 规范评估程序

规范评估程序，解决“怎么评”的问题。建立公平、公正、科学的评估程序，是做好养老服务评估的关键。养老服务评估主要包括申请、初评、评定、社会公示、结果告知、部门备案等环节。评估申请应坚持自愿原则，由老年人本人或者代理人提出；无民事行为能力或者限制民事行为能力的老年人可以由其监护人提出申请。评估应按照先易后难的原则，首先评估老年人的经济状况、身份特征等借助相关材料即可核实的项目，然后再评估生活环境、能力状况等需要实地核实、检查的项目。应顺应现代民政要求，逐步改变以传统人工评定为主的方法，加强网络服务管理信息系统建设，建立公开、透明的，区县、街道（乡镇）各级共建共享的老年人养老服务评估数据库。通过建立数据库，自动生成评估结论，实现网上审批，并设置汇总分析功能，提供决策依据。

5.5.2.5 有效设置专业技能岗位与补充完善设备配置

在标准化建设工作开展过程中，可依据《养老服务机构标准化建设试点工作实施方案》逐步完善核心技术岗位方面的配置，各机构应酌情适当新增老年人能力评估员、老年康复治疗师、心理咨询师、老年营养师、健康管理师、中医保健师、社会工作师，逐步达到人力资源配置的标准化。同时，在养老服务工作开展过程中，适当补充完善服务场所的设备配置。进一步提高一线工作人员的技能水平，使服务更加专业化，管理更加标准化。

5.5.2.6 服务项目逐步全面落实

根据国办发《关于制定和实施老年人照顾服务项目的意见》（〔2017〕52号）明确指出的20大重点任务，结合《重庆市老龄事业发展和养老体系建设“十三五”规划》，奉节县在推进标准化建设的进程中，应逐步全面落实服务项目，积极全面开展以下服务：

一是进一步全面建立针对经济困难的高龄、失能老年人的补贴制度，并酌情开展长期护理保险试点，探索建立长期护理保险制度。逐步将符合最低生活保障条件的贫困家庭中的老年人全部纳入最低生活保障范围，实现应保尽保。

二是发展居家养老服务，为居家养老服务企业的发展提供政策支持。鼓励与老年人日常生活密切相关的各类服务行业为老年人提供优先、便利、优惠的服务。在扶持专业服务机构的同时鼓励其他组织和个人为居家老年人提供生活照料、医疗护理、精神慰藉等服务。鼓励和支持城乡社区社会组织和相关机构为失能老年人提供临时或短期托养照顾服务。

三是推进老年宜居社区建设。提倡在推进与老年人日常生活密切相关的公共设施的改造中，适当配备老年人出行辅助器具。加强社区、家庭的适老化设施改造，支持贫困、残疾、失能、高龄、独居等有特殊困难的老年人家庭进行无障碍设施建设和适老化改造。将各类养老机构和城乡社区养老服务设施纳入绿色建筑行动的重点扶持范围。

四是不断深化敬老月活动，各级党委和政府应继续坚持每年组织开展走访慰问困难老年人的活动。发挥基层服务型党组织和工会、共青团、妇联等群团组织以及城乡基层社会组织的优势，经常开展为老志愿服务活动。大力开展宣传教育活动，推动敬老、养老、助老教育进学校、进家庭、进机关、进乡镇、进社区。

五是支持县城公共交通为老年人提供优惠和便利，综合考虑老、弱、病、残等重点乘客的出行需求，有条件的公共交通场所、站点和公共交通工具应加快无障碍设施建设和改造，在醒目位置设置老年人等重点人群服务标志，开辟候乘专区或专座，为无人陪同、行动不便等有服务需求的老年人提供便利服务。

六是鼓励通过基本公共卫生服务项目，为老年人免费建立电子健康档案，每年应为65周岁及以上的老年人免费提供包括体检在内的健康管理服务。

七是对符合条件的低收入家庭老年人参加城乡居民基本医疗保险所需个人缴费的部分，应由政府给予适当补贴。

八是加大推进“医养结合”力度，鼓励医疗卫生机构与养老服务融合发展，应逐步建立完善医疗卫生机构与养老机构的业务合作机制，倡导社会力量兴办“医养结合”机构。切实落实“专家下基层坐诊”等措施，提高基层医疗卫生机构及康复医院为居家老年人提供医疗服务的能力。推进家庭医生签约服务。

九是鼓励重庆市三峡卫生学校新建一个培训基地（建议在朝阳社区老年公寓）每年面向一线护理员、老年人及其亲属开设一定学时的老年人护理、保健课程或开展专项技能培训。

十是老年教育资源向老年人公平有序开放，减免贫困老年人进入老年大学（学校）学习的学费。提倡乡镇（街道）、城乡社区规划老年人学习场所，提供适合老年人的学习资源。支持老年人开展文体娱乐、精神慰藉、互帮互助等活动，鼓励和支持为乡镇（街道）、城乡社区综合服务设施、为老服务机构和组织因地制宜配备适合老年人的文体器材。

5.5.3 严格规范质量管理

发展养老服务业，关键是提升养老服务质量，其中重中之重就是要补齐质量短板，以标准化建设促进养老服务质量的提升，正在征求意见的国家标准《养老机构服务质量基本规范》（以下简称《规范》），就是我国养老服务质量标准体系建设的重要一环，也是我国养老机构服务质量的重要判定“依据”。此次征求意见的国标内容十分“丰富”，针对养老服务机构提供的服务，从咨询、膳食、生活照料、老年护理、协助医疗护理、医疗、康复保健、心理（精神）支持、安宁、休闲娱乐、教育、委托、环境卫生、洗涤、维修、通信16个方面提出了服务的内容与质量要求：

一是要求养老机构提供通信服务，通过电话、网络等不同通信手段，协助老年人联系相关第三方。如果老年人通信交往困难，养老机构应指定专人进行协助，并做好记录。

二是养老机构应根据老年人的需求，建立老年人评估机制，依据评估结果，提供相应的服务，制订个人服务计划。养老机构应与老年人签订服务协议，老年人应确定委托人，并与委托人签订委托协议。

三是要求养老机构应公开服务项目和收费标准。工作人员应做好服务记录，记录应及时、准确、完整，字迹清晰。养老机构应制定投诉处理相关制度和流程，并公开投诉电话和负责人电话。接到投诉时，应向投诉人深入了解相关事项细节，并由机构相关部门按照政策规范给予答复，在10个工作日内向投诉人反馈相关处理情况或处理意见。

四是要求养老机构的活动场所应布置合理，清洁整齐。冬季室内温度应不低于18℃，夏季室温不高于28℃。养老机构应设有垃圾专门存放区域，并分类管理。医疗垃圾应使用专用容器或包装袋，并设有标识。公共区域和活动场所应配置座椅、健身设备、照明设施。

五是要求养老机构所有提供服务的人员应按照法律法规及行业要求持证上岗，并掌握相应的知识和技能。各类专业技术人员应建立专业技术档案，定期参加继续教育。

六是关于生活照料服务，工作人员应进行职业技能培训，并具备相应的服务能力。在服务过程中应配备能够提供相应服务的环境和设施设备，确保环境安全，注意保护老年人的隐私。

在养老服务质量管理方面，奉节县民政局已经成立了养老福利机构服务质量建设专项行动领导小组，一直坚持依据规章制度严格督查管理，从养老院的运营管理、生活服务、健康服务、社会工作服务、安全管理等方面，坚持开展质量大排查、大整治，推进了养老院服务质量的大转变、大提升。总之，标准化服务和规范化管理是确保服务质量的根本。时代在发展，养老观念在改变，养老技术在创新，但不变的是“老人至上”的服务理念，不能变的是以需求为导向、持续加强养老行业标准化建设的方向。为了积极适应养老服务行业发展的新趋势、新要求，应努力建立适合奉节县社会经济发展、满足多样化养老服务需求、及时动态更新标准内容的养老服务标准体系，为全面提升养老服务质量做出更大的贡献。

总之，奉节县养老服务标准化应紧紧围绕改善老年人服务水平开展工作，引导养老服务向标准化、规范化方向发展。切实提升服务能力，维护老年人、服务提供者和消费者的合法权益，不断提高老年人的生活质量，促进社会的和谐发展。

5.6 规划培养养老服务业人才

为及时、科学地应对人口老龄化，全面提升养老服务人才专业化、职业化水平，推动奉节县养老服务业加快发展，当务之急就是要不断发展壮大养老服务人才队伍。根据《国务院关于加快发展养老服务业的若干意见》（国发〔2013〕35号）、教育部和民政部等九部门《关于加快推进养老服务业人才培养的意见》（教职成〔2014〕5号）、重庆市人民政府办公厅《关于全面放开养老服务市场提升养老服务质量的若干意见》（渝府办发〔2017〕162号）等文件精神，现就奉节县如何规划培养养老服务业人才做如下分析：

5.6.1 规划培养养老服务业人才的重要意义

截至2017年年底，奉节县60岁及以上的老龄人口已突破19.32万人，占总人口的18.12%，并且每年以4.5%左右的速度递增；80岁及以上高龄老年人口约2.63万人，占老年人口的13.65%；失能或部分失能老年人口约1.65万人，占老年人口的8.5%；空巢老人和失智老人也不断增多。而目前奉节养老服务业人才却比较紧缺。目前，全县在一线从事老年照护工作的服务人员中仅有1人是护理专业毕业的，其余基本上都是能够吃苦耐劳的就业比较困难的人员。

养老服务在面临劳动力“断层”和需求“壕沟”之间的巨大差异的同时，奉节县养老从业人员仍然呈现社会地位低、学历水平低、收入待遇低，劳动强度大、平均年龄高、流动性强等特征，这与加快奉节发展养老服务业的要求极不适应。加强养老服务人才队伍建设，规划培养养老服务业人才，对于提高养老管理服务水平、加快养老服务业发展具有重要意义。为此，有必要按照“政府引导、分类培养、规范管理”的思路，以推进养老服务人才专业化、职业化发展为目标，进一步建立养老服务人才吸引培养、登记注册、教育培训、薪酬待遇、激励评价等机制制度，努力打造一支规模适度、结构合理、素质优良、尊老敬业的养老服务人才队伍，为养老服务业的快速发展奠定坚实的人才基础。

5.6.2 规划培养养老服务业人才的措施

5.6.2.1 大力培养养老护理人才队伍

采取吸引与培养相结合的方式，加强对机构养老护理员、居家养老护理员、失智老人照护员队伍的建设，提升养老护理人才职业技能和照护能力，包括提升为老年人提供日常健康监测、基础护理、心理疏导、康复训练、精神慰藉等服务的能力。

一是在重庆市三峡卫生学校招聘适量护理专业学生，承担失能、失智老人的基础护理工作，为老年照护行业培养后备人员，促进老年照护行业队伍的专业化、年轻化。

二是加强养老护理人员在职培训和职业技能鉴定工作，鼓励养老护理人员参加继续教育，借助“医养结合”契机，尽早吸引医院护理人才积极定期参与培训指导。同时，应加大各养老服务机构培训培养自身在职员工的力度，如通过建立每周统一查房制度、定期交流学习等方式逐步提升服务人员的实践技能。

三是支持养老护理知识技能进家庭、进社区活动，为失能、失智老人家庭护理人员开展照护知识和技能培训，逐步将其家庭护理人员（子女亲属）吸纳到养老护理人才队伍中，从事老人生活照护工作。

四是尽早在行业内组织开展养老护理技能大赛，推出优秀护理员参加重庆市的行业技能大赛，以此不断提升从业人员的技能素质。

五是对养老照护人员进行分类分层设计，统一纳入行业规范管理，制定相应的岗位标准及薪酬、专业、技能政策。

5.6.2.2 逐步全面发展服务人才队伍

针对高龄老人，特别是失能、失智、半失能老人的照护需求，科学设置养老服务的岗位与职责，发展壮大相应的医疗保健、康复护理、营养调配、心理咨询、技术培训、能力评估等方面的养老服务人才。鼓励各类养老机构、社区养老服务站通过专业培养、人才吸引等途径，全面发展养老服务人才。

一是鼓励医护人员到“医养结合”机构执业。逐步适量引进老年医学、康复治疗技术、护理等专业方面的人才，培养他们成为行业的业务骨干。

二是重视营养、心理、社会工作等专业人才的需求，填补目前的空缺。

5.6.2.3 规划培养养老管理人才队伍

目前各单位负责人的年龄、资历参差不齐，管理人员的管理水平也十分有限。建议重视规划培养养老管理人才：

一是加强对养老机构院长、社区养老服务站站长、社会组织负责人以及各机构管理人员等负责人的培训培养，一方面是养老服务理论和实操培训，另一方面是培养熟知养老行业法律法规、熟悉养老机构管理模式、了解养老运营业务流程、懂得养老服务质量控制的人才。

二是做好实施养老管理人才备案制度，定期组织开展养老服务、市场营销、安全管理等方面的培训会、研讨会，着力打造一支高素质、懂养老、善运营的养老管理人才队伍。

5.6.3 建立养老服务人才职业体系

5.6.3.1 扩大来源渠道

在稳定现有养老服务人员队伍的基础上，进一步扩大养老服务人才的来源渠道，鼓励卫生专业技术人才转岗养老行业，鼓励家政服务人员、医院护工和城镇就业困难人员从事养老服务，鼓励养老服务、医学护理等相关专业中职毕业生到养老行业就业，鼓励退休医务工作者、低龄老年人参与提供为老服务。

5.6.3.2 完善职业发展体系

支持养老服务机构加强岗位管理，细分护理、专业技术、管理等不同类型岗位，鼓励通过多岗位锻炼培养高级复合型养老服务人才，帮助养老护理员提高综合素质和能力，做好职业生涯发展规划，进一步增强养老行业岗位的吸引力。探索走出一条招得进年轻人，留得住中年人，按岗位与工种区别对待、差异化管理，达到提升护理员队伍的职业素质的目的，但这需要各相关政府职能机构携手制定切实可行的方案。

5.6.3.3 建立登记制度

对养老服务从业人员实行全县统一登记管理，全面如实记录从业经历、从业年限、服务对象评价、参加培训经历、投诉处罚等情况，建立养老服务从业人员信用评价体系。该职业实践性很强，应注重规划培养一线的成熟技能人才。建立养老服务从业人员年度报告制度，逐步实现养老服务从业人员的规范管理。

5.6.3.4 培育职业道德

加强职业道德建设，将德和孝作为养老服务从业人员的职业素养。应将尊老、敬老的孝道文化纳入继续教育的内容之中。养老机构选聘录用从业人员时，优先聘用尊老、爱老、孝老，热心为老人服务的人员。同时，规范养老行业从业人员的职业行为，重点从仪表着装、体态语言、服务流程、服务标准等方面予以规范，为老年人提供更加优质、更加贴心的养老服务。

5.6.4 进一步提升养老服务人才的社会地位

5.6.4.1 提高养老服务工作的社会认同度

对一项服务于广大民众的职业，如果他的职业难度、强度、专业特性不被认可，势必会造成各级领导对其重视不够、对其管理不到位的情况。对于养老服务工作，尤其是照护失能、失智老人的“技术性、专业性”等职业特性势必会引起各级政府层面的高度重视，因此统一对养老服务工作专业特性的认识、提高养老服务工作的社会认同度既是提升养老服务人才社会地位的先决条件，更是提升服务质量的必备条件。

5.6.4.2 依法保障劳动权益

加强劳动保护和职业保护，养老机构、社区养老服务站应当与养老服务从业人员依法签订劳动合同，建立劳动关系，参加社会保险。落实员工带薪休假、轮休制度，依法保障养老服务从业人员的合法劳动权益。优化工作环境，每年为养老服务从业人员提供免费的体检机会。

5.6.4.3 提高薪酬待遇水平

根据经济社会发展状况，稳步提高养老服务从业人员的薪酬水平，推动养老服务行业平均薪酬待遇原则上不低于上年度奉节县服务行业的平均工资水平。对长期从事养老护理服务工作的，酌情按从业年限适度上调薪酬待遇，同时，尽早完善职业技能等级与养老服务人员薪酬待遇挂钩的机制。

5.6.4.4 完善激励评价机制

对于优秀养老服务人才，优先给予深造学习机会、优先推荐奖评等。建立养老机构、社区养老服务站星级评定机制，将养老服务从业人员登记注册、职业技能、参加教育培训等规范管理情况与星级评定相挂钩。同时，建立养老服务行业社会评价机制。

综上所述，在养老服务业人才队伍不断发展壮大的今天，只要认识到位、行动到位、制度到位，多管齐下，狠抓服务质量，养老服务人才的专业化、职业化水平的全面提升指日可待。

6 交流借鉴平台

6.1 国外养老服务模式及发展趋势

随着时间的推移，全世界开始进入人口老龄化的阶段，都面临着养老的巨大社会难题，但是中国的老龄事业方兴未艾，而国外一些发达国家则已发展得相对完善。他们虽然也面临着养老的挑战，不过他们有很多好的经验，值得我们去了解、学习、借鉴。

6.1.1 澳大利亚的养老模式

澳大利亚的养老服务主要依靠保险。保险分两部分，一种是私立，需要付费或者由商业保险负担，选择这一部分的老年人各种服务都能享受到；另外一部分就是公立的养老服务，覆盖每个人，针对非常贫穷的家庭，所有的公立服务的费用由政府全部买单，针对收入更高一点的人群，会支付部分的费用。总之，养老人人有保障。

澳大利亚建立了全国统一的养老服务评估制度，根据评估对象不同的健康状况与经济状况，实行不同的经济补贴。评估制度共分 8 个等级，8 级为最高，每天可享受 100 澳元左右的政府资助。低收入老年人入住养老机构，只需将 85%的退休金交给机构，其余不足部分由政府全额补贴。

澳大利亚属于发达国家，具有完备的老年人社会福利体系，建立了“递进式”的养老服务机制，使不同年龄、不同健康状况的老年人，在各类养老服务模式的照料下，各得其所，安享晚年。

在澳大利亚，政府大力支持老年人居家养老，很多政策向居家养老倾斜，所以约有百分之九十的老人在家接受居家养老服务。但是随着老年人年龄的增加和健康状况的改变，政府设计了“递进式”的机构养老模式，形成了兜底的养老“链接”，让高龄体弱的老人减少了很多后顾之忧。

第一是老人村，也就是老人社区。社区里的住房都按照养老住宅建筑标准设计，并按规定配备一定的医疗与为老服务设施。老人村由社会组织运行，政府给予一定的支持。但入村的老年人，必须有独立的生活自理能力。

第二是老人宿舍，类似于一般的养老机构。住在老人村的老年人生了病，生活自理能力减弱后，就由政府负责，把其转移到适合的老年宿舍，由护理人员照料其日常生活。据介绍，全澳大利亚共有老人宿舍数千家，入住老年人十多万人。这些养老机构，全部由联邦政府出资建造，社会组织运行。

第三链接是老年人护理中心，也即护理型养老机构。老年人在老人宿舍生了重病后，先去医院救治，病情稳定后由政府帮其转到老年人护理中心养护。护理中心大多由社会力量创办，政府给予补贴。中心由经过注册的护士，24小时为入住老人进行护理，包括用餐、穿衣、洗澡、大小便、移动等。

澳大利亚这种“递进式”的养老模式，在政府的主导与资助下，保障了老年人养老的安全性，但这种太过于“技术性”的操作也带来一些副作用。这种“递进式”的层层转移，会给老年人带来心理压力，似乎一步一步在向“死亡”接近。据了解，为改变“递进式”养老的负面效应，澳大利亚正在探索综合型养老的模式，让老年人最后的“旅程”，少一些阴影，多一些阳光。

6.1.2　荷兰的养老模式

根据荷兰生命科学研究院（TNO）的调查，最有可持续性的养老模式，是让老人尽可能长地保持健康和积极的自理生活（包括部分失能、失智老人），直到高龄，身体机能衰竭，最后没有痛苦地很快过世。因此机构注重的，是如何平衡老人的运动和营养，积极训练老人的自理能力，增加其社交活动，而不是让老人长期卧床，让护理员伺候。这样的生活方式对老人而言无比痛苦，对机构及其家庭而言也是不堪重负。

6.1.2.1　*荷兰养老的 8 种模式*

荷兰养老模式是在“活”和“乐”两个字上做文章。世界上有一个著名的评价养老和医疗产业的排名叫 SCT 排名，从 2005 年起，荷兰的 SCT 排名一直都在前三名，2014 年的排名荷兰是第一。

（1）居家养老

居家养老即居家护理，其常见方式是每天上门服务 0.5 到 2.5 小时。服务内容主要分为家政服务、护理服务和辅助医疗服务（如康复、激活等），由于无管理人员监督，机构成败关键在人，因此对人的专业素质和道德水准要求很高。

实际上不管是在荷兰还是在中国，80%的老人是不愿意离开自己的家和自己的社区的，居家养老以及社区日托或者微社区的微机构嵌入式一定也是未来中国养老的主打方向。

（2）失智症老人日托中心

该中心又称失智症干预激活中心，由荷兰首创，是荷兰阿姆斯特丹大学在20年前首创，现在也已经推广到了很多国家，它的特点就是失智症早期的老人可以到那里做干预和激活的训练。

优点：日托中心对场地要求小，一个400平方米的场地足够容纳30个老人，选址只需在社区中心或附近，停车及交通方便即可。日托中心的主要服务内容是引导老人自理生活，同时做很多激活训练，因此人员配比小，1~2个专业人员可以照顾10~12个老人。

弱点：在荷兰接送老人由于要用特种车辆，接送成本较高。如果法律不规定特种车辆，则无此顾虑。

（3）康复中心

80%的康复中心的服务对象都是老人，该中心有一个很大的特点，就是流程控制特别厉害，你进去的时候他告诉你6个星期以后你就能回到家里或者回到工作岗位了。主要是运用很多功能性的色彩，形成一种隐性催眠的环境，让你的身体一进到那个环境里面就激发出一种自愈的功能，使你好得更快。

（4）护理宾馆

护理宾馆是可以提供护理服务的宾馆。主要对象是如术后、大病后需要静养，但是家里没有条件或者保姆不专业的客户。

优点：护理宾馆对硬件软件要求都很高，不仅要求舒适，空气干净清新，温度适宜，还要求人员不仅要懂护理，而且要有酒店管理的素质。

缺点：由于没有医保覆盖，必须有很高的入住率才能保证盈利。目前正好探索如果康复中心和护理宾馆能够整合，倒不失为一个好的经营模式。

（5）智障老人住宅

智障老人住宅的特点是“小住宅、大世界”，这种住宅针对各个阶段的失智症老人，每个老人有自己的卧室，8~9个老人共用一个大起居室。老人在专业人员的引导下过集体生活，一起做力所能及的家务如洗衣做饭等。有规律的集体生活可以大大减缓智障进程，保证老人的生活质量，减轻家人的负担。

优点：这种模式对建筑的要求较低，因为其是家的衍生，不是医院的衍生。智障老人只要引导得当，是可以恢复自理能力而不需要护理的。

缺点：由于24小时轮班，因此要盈利则必须有相当数量的老人。这种模式被其他国家，如日本、法国普遍借鉴。

（6）传统护理院

传统护理院主要针对低收入阶层，在欧洲属于“托底”的机构，有保险覆盖，有国家政策扶持。因此这种护理院收费低廉，能够为老人提供基本的护理服务，其配置属于医院的衍生。

（7）高端私立养老院（公馆）

专门为有身份地位、财力雄厚的老人打造。高端私立养老院（公馆）对软硬件的投资都很高，如餐厅由米其林星级厨师打造，收费也很高，需要2 500~5 500欧元/人/月。这种高端私立养老院的特点是小而精：20~40套公寓（3 500~5 500欧元/人/月，俗称金带公馆），40~80套公寓（2 500~3 500欧元/人/月，俗称银带公馆）。

（8）适老性住宅

适老性住宅主要为还能自理的中产阶级老人打造，全部供出租。除粗装修（地板，墙体刷白，整体厨卫）外，全部采用无障碍设计，配备完整的监控和警报系统。因为是住宅，因此没有医疗服务，只有物业服务（警报、监控、洗衣、收发快递、送餐等，均是额外收费服务，或包含在每月租金中）。但是适老性住宅和医院、居家护理机构联系紧密，如果老人突然患病，可以很快地将老人送至医院，或者让居家护理机构上门服务。

6.1.2.2　对比分析

（1）荷兰养老模式的成功经验

一是具有治疗功能的环境。专业的适老家居，有治疗功能的灯光、色彩、香氛，专业家居和专业人员的互动能够形成一种类似于“隐形催眠”的效果，让老人在不知不觉中接受“理疗”。

二是吃得好，有好的就餐环境，服务亲切。即使吃一碗简单的面，也要铺上美丽的餐巾纸和像样的餐具，给老人优雅和有尊严的生活，这是基本原则。

三是欢迎大家都进来玩，把社区和卖场请进来。

四是给失能、失智老人量身定做激活训练。

五是坚持理疗和康复训练。

（2）荷兰做法

荷兰的做法是先分析目标市场，老人集中在哪里，其数量、健康状况、收入状况、护理需求等；接着决定设立何种模式的养老机构（居家、日托、康复、护理院等），然后选址及设计，设定服务产品、价格和管理架构；最后招收员工进行培训。荷兰的养老机构在设计期间就开始前期销售，机构在开业前就已经有大批潜在客户了。

实践证明，老人最愿意为软件支付费用，即服务，而不是硬件。机构的盈利点在服务。服务包括：健康管理、家政服务、物业服务。其中健康管理是重中之重，是核心，也是老人最愿意支付的服务。健康管理不是靠雇几个医生护士就能实现的，它包括保健、养生、饮食、安全防护、康复、理疗和医疗手段、健康档案，以及针对失能、失智的专业护理和激活训练、心理治疗等需要全体人员参与的专业服务。

（3）中国传统做法

中国传统的做法是在郊区拿一块地建养老院，配备大量的员工，然后招收老人入住。这种做法通常的结果是：老人觉得离家太远不愿入住，机构空置率高，成本居高不下，盈利艰难，不能良性发展。

6.1.2.3 结合实际，吸取经验

总的来说，应将老人的需求和体验永远放在第一位。硬件和管理流程应全部建立在老人的需求之上。

一是关于软硬件。无论是哪种养老模式，选址太重要了。实践证明，老人不喜欢被“隔离和抛弃”的感觉，因此欧洲此前尝试过的度假式养老、养老城等全都失败了，所以选址要能适应，能应对老人不断发展的护理需求。软件：老人最看重的不单单是员工的医护水平，更看重的是员工对待老人的态度。因此好的人事管理，持续不断的培训培养非常重要。

二是关于价值观。对待老人全体员工要有四心：热心、爱心、信心、耐心。只有安全和高水平的专业服务才能赢得老人的信任。

三是关于高科技。应运用大量的ICT设备，以减少人工配制，提高老人的安全感。

四是关于可持续性。养老机构的耗损较大，不仅是在家具、设备、器材方面，而且在能源消耗方面也很大。因此在设计阶段就要考虑到这点。使用耐用的设备和节能技术，虽然增加投资成本，但是这种投资是可以在数年内收回的。

6.1.3 加拿大主流养老模式

加拿大的养老模式分为三种：省政府半公立型长期护理院、私人养老院和居家养老。半公立型长期护理院以安大略省的模式为主。很多加拿大人都了解和选择前两种养老形式，但由于加拿大老龄化严重，婴儿潮出生的老人已进入退休年龄，政府财政吃紧，所以省卫生部逐渐加大居家养老的资金投入和推广，这种形式比较符合中国国情。

6.1.3.1 半公立型长期护理院

在加拿大经营省政府半公立型长期护理院需要政府发的牌照。政府卫生部会根据各个护理院所获得的牌照床位数和入住老人需要护理的难度分发资金。所资助的项目有全部护理费用、饮食、娱乐，大约每人每天120加元。老人自己负担住宿和杂费，大约每人每天付54加元。如果老人的最低工资无法负担每天54加元，政府会根据个人财政状况补贴差价。住房一般分为标准间（2~4人/间，54加元），双人间和单间。如果选住双人间或单间，另外要交10~20加元/天的附加费。由于安大略省拨款的床位有限，并且监管严格，只有满足护理要求的老人才能入住这种养老院。省政府专门设置一个健康评估机构（CCAC）。这个机构根据老人的申请和医生的推荐对每位申请人进行健康护理评估，只有符合要求的老人才能入住这种省政府半公立型长期护理院。入住的人绝大部分是老人，但也有少数年轻（18岁以上）但需要长期护理的病人，有点像我国的长期住院部（在国内长期住院的主要是精神病患者）。

6.1.3.2 私人养老院

私人养老院则是老年生活的另一种选择。这种养老院主要适用于生活自理程度较高的老人。入住这种私人养老院没有门槛，能负担得起即可。根据私立养老院的质量和位置，其价格差别很大。一室一厅4 500~5 500加元/月甚至更高，单间3 200~5 000加元/月，双人间2 300~3 000加元/月。上述价格一般包括：住宿、三餐、二次点心、娱乐节目、每天一次卫生打扫和清理房间、每周一次床单浴巾的清洗。护理费用根据个人需要和护理长的评估另算。

私人养老院也根据提供护理服务和老人需求的不同，进一步分为协助生活、独立生活、老人公寓、失忆护理几种形式。有的养老院只提供其中一种服务，有的养老院会提供几种不同的服务。一般说来，这几种不同的护理方式会分散在不同的楼层。比如说，独立生活的老人不和协助生活的老人住在同一楼层。

一般私立养老院都提供24小时护士服务和医生上门诊治服务，房间有独立的带淋浴的卫生间，每个房间有紧急呼叫系统 。很多养老院都有健身房、游乐室、小型图书馆、私人会客室和私人餐厅以便家庭团聚就餐，有的高档养老院还有游泳池。

加拿大的私人养老院营业利润都很不错，一般为35%~50%。适龄75岁老人中每100人有5~6人入住这种私立养老院，平均年龄86岁。加拿大卫生部对私立养老院的监管很严格。检查人员会不定时上门抽查，不合格便勒令更改、停业。

6.1.3.3 *居家养老*

居家养老可以是公私结合的。所提供的服务包括护理（洗澡、换药、量血压、血糖监控等）、陪伴、做饭、打扫卫生、协助购物等。上门服务的都是受过专业训练的服务人员和护理人员。居家护理也在 CCAC 的评估范围之内，符合评估的政府则提供服务费补贴，按时间计算。现在因为安大略省卫生部资金吃紧，基本服务都以 15 分钟为一个单元。有些老人入住私人养老院也能符合这种居家服务补贴标准。

6.1.4 美国养老模式经验借鉴

美国老年人口同世界上许多国家一样，正呈现出快速增长的趋势，养老问题越来越成为社会的一大难题。目前，美国老年人的主流养老模式主要有居家养老、社区养老和公寓式养老三种。

6.1.4.1 *居家养老模式*

在美国，居家养老模式是主流的养老模式之一，也是国际跟踪研究发现的最为人道的养老方式。我国老年人口众多，在“家庭养老”及“养儿防老”等传统观念下，我国老年人更愿意选择在熟悉的生活环境中安度晚年。因此，居家养老应是中国今后发展的大趋势。美国的居家养老经验告诉我们，政府应对居家养老持鼓励态度，给予居家养老的老年人一些优惠政策，如适当支付护工的费用、家庭购置老人医疗器械可以减税等，为老年人在家中养老提供良好的政策条件。

美国的家庭护理员制度支持了“居家养老模式”，真正有品质、有保障的养老必须做到物质保障、照料保障、医护保障和精神保障“四位一体”。家庭护理员介于家政服务员与专业护士之间，主要工作就是照顾住在家里或住宅式护理中心的孤独老人、伤残老人、慢性病老人等。例如，在纽约每个区都设有一个护理中心，护理员由该中心管理调配。中心根据老年人的健康状况与自理能力，决定护理员在服务对象家服务的天数。一般情况下，老年人健康情况尚好，又有自理能力的，每周安排 3 天，护理员上午 8 时上班，下午 6 时下班，每天工作 8~12 小时；如果出现急病或意外伤害，护理中心会调整护理员工作的天数；对于健康情况不佳又没有自理能力的老年人，每天均有护理员陪伴在他们身边。每天护理员到服务对象家上班时，即在那里打电话向护理中心报到，说明已经到达服务对象家。同时护理中心的管理人员还经常到服务对象家了解护理员的表现，并征求服务对象对护理员与护理工作的意见与建议，对于业绩好的护理员及时予以表扬与奖励，对于表现差的护理员给予适当的批评、教育或处罚。护理员的工资一般每小时6~12美元，工资由护理中心支付，服务对象不需要付钱。

6.1.4.2 推进建成适合不同消费群体的老年公寓

中国可以借鉴美国老年公寓养老模式的经验，大力推进建成适合不同消费群体的老年公寓。老年公寓要有满足老年人基本生活所必需的基础设施、医疗护理服务等，同时还要开设一定的文化娱乐活动，以满足老年人的精神需求。老年公寓的入住条件可以适当放低，按照老年人的收入水平分为高、中、低三档，以满足不同层次的老年人的需要。为保障经济困难的老年人的养老服务需求，老年公寓的数量应向中低档次倾斜，并向这部分老年人提供养老服务补贴。因此，建议我国应根据老年人的不同收入层次、不同健康级别，建立分层次、分级别的老年公寓养老模式。

6.1.4.3 大力发展社区养老，充分发挥政府的主导作用

美国的社区养老是“品质养老”的典范，我国可以借鉴美国专门建设的“退休社区”养老模式来大力发展社区养老，为老年人提供上门家政服务、日托服务、康复介护服务等，以此来满足老年人对日常生活、医疗保健以及社会参与等各个方面的需求。通过这种养老方式，把有共同爱好的老年人聚集在一起养老，可以提升老年人的价值认同感和归属感，从而提高老年人的养老质量。

在完善我国多层次、多元化养老模式的过程中，政府应主动承担对经济困难的老年人的保障责任，采用适度补贴的方式为低收入老年人的养老兜底，以保障老年人基本的日常生活护理和医疗护理需求。应充分发挥政府的主导作用，从补贴制度、政策法规制定等方面给予困难老年人多方位的支持。

全球社会对“社区养老”逐渐达成共识，打造“养老社区”成为趋势。首先，在居家养老服务体系建设方面，美国积累了丰富的经验。其社区具备了强大的助老功能，使得美国老人能内安其心、外安其身，实现“安养—乐活—善终”的老年生活目标，所以多数美国老人选择社区养老模式。美国的社区居家养老服务有几种做法：

一是全托制的“退休之家”。“退休之家”的设施包括了医务室、图书室、计算机室、健身房、洗衣房、紧急呼叫系统等，服务包括了就餐、打扫房间、组织活动、出行安排等。

二是日托制的“托老中心”，这种居家养老服务白天在中心活动，晚上回

家休息。中心同样设施完备，并提供星级服务。起居室一人一床，一人一房，还有阅览室、保健室、活动室等。老年人除了不用为一日三餐操心外，还可以阅读、交友、制作手工艺品，以安度晚年。

三是组织“互助养老”。让老年人结伴认对、互助养老。

四是提供上门服务。美国政府有一个福利性居家养老项目，即由政府财政出钱，派家庭保健护士为有需要的老年人提供服务。家庭保健护士不同于保姆，她们不仅要为老年人做饭、洗衣、打扫卫生，还得有护理知识。但前提是美国公民，有永久绿卡，才能享受这些待遇。移民美国的中国老人，一般是通过儿女申请拿到绿卡。老人居住年满加入美国国籍之后，就能享受美国老人们的一切待遇。

6.2 养老服务案例分享

6.2.1 “医养结合”养老模式典范——重庆青杠老年护养中心

重庆医科大学附属第一医院青杠老年护养中心（简称青杠老年护养中心）是由重庆医科大学附属第一医院投资兴建，国家发改委批准、正在运行的全国第一家大型公立医院主办的养老机构，全部建成后，将成为集养生文化、康复理疗、医疗护理、休闲娱乐等功能于一体的重庆市首家大型五星级综合性养老机构。

青杠老年护养中心位于重庆市璧山区青杠，距主城区 26 千米，占地面积 1 073 亩（1 亩≈666.67 平方米），设置养老床位 3 000 张，医疗床位 1 000 张，由普通护养区、临湖护养区、临湖疗养楼、学术交流中心、老年医院、护理职业学院等组成，分五区三期建设。中心依托重庆医科大学附属第一医院精湛的医疗护理技术、先进的仪器设备、优秀的管理团队，秉持“健康、养生、文化、护养”的服务宗旨，以一流的设施、一流的环境、一流的服务、一流的管理，成为老人安享晚年的幸福乐园。

重庆青杠老年护养中心在成立之初，对中心的定位是专业的养老机构。但他们很快就意识到这种经营管理方式有很大的不足：老人们随着身体机能的退化，难免患病，对于身体已经因为疾病等原因造成失能或半失能的老人们，更需要医疗方面的支持。虽然中心是依托于重庆医科大学附属第一医院成立的，护养中心最初的护理人员也有很多都是护士，但这是远远不够的。加上国家一再倡导养老康复机构“医养结合”，护养中心的领导层经过缜密的思考和精细的筹划，一致认为“医养结合”的先决条件是“医”，只有老人的医疗条件得到保障，才能更好地护养他们。

因此护养中心利用重庆医科大学附属第一医院自身的资源优势，结合机构的特点，决定成立护理院。2011 年 8 月 29 日，青杠老年护养中心获重庆市卫生局批准设置老年护理院——重医一院护理院。这是重庆市首家护理院，也是全国大型公立医院下属的第一家护理院。养老机构内设置护理院，是“医养结合”新型养老模式的一种方式。该护理院共设置床位 500 张，开设全科如医疗科、内科、外科、妇科、急诊科、康复医学科、中西医结合科、临终关怀科等，为老年患者提供长期医疗护理、功能康复等服务。具有以下优势特色：

6.2.1.1　医、护、养结合

重医大附一院青杠老年护养中心突破了传统养老思维，开创了集“医、护、养、康复”于一体的养老新模式，为缓解社会养老压力开辟出了一条全新的路径。

该老年养护中心于 2012 年 2 月开始试运行，首先接收“体验式”入住的老人有 70 多人。依托重医大附一院的资源优势，该中心实现了医疗、护理、养老、康复的全程无缝连接，除了养老服务，入住的老年人还可以在中心享受到医疗、护理和康复的“一站式”服务。在这里，老人可自由选择标准间、单间、套房等不同标准。费用按照房型进行划分，标准间每月只需 3 000 余元即可入住，该费用包括除伙食和医疗费用外的所有护养费用。

护养中心每层楼都分区配有护士站，每天有医生、护士和经过医院专业培训的护理员来照料老人。对于一些有身体疾病的老人，中心还开设有专业的康复治疗区，让老人可以一边康复一边疗养。同时，在医疗方面，重医大附一院在护养中心开设有与老年疾病相关的学科，为中心住养的老人提供权威的健康支持。当老人出现躯体疾病时，便可立即转到医疗区，相关专业的医师便可立即为老人制定最佳的治疗方案。随着医保对医疗区的全覆盖，进入医疗区治疗的老人，可享受医保相关政策待遇。

除此之外，重医大附一院还为青杠护养中心开设了“绿色救治通道”，当护养中心的老人出现了严重的病情，需要更进一步的治疗时，24 小时待命的救护车可在第一时间将老人转往重医大附一院本部，相关科室会无条件提供床位，保障老人的安全和健康。在养护方面，该中心每月将对老人的身体状况进行评估，给家人提交健康报告，同时提供专业的医疗、康复和保健服务。

6.2.1.2　独特优势

青杠老年护养中心自 2012 年 2 月开始试运行以来，不断完善、发展壮大，立足于打造具有独特优势的格局。

一是独特的探视系统。老人家属可以通过用户名和密码进入重医大附一院青杠老年护养中心的探视系统，在探视界面输入房间号或老人姓名及身份证号，便可以看到老人房间的视频画面，而且还能与老人直接进行语音通话或视频语音双向通话。而老人则可以通过控制前端摄像机电源开关，对摄像机、网络视频服务器进行启动与停止，来实现老人对隐私的要求。

二是不断美化活动空间。为了给老人们提供充足的活动空间，增加养生乐趣，护养中心不惜耗费大量的空间来打造园林景观，枇杷树、橘子树、杧果树、龙眼树等果林让老人可以享受到收获的快乐。新建的护理职业学院紧临护养中心，其运动设施、休闲娱乐设施、园林景观也将与护养中心共享。在学校的规划中，还特地将运动场的看台设计为适合老年人的坡度，希望他们能感染学生的青春气息，让晚年生活充满活力。

三是优化环境。护养中心工作人员细心地将门牌用色彩鲜艳的水果、鲜花、动物等作为标识，方便老人记住自己的房间；为了减少擦挂与撞伤，房间内所有的家具都采用圆弧形倒角；室内采用防滑地板，马桶旁和淋浴室设有防滑护栏；淋浴室设置沐浴专用凳，冷热水开关标识也十分醒目；卫生间与室内连接处采用缓坡无障碍设计；无线定位系统、24 小时应急呼叫系统，只要在园区范围内就可以通过无线定位找到老人，老人遇到突发状况时，只需轻轻按下应急呼叫系统，马上就会有专业医护人员进行救助；房屋的过道均采用防滑地板，并在走廊两侧设置扶手；过道宽敞明亮，电梯均为无障碍医用电梯，推床可以自由进出；步梯的踏面加宽，梯步的高度设置得更缓，楼梯的护栏采取高矮双杆设计；楼栋之间用空中连廊相互连接，组成一个四合院，让楼栋之间相互联系，并在空中连廊上摆上植物与桌椅，增加活动休闲空间。

6.2.1.3 注重人文关怀

“专业、细心以及具有人文关怀的护理”，是青杠老年护养中心最大的特色之一。在青杠老年护养中心，护士和护理员 24 小时值班，他们每天除了打针、发药、输液、监测老人身体状况外，还要负责陪伴老人进行一些娱乐活动，熟悉老人的生活习惯、饮食改变情况，甚至调节家庭矛盾。为了防止老人走失和实时监测老人的安全状况，青杠老年护养中心为每一位入住老人提供了无线定位腕表装置，其动静监测功能有效地解决了这一问题。凡是老人到达警界区域，或超过半小时没有动态变化，腕表系统将自动反馈信息，以警示工作人员巡查，预防危险情况的发生。同时这一腕表装置还具有门禁、自主报警、消费等功能，极大地为老人提供了方便。

设置在青杠老年护养中心的康复治疗中心将国外先进的物理治疗、语言治疗、骨质疏松治疗、熏蒸治疗、运动治疗等与中国传统的针灸、火罐、按摩、磁疗等相结合，为老人提供个性化的功能训练、康复理疗，处处彰显着专业与细心。而所有的医疗服务均纳入全民医保，保证了老人的生活不受影响。青杠老年护养中心还多次引进了专职社工师。这些社工师并非一般的志愿者，专职社工师们按周制订活动计划，每天开展不同的项目、有益身心健康的文化娱乐活动，以丰富老人的精神生活。同时，他们还要承担老人的个案研究，负有心理疏导和排解老人纠纷的职责。专职社工师对老人的心理、生理的积极干预，让老人的夕阳人生过得更加多姿多彩。

6.2.1.4　进一步创新养老模式

养老机构的最大缺点就在于让老人远离了亲情，老人虽然融入了老年人的世界，但在他们的内心却有一种被儿女抛弃的孤独感。为了改变这一现象，青杠老年护养中心创新性地提出了“5+2”的护养模式。在儿女繁忙的工作日，老人在护养中心尽享老年生活，在周末则由护养中心将老人送回家与家人共享天伦之乐。据介绍，护养中心正在计划筹备开通从青杠护养中心至重庆主城区的专线公交车，以方便老人周末回家与家人团聚。

综上所述，重庆青杠老年护养中心具有以下优势特色：

一是全国该养护中心是第一家由大型公立医院主办的养老机构，有强大的医疗支撑保障体系；

二是该养护中心是集医疗、护理、养老、康复于一体的综合养老机构，建立了完善的内部循环转区机制：养老区—慢病康复区—重医一院本部—养老区；

三是设在青杠老年护养中心的“重医一院护理院”成为重庆市第一家纳入医疗保险定点医疗服务范围的护理院，降低了需要照护的老人的医疗费用；

四是该养护中心配有完善的配套生活设施及养老文化娱乐设施；

五是该养护中心拥有先进的全智能化老年服务体系，有无线呼叫定位系统、远程探视系统等；

六是该养护中心拥有一支由医师、护师、营养师、社工师、心理咨询师、护理员、志愿者等组成的专业化、高品质的照护团队。

6.2.2　社区居家养老服务的典范——昆山市全力提升居家养老服务水平

近年来，江苏昆山市始终把社区居家养老服务工作放在统筹推进养老服务体系建设的首要位置，作为保障改善民生项目的重要内容来抓。

6.2.2.1 以社会化推进日间照料中心建设

(1) 推进日间照料中心设施建设

连续四年将新建老年人日间照料中心列入市政府重点实事工程，通过上报进度、现场查看、通报督促等多项工作机制，推动日间照料中心项目的完成。出台《关于进一步推进居家养老服务工作的意见》及《补充意见》，调整居家养老服务对象范围、补贴标准和日间照料中心运营补贴标准。推动转型升级，出台《关于养老服务转型升级资金扶持的实施办法》，首次对民间资本兴办日间照料中心（助餐点）进行建设补贴，补贴对象为符合规划布点要求的民办日间照料中心（助餐点），补贴标准为从建成运营第一年开始连续补贴 3 年。日间照料中心建筑面积在 200 平方米、400 平方米、600 平方米、800 平方米以上的，每年分别补贴 20 万元、30 万元、40 万元、50 万元；助餐点建筑面积在 50 平方米、100 平方米、150 平方米、200 平方米以上的，每年分别补贴 3 万元、4 万元、5 万元、7 万元。该办法的出台，将吸引更多社会资金参与居家养老项目的建设。

(2) 鼓励居家养老服务社会化

按照转变政府职能和养老服务社会化的要求，采取购买服务、项目委托、以奖代补等多种形式，鼓励和支持社会力量开展社区居家养老服务工作，重点扶持发展一批专业从事社区居家养老服务的企业和民办非企业单位。如高新区柏庐街道日间照料中心由昆山市老来伴日间照料中心运营；花桥的徐公桥社区日间照料中心、花安社区日间照料中心由昆山壹方公益发展中心运营；社会力量的引进，丰富了日间照料中心的服务内涵，提升了居家养老的服务水平，构建了老百姓家门口的养老乐园，提升了老年人晚年生活的幸福指数。

(3) 加强居家养老组织管理

搞好居家养老服务工作需要各职能部门齐抓共管、密切配合。联合市场监督管理部门定期举办日间照料中心食品安全管理专题培训班；联合安监、消防、卫计委等部门对全市居家养老服务组织进行安全生产大检查；联合财政等相关部门先后出台《昆山市居家养老服务组织标准化建设基本规范（暂行）》，进一步加强对各类居家养老服务组织的审批、管理、监督和检查工作。出台《昆山市老年人日间照料中心管理考评办法》，每年年底从设施建设、管理制度、服务内容、安全保障和创新加分五大方面对全市已运营的日间照料中心进行考评，并将运营补贴与考评结果挂钩，促进日间照料中心规范化运营，不断提升为老服务的水平和质量。研究制定昆山市虚拟养老院监管考评办法，从机构设置、规章制度、经费管理、服务质量、运行成效等方面对

“虚拟养老院”进行综合考评。

6.2.2.2 以信息化推进“虚拟养老院”建设

(1) 建立养老服务信息平台

昆山市从2011年开始，逐步培育和引进“虚拟养老院”。通过网络信息，实现对居家养老服务对象的衣、食、住、行、照料、就医、社交、购物等的全方位现代化、数字化、管家式的电子服务。目前，全市已实现对80周岁以上老年人的个性化、亲情化生活照料服务的全覆盖的“虚拟养老院”模式。

(2) 运用信息化进行专业管理

为确保员工的服务质量和加强管理，乐惠居养老服务中心为所有居家养老服务员配备GPS卫星定位手机，所有人员的位置信息均能在养老服务呼叫中心的电子地图上实时显示，呼叫中心根据位置信息，就近让服务员上门服务，有效缩短了响应时间。服务人员每一次服务建立与回访都被实时监控，每一位老人的足额服务时间都能自动生成。业务主管部门可以直接登录系统实时查阅统计相关数据，掌握服务情况，确保对社会组织的服务情况进行有效监管。

(3) “互联网+”模式助推服务升级

开发“爱父母”养老服务手机客户端，通过线上线下紧密结合，不断向市场化方式转轨。探索运用互联网、物联网、云计算等技术手段，发展老年电子商务、老年教育、远程医疗等，通过智慧养老信息服务平台，为广大居家老人提供多样化、个性化的服务，使老人足不出户就能享受全方位的照护。

6.2.2.3 以项目化推进居家养老精神关爱

(1) 项目化实施精神关爱

积极开展“老年精神关爱行动”，全面实施“温暖空巢”“幸福门铃”“心灵茶吧”“舞动夕阳”“幸福门铃”“金拐杖助老服务”“晚霞港湾”“老漂族”等老年精神关爱项目。通过精神关爱活动，帮助老年人走出家门，融入社区，重建社会关系，缓解他们的孤独感。

(2) 积极探索“离家不离村”新型养老

在淀山湖镇试点开展“离家不离村”的新型养老模式。利用闲置农房就地改造成养老用房，改造工程和费用投入由公司具体承担，建成后引入社会组织负责运营管理，对老人养老费用实施“二老分摊”，老人承担180元/月，另外动员企业老板承担每人180元/月，作为回报，养老用房以企业名字冠名，并充分利用企业资源，发动企业员工作为志愿者为老年人提供志愿服务。该养老模式不仅盘活了农村闲置空房，还节约了大量投资，更符合农村老人养老习惯，让老年人可以继续看着农家景、吃着农家饭，实现“老有颐养”。

6.2.3 小城镇社区养老服务的典范——山东莘县

根据2011年5月公布的山东省聊城市第六次人口普查的主要数据公报，全市常住人口为578.99万人，65岁及以上的人口为50.48万人，占8.72%。可见聊城已经属于老龄化地区，其中莘县总人口为95.88万人，老年人口达15万人，莘县老龄化（低于奉节县目前老龄化水平）程度正在逐步加深。针对以上情况，各级政府高度重视，积极出台了有关养老服务的政策措施。

首先山东省政府出台了《山东省人民政府关于加快社会养老服务体系建设意见》（鲁政发〔2012〕50号）和《山东省人民政府办公厅引发山东省社会养老服务体系建设规划（2011—2015年）的通知》（鲁政办发〔2012〕45号）。其次，聊城市出台了《聊城市人民政府关于加快社会养老服务体系建设的意见》，力争在2015年建成以居家养老为基础的养老服务体系。《聊城市人民政府关于加快社会养老服务体系建设的意见》指出，在“十二五”期间，聊城市将新增养老床位1.2万张，实现每千名老人拥有养老床位30张的具体的养老服务建设目标。

最后，莘县县政府面对日益严峻的老龄化形势积极采取措施应对老年化局面，出台了《莘县人民政府关于加快社会养老服务体系建设的意见》。根据有关部门的要求，莘县社会福利院建设居家养老服务体系，采用政府购买服务，企业、事业单位、社会组织合作提供服务的方式，切实提高养老服务的专业化水平和服务能力，为老人提供个性化的养老服务。莘县社区居家养老服务是政府职能转变的成果，政府为养老服务产业提供资金和政策支持，搭建社区居家养老信息服务平台，引导企业、事业单位、社会组织向养老服务产业投入资金、技术等，充分利用现代信息与管理优势为老人提供新型养老保障服务。莘县社区居家养老对全县城乡老人实行分类服务、分层管理、市场运作的经营管理方式，形成具有统一的品牌、统一的管理、统一的服务的新型养老产业链。莘县社区居家养老提倡“建设没有围墙的养老院”的理念，主张把老人尽量留在家庭和社区内养老，有专业的居家养老服务人员为其提供所需要的服务，这样既能减轻养老机构的压力，又能充分利用家庭和社区内的各种资源，提高老人生活的满意度。莘县社区居家养老服务体系有政府的社会化管理和监督，使老人从心理上完全能够接受，更具安全感，人性尊严也得到了保障。主要举措如下：

6.2.3.1 建设城镇社区养老服务信息平台

莘县社区养老服务平台又叫莘县养老服务网络（支援）中心。莘县养老服务信息平台总投资500万元，其中上级财政拨款100万元，单位自筹250万元，银行贷款150万元，该养老服务信息平台占地5亩，建筑面积1 400平方米，包括网络中心、呼叫中心、配送调度中心、社工之家、档案室、大型爱心配送综合超市、水电暖配件储备库、日间照料中心等多个部门。莘县养老服务信息平台利用现代先进的科学技术，融合先进的通信技术、呼叫系统，以互联网技术和电子商务技术为技术支撑为全县范围内60岁及以上的老年人建立一套信息化、智能化的服务网络。入网老人可通过专用服务终端拨打服务中心电话，服务中心为其提供所需要的生活照料、健康管理、心灵抚慰等为老服务。莘县养老服务信息平台为全县60岁及以上的老年人建立了专门的信息数据库以方便为老人提供服务，根据老年人的信息评估、老人的养老需求及其特点为老人提供个性化和多层次的优质服务，并以此分析莘县老年人的基本情况、需求类型、动态趋势等。

6.2.3.2　成立社区养老服务的专门组织机构

莘县城镇社区养老服务是由莘县民政部门主办，委托莘县福利医院（社区医院）运营并负责日常管理。山东莘县县政府为了加强对全县社会养老服务体系的组织领导，经县政府研究，决定建立莘县社会养老服务体系建设联席会议制度，并成立了联席会议工作领导小组，联席会议设在县民政局，领导全县的养老服务体系建设。

6.2.3.3　规范社区养老服务的服务内容

莘县社区养老服务的服务内容主要包括以下几个方面：

一是物质帮助。这项服务项目由于受莘县的现实财政能力的制约，不能服务所有老年人口。它的服务对象是特定的人群，如特困老人、三无老人、高龄老人和优抚对象。

二是医疗保健服务。老年时期是各种病症的高发时期，老年人的医疗保健需求也较为迫切。养老和医疗保健的关系密不可分，医疗保健的服务水平也决定了养老服务的水平，因此莘县城镇养老服务把医疗保健服务作为养老体系建设的重点。莘县为全县范围内60岁及以上的老人建立了健康档案，并定期为老人做体检，对老人的健康状况进行跟踪记录和评估。

三是精神慰藉。由于小城镇和农村人口流动得频繁，城乡许多老人成为空巢老人或独居老人，他们的身体健康状况良好，心理健康状况不佳，长此以往，对老人的身心健康都有严重的影响。针对这些需要精神关爱的老人，主要服务内容是由工作人员、社工和志愿者定期到老人家中慰问、聊天，或组织社区内的学校和企事业单位的人员定期到老人家中进行慰问。莘县民政部门大力宣传鼓励社区内或者周边的学校与养老机构和居家养老信息服务平台结成合作单位，定期组织学生到老人家中送温暖，社区的工作人员每季度都会到社区老年人家中走访，了解老年人的真实需求。

6.2.3.4 积极筹集社区养老服务的资金

莘县社区养老服务的资金筹集方式有国家财政补贴扶持、引进外资以及社区养老机构自筹三种。但是引进外资和社区自筹资金只占一小部分，从全国的情况来看，社区养老服务经费主要由民政局投入。这些经费对于为一部分老年人提供养老服务，或者为大多数老年人提供单一的低层次服务会起到一定的作用，但是对于全县15万老年人来说作用微不足道。

6.2.3.5 进一步落实小城镇社区养老服务的具体措施

（1）整合服务资源

莘县小城镇拥有由民政局主办的莘县社会福利医院以及莘县老年公寓，成立莘县社会养老服务体系建设联席会议制度，并成立了联席会议工作领导小组，办公地点设在莘县民政局，负责对小城镇养老服务项目的开发、指导、管理和监督，制定小城镇养老服务的发展计划，积极引导社会资金投入养老产业，争取企业、事业单位和社会组织的支持，积极整合辖区内的各项服务资源，不仅包括资金等物质资源的整合，也包括人力资源的调配与管理。根据小城镇老年群体的具体需求，确立“医养结合”的发展方向，注重与当地医疗机构（如莘县人民医院、莘县健民医院等）的医疗资源的合作，综合利用有限的资金与养老资源，扩大养老覆盖面，提高小城镇社区居家养老的服务水平。

（2）实行分类管理

随着社会经济的发展，老年人的需求也日益多样化，因此向不同老年人提供的为老服务也要注重多样化、多层次性。莘县小城镇社区通过行政和市场两种方式对辖区内（包括县城和农村）年满60岁的老人进行摸底排查，为全县60岁及以上的老人建立了健康档案，并针对老人的不同情况建立为老服务分类管理制度，设立了老年管理服务档案，建立了全县养老服务数据库，对全县60岁及以上的老人的健康状况、家庭情况、精神状态等记录在案并对老人定期进行回访。民政部门通过该数据库对全县老龄人口和养老服务的情况进行动态管理和跟踪服务，并制定了促进养老服务发展的政策措施，同时负责对全县养老服务机构进行指导和监督。辖区内为老人提供两种服务：

一是普通类，服务对象是全县60岁及以上的老人，由老人及其家属自愿购买获得其所需要的服务。这类服务价格低廉，服务全面，其特点是快捷、全面、优惠。

二是特殊类，服务对象是孤寡老人、残疾老人、高龄老人、特困老人以及农村“低保”“五保”老人和优抚对象等，这类老年群体大多行动不便或者经济条件有限，民政部门为其组织定期体检、过年过节送慰问物品，并为其提供机构养老或者小城镇社区居家养老服务，而这部分服务工作是通过政府购买服务的形式来开展的，对这类服务对象的服务突出体现公益、无偿、福利等特点。

(3) 组建养老服务队伍

养老服务队伍的建设不仅关系到养老服务的质量，也体现了莘县社区居家养老服务的整体水平。为此，莘县社区居家养老服务信息平台组建了两支服务队伍，以实现满足老年群体的服务需求和提升莘县小城镇社区居家养老服务水平的目标。

一是专业服务队伍。莘县居家养老服务信息平台配有专业服务人员，包括网络中心、呼叫中心、配送调度中心、社工之家、档案室、大型爱心配送综合超市、水电暖配件储备库、日间照料中心等部门。这些服务人员全部持证上岗，定期到北京、上海等地接受专业培训。这些专业人员为老人提供专业化的水电维修、法律援助、医疗保健、家政和其他日常照料服务或日托服务。

二是志愿者服务队伍。该队伍主要由社区党员志愿者、在校学生组织、社区青年志愿者、社区居民、低龄老人、低保中愿意为老年人开展志愿服务的人员组成，帮助有需要的老年人做一些力所能及的家务、上门陪孤寡老人、空巢老人聊天、为老年人表演节目等，同时为有需要的老年人提供一些应急救助和帮助等。同时，为了提高养老服务志愿者的积极性和服务技能，社区内定期开展家政服务、家电维修等技能培训，举办“模范志愿者”的评选活动，对评选出来的模范志愿者制定一定的奖励机制，以此提升小城镇养老志愿服务的水平和质量。

6.2.4 香港长者友善社区建设及经验简析

世界卫生组织最新资料显示，到2050年，全世界60岁及以上的老人的绝对数量将从6.05亿增长到20亿，占比将达到22%。香港的人均寿命在世界上一直名列前茅，从2011年起，跃居世界首位。香港的人口结构目前正面临日趋严重的老龄化问题，引起了社会各界的广泛关注。据预测，2041年香港将迎来人口老龄化的高峰期，届时65岁及以上的长者的人数将由现在的98万人增至256万人，增加2.5倍，占总人口比例预计达到30%。为更好地应对人口老龄化，香港从 2009 年开始实施长者友善社区计划。

长者友善社区是指建立一个包容、便利长者，并有助于改善长者生活质量和生活环境的社区。“香港长者友善社区”的概念源于世界卫生组织于 2006 年发布的《全球长者友善城市建设指南》。世界卫生组织以此作为长期计划，鼓励全球各地的城市共同实践。香港响应有关呼吁，于 2008 年 12 月开始策划香港长者友善社区计划，成立“香港长者友善社区拓展小组”（后更名为“香港长者友善社区督导委员会”），鼓励长者积极参与，共建关爱社区。2009 年 2 月，香港长者友善社区计划开始实施，香港有关地区陆续参与该计划，各区在制订具体实施计划的基础上，系统地开展相关工作。到 2012 年年底，有 13 个区加入该计划，2013 年实现了全港 18 个地区全部参与。

6.2.4.1 主要做法

香港在推动长者友善社区建设时，依据世界卫生组织提出的标准，结合香港的情况设定了以下八个方面的内容：

一是室外空间和建筑：注重户外空间和建筑设施的舒适度。

二是交通：建立方便快捷和价格合理的交通系统。

三是住所：住所在设计、结构和位置选择方面能够确保安全及独立生活。

四是社会参与：促进长者参与社会活动，增进其与家人和朋友交往。

五是尊重和社会包容：促使长者在不同的社会环境下都受到尊重，使他们对社区有归属感。

六是社区参与和就业：透过社区参与和就业让长者继续贡献社会，提升其自我价值。

七是信息交流：建立良好的交流及信息发布渠道，让长者不会因无法获得信息而被孤立。

八是社区支持与健康服务：以提升长者的健康及生活质量为目标，提供适当的社区支持和健康服务。

香港长者友善社区计划在近四年的推广过程中，积极倡导社会不同持份者（或称作利益相关者）充分认识人口老龄化现象、长者的需要及潜力，宣传在推行相关的政策、措施或提供服务和产品时，应认真遵循长者友善的原则；明确了长者生活质量的提高需要社会各部门的协调合作，并努力把这些部门联系在一起，形成一个整体，为共同的目标而奋斗。为此，香港政府、企业和非政府组织做了很多有意义的探索。

（1）香港政府的实践

香港在长者友善社区建设上非常重视不同年龄段的人员的参与，以促进代际的理解。从2008年起，由香港特区政府和安老事务委员会联合推出的“左邻右里积极乐颐年”试验计划，发扬邻里守望相助的精神，鼓励不同年龄的人士成为义工，关心身边的长者，做到跨代共融，不仅让长者与社会保持紧密联系，更让长者有机会担任义工，发挥所长，成为社区的新力量。该计划实施两年后，在香港九龙、新界共启动了75个试验计划，接触了20万名长者及其家人，成功建立了以企业、居民组织、学校等为核心的邻里互助支援网络。在此基础上，2011年由安老事务委员会、家庭议会与劳工及福利局共同推出的新一期“左邻右里积极乐颐年”计划，联络业主立案法团、业主委员会、物业管理公司、居民组织参与招募义工，通过开展相关活动，关注特殊老人，并将有关信息转给相关部门，进行跟进服务。同时，通过计划推动长者与家人的“家庭融合”，识别有家庭问题的长者，并提供适当的援助。该计划在积极推进融洽和谐的家庭关系，建立优化邻里支援网络等方面起到了很好的推广作用。

另外，在资金支持方面，香港政府于2009年拨款1 000万港币，成立长者学苑发展基金。鼓励年轻人担任义工，协助学苑运作，促进长幼共融。目前，全港已在110所大专院校及中、小学设立长者学苑，长者可以利用不同方式，在熟悉的社区里弹性学习。此外，经过近两年的探讨，香港社会福利署于2013年9月推出首阶段的“长者社区照顾服务券试验计划”，其核心内容是为符合条件的长者提供每月5 000港币的社区照顾服务券，长者可根据个人需要，使用服务券在社区里选择合适的服务。

为确保从事长者服务的人力资源，有关培训机构正积极探讨为有志于此项工作的年轻人安排在职培训课程，协助他们在安老服务单位或院舍找到合适的工作，在边学边做的环境下接受多元技能护理训练，取得相关资格。

（2）非政府组织的推动作用

在香港最早提倡并积极推动“长者友善社区”的是香港非政府组织——香港社会服务联会。

香港社会服务联会是为香港市民提供各种福利服务的志愿机构的联合组织。它的前身为20世纪40年代的紧急救济联会，1947年改为香港社会服务联会（以下简称香港社联）。社联目前拥有400个机构会员，涉及3 000多个服务单位，为香港市民提供超过九成的社会福利服务。2008年12月，香港社联旗下的长者服务专业委员会组织成立了“香港长者友善社区拓展小组”，并已更名为“香港长者友善社区督导委员会”，推动此项工作。该督导委员会由专家工作小组、成效检讨小组、促进分享工作小组、表彰制度及推广策略小组构成，包括委员 24 人，专家 54 人，云集了前述长者友善社区 8 个范畴相关领域的精英。近五年来，该委员会为推进香港长者友善社区建设做了大量积极有效的工作。如，在成立初期搜集相关国家地区的成功案例的基础上，认真探讨在香港实施该计划的可行性，确立试点地区；在实施过程中积极协调各方关系，宣传推广计划，并制定《长者友善社区约章》等。着眼在全社会营造尊老、敬老的良好风气，香港特别设立了“长者日”，时间为每年 11 月的第三个周日。为宣传长者友善社区的概念和宗旨，从 2009 年起，香港社联将“长者友善社区”设为“长者日”的主题，开展丰富多彩的活动。如“为长者友善多行一步”巡游、长者友善社区短片制作比赛（由香港社联与香港赛马会慈善信托基金联合举办）等，吸引了市民的关注，得到了市民的支持，对推动社会加深对长者友善社区的概念的理解，提升长者在普通市民，尤其在年轻人心目中的地位起到了很好的作用，使长者友善社区的概念逐步深入人心。另外，2012 年 12 月，香港社联出版了全球第一本中文版资料《启动全城——香港长者友善社区》，为海峡两岸暨香港、澳门长者友善社区的建设交流提供了重要的信息。

（3）企业的积极参与

自计划实施以来，在充分听取长者意见的基础上，香港多个长者服务单位由下而上、自发联合组成长者网络平台，携手合作。其中，通过与公交单位、安老服务机构等的协作，在交通系统、社区支持与健康服务方面取得了比较明显的成效。2012 年 6 月，公交单位开始推行为长者和符合资格的残疾人士提供 2 元公共交通票价优惠的计划，目前该计划已扩展至巴士和渡轮，平均每天搭乘港铁、巴士和渡轮的受惠者达到近 66 万人次。有 100 多家安老服务单位参与长者友善社区计划。香港电灯有限公司、中华电力有限公司、香港中华煤气有限公司、电讯盈科等大企业都积极履行企业的社会责任，为更多的长者提供优惠计划。

从 2010 年开始，香港社联每年以开展“长者友善措施致意行动”的方式，对积极参与长者友善社区建设并做出贡献的相关政府部门、公共服务机构和企业给予表彰，以表达谢意。到 2011 年年底，已累计表彰 250 家机构，涉及建筑、交通、住所、社会参与、尊重和社会包容、社区参与和就业、信息交流、社区支持与健康服务等前述八个领域的机构。另外，从 2012 年起，在全港性致意行动的基础上又增设了“地区彩星奖”，由长者友善社区内的非政府机构提名，表彰各区内长者友善措施及服务。表彰引起了社会各界的关注和共鸣，对保证长者友善社区建设的可持续性发挥着重要的作用。

(4) 长者的积极作用

香港长者友善社区在建设过程中非常重视长者的直接参与，认为长者不应被定性为“被动”“被照顾”的一群，长者也可以关心社会、参与社会、贡献社会。各地区纷纷推出长者关心议题，结合实际情况开展各类涉及长者生活的活动。尤其在交通设计、户外公共空间设计方面注重长者的参与，组织长者、社区青少年、专业工作人员实地调研，听取长者的意见，相关单位对部分巴士的老年座位、无障碍车辆、户外活动场地、休息空间、安全环境等方面都在陆续地进行改进。由于这些项目是在老人亲自体验、不同年龄成员群策群力、再加上专业人士的指导与相关单位的积极配合下共同完成的，所以其成效十分显著。

6.2.4.2 建设经验

长者友善社区的建设是一项跨领域、跨社区的工程，要取得成效，需要社会各界的共同努力。中国内地于 2009 年 9 月正式启动老年友好城市和老年友好小区试点工作，目前已有 13 个城市和多个社区被列入试点。国家“十二五”规划也已明确要将世界卫生组织的《全球长者友善城市建设指南》的相关指标列为重要的参考依据。长者友善社区和长者友善城市建设已是改善老年人生活环境、提升老年人生活质量的重要途径之一。从香港的长者友善社区建设的推进过程来看，其经验主要有以下四点：

一是注重不同持份者，也即利益相关者的参与。如积极推动长者及其家庭成员、安老机构、非政府组织、企业、政府等不同持份者共同参与长者友善社区计划，鼓励各方关注社区环境及设施、参与社区建设的讨论、协作推动发展长者友善社区。通过促进区议会、长者友善组织及地区组织的合作，力争共同建立安全、舒适、有利于长者活动的友善社区。在这一过程中，注重全城行动，政府、企业、非政府组织、长者及其家属、邻里、志愿者都为共建长者友善社区发挥了不同的作用。

二是重视计划的可操作性。参与该计划的各地区每年都结合实际情况制定具体计划，各类计划内容务实周密，保证具有操作性。

三是非政府福利组织发挥了积极作用。香港非政府福利组织发展历史较为悠久，而且有自成体系的非政府组织联合机构，在统合服务内容、服务方式、人才管理等诸多方面经验丰富，为长者友善社区活动的开展搭建了良好的平台，成为推动该计划的主要动力之一。香港长者友善社区督导委员会合理有效的运作机制确实保障了香港在短短五年内基本实现了全港 18 个地区全部参与，使香港的长者友善社区计划由萌芽到初具规模。该督导委员会的成立不仅保障了香港长者友善社区计划内容的科学性和可操作性，而且通过长期跟进来确保计划的可持续性。

四是注重发挥“银色力量”的作用。香港长者友善社区计划在推进过程中，既关注长者的需求，同时又注重长者的参与，积极听取长者的意见，使计划更具有实际意义。

6.2.5 民办社区养老机构建设及其政府责任——以杭州市上城区为例

6.2.5.1 案例背景（“社区养老机构”的出现）

机构养老和居家养老解决了部分老人养老服务的需求，但都存在着难以克服的难题。这给社区养老的发展提供了空间，社区养老的优势在于不仅给社会力量参与养老服务提供了便捷的平台，而且让老人能够与子女近距离接触进而享受到家庭的温暖。《社会养老服务体系建设规划（2011—2015）》将社区养老服务定位为“居家养老服务的重要支撑，具有社区日间照料和居家养老支持两类功能，主要面向家庭日间暂时无人或者无力照护的社区老年人提供服务”。从该定位看，社区养老是对居家养老服务方式的深化和拓展，是一种介于居家养老与机构养老模式之间的模式，它引入了更多的社区服务，从而得以克服家庭养老和居家养老服务的缺陷。社区养老服务拓展了居家养老服务的空间，使得老人能够在其熟悉的社区生活环境中获得更多的服务，并且服务项目多样且灵活，更重要的是为整合社会资源参与养老服务提供了一个平台；相对于机构养老而言，社区养老服务的收费相对较低，并且还整合了居家养老的优势，老人在其中不仅能够享受到成本较低的居家养老服务，同时还能够贴近习惯的生活圈从而不会产生被孤立感。

在今天，政府和学术界都承认社区养老服务的重要性，都强调构建涵盖机构养老、居家养老以及社区养老等多层次、具有互补性的养老服务体系。学者们关于社区养老服务模式的诸多研究强调了社区养老服务的优势，倡导社区养老服务的社会化，同时指出我国社区养老服务体系发展水平仍然较低、与人口发展趋势不匹配、不能满足老人要求等。但是，仅仅将社区作为社会养老服务体系的“依托”定位，固化了居家、社区和机构养老在社会养老服务谱系中的地位，一方面，强调社区养老服务具有社区日间照料和居家养老支持的两类功能，但无法解决社区中的全天候养老服务的供给问题；另一方面，排除机构养老在社区中的位置，使得多数老人在社区中无法享受到机构式的专业化养老服务。鉴于此，社区养老服务供给迫切需要创新，需要突破固有的对社区的定位，构建社区养老服务的新格局，使老人在社区中不仅能够享受社区日间照料和居家养老支持，而且能够拥有全天候、专业化的养老服务资源。

杭州市上城区民办社区养老机构的出现为实现社区养老服务创新提供了有益思路，它以社会力量为主体，充分利用居家养老、社区养老和机构养老的优势，满足了老人在社区中获得全天候、专业化养老服务的需求，从而创新了社区养老服务模式，形成了社区养老服务的新格局，有效地弥补了政府自身财政能力不足以及资金运用效率低的缺陷，也为政府实现养老服务的供给目标提供了更多选择。

6.2.5.2 案例做法（杭州市上城区民办社区养老机构建设案例）

杭州市上城区辖区面积18.1平方千米，下辖6个街道、52个社区。2010年全区生产总值达530亿元，按常住人口计算，人均生产总值突破2万，地方财政收入50.2亿元。2010年11月第六次人口普查数据显示，全区常住人口约34.5万人，60岁及以上的老年人口约6.7万人，约占全区人口的19.34%，是浙江省老年人口比例最高的城区。针对老龄人口多、养老服务需求大等问题，上城区政府一直重视社会化养老服务体系的建设并出台了诸多举措，“十一五”期间，上城区获得“全国老龄工作先进区”“全国养老服务社会化试点区”以及“浙江省养老服务社会化示范区”等奖项。

按照《上城区养老服务五年发展规划（2011—2015）》的要求，至“十二五”末，需要为老年人提供不少于3 880张养老床位，其中区内实现新增养老床位1 000张。然而，对于上城区这样居住人口密度大、建筑密集的老城区、小城区而言，以传统方式建造养老机构来实现这一目标无疑存在着用地难的问题。有鉴于此，上城区政府确定实行养老机构挖掘式、社会化推进的方式，努力挖掘潜力，新建、置换了一批养老福利机构，并且加大对旧厂房、闲置学校、办公楼等可利用设施的改建力度，在社区中建设投入少、规模小、占地面积小的养老机构，使全区养老机构床位数得到快速增长。

目前，上城区的民办社区养老机构均由华爱老年事务发展中心（以下简称“华爱”）举办。“华爱”的前身是杭州望江街道在水一方社区互助会，是由在水一方公寓1号楼76户家庭在2003年“非典”期间在自发形成的一种相互帮助、相互扶持的邻里关系的基础上形成的，是全国首家正式向民政局注册的民间互助组织，目前“华爱”由5名理事组成了理事会作为决策机构。2004年7月，“华爱”投资创办了第一家也是全国首家由民间组织出资的养老院——在水一方老年公寓，开业不到半年入住率就达到了90%以上。至今，“华爱”共出资800多万元在上城区先后成立了包括在水一方老人公寓、在水一方益寿院、南星街道老人公寓、湖滨街道老人公寓、南星街道复兴敬老院以及朝晖街道老人公寓等在内的9家民办社区养老机构，并且组建居家养老服务所参与居家养老上门服务，服务对象延伸到区属各街道，开拓了为老服务向集团化方向发展的新路子。目前，“华爱”下属社区养老机构床位注册数共计567张，员工数超过300人，2011年营业收入超过1 000万元。作为具有品牌效应的社区养老机构集团，“华爱”坚持在社区中走规模小、专业化的战略发展路径，不仅对其下属养老机构的管理形成专业化的管理办法，还对社区养老机构的管理和服务人员保持高要求，通过聘用有丰富经验的专业人士担任养老机构院长，护理人员首次上岗必须持上岗证，并对护理人员进行定期和不定期的培训。目前“华爱”下属养老机构的护理人员持初级以上养老护理证书上岗的已达100%。

为拓展社区社会化机构养老服务，上城区在落实宣传省、市相关优惠政策的基础上，制定了更加积极的扶持政策和财政补助政策。《上城区养老服务五年发展规划（2011—2015）》规定，2011年6月以后自建非营利性社会办养老机构用房，经评估合格且床位数达到50张以上的，每张养老床位给予9 000元补助；床位数在50张以内的，每张养老床位给予6 000元补助。租用养老用房（包括公建民营）且租用5年（含）以上的，经评估合格，养老床位一次性增长50张（含）以上的，每年每张养老床位给予1 500元补助；一次性增长50张以内的，每年每张养老床位给予1 000元补助，补助期为5年。对营利性养老机构，经评估合格，按照非营利性养老服务机构享受的补助标准的60%进行补助。同时，提高对城区社会办养老服务机构的寄养补助，营利性社会办养老服务机构接收杭州市户籍老人入住的，经评估合格，给予每人每月35元的寄养补助；对非营利性社会办养老服务机构接收杭州市户籍老人入住的，经评估合格，给予每人每月60元的寄养补助。为缓解本地区机构养老的压力，上城区政府还对辖区内持有低保证、困难证家庭的老人跨区域入住非营利性养老机构的给予每人每月300元的补助。在加大财政投入的同时，上城区政府还明确社区养老机构服务规范，要求强化养老机构的硬件和软件设计，加大对服务人员的培训教育力度，按照《养老护理分级标准》规范服务行为，做到持证上岗。通过培训制度，以《养老护理员国家职业标准》，推进养老护理队伍专业化、职业化建设，提升服务质量和服务水平。与此同时，“华爱”模式的成功兴起，使得民办社区养老机构专业化的发展受到了各级政府的重视，并因此受浙江省民政厅委托起草了浙江省民办养老机构管理办法、浙江省养老机构入住协议书以及浙江省养老机构护理等级分级标准等，先后获得多项国家、省和市先进单位等荣誉。

在政府补贴的支持下，“华爱”坚持在社区中兴办养老机构的战略，充分利用社区资源，不仅节省了成本，也受到了老人和居民的支持。以“华爱”最早设立的在水一方老人公寓为例，老人公寓就设在社区服务中心的边上，能够充分利用社区场地和公共服务资源，并依据老人的特性将最顶层规划为居住失能老人，下面几层居住半失能和健康老人。在水一方老年公寓的场地采用租赁社区用房的形式，面积约650平方米，年租金14万元，目前共有床位50张，入住率为100%，收费标准依据护理等级分为两档：全护理为1 000~1 500元/月不等，半护理为600~800元/月不等，食堂用餐为300~400元/月不等。在水一方老年公寓享受政府2 000元每床位的补贴，以及接收杭州市户籍老人的寄养补贴60元/人/月。然而，作为民办社区养老机构，它的发展仍然受到了资金的制约。据“华爱”负责人介绍，以湖滨敬老院为例，该敬老院总投资额为75万元，其中民政部门补贴10万元，即使入住率达到100%，除去管理和护理人员的工资、房租以及水电等日常开支外已所剩无几，预计需要9年才能收回成本。事实上，“华爱”旗下的民办社区养老机构与公办养老机构之间享受着不同标准的政府扶持，除上述省、市、区所规定的补贴之外，公办养老机构有财政兜底，能够不断地获得政府财政投入，而民办社区养老机构则需自负盈亏，因而相对公办养老机构而言，它们还面临生存的压力。但从承担社会责任的角度而言，民办社区养老机构同样承担了政府的部分职能，同样为“三无五保”等老人提供养老服务。

值得指出的是，上城区从2003年开始就采用公建民营、公办民营等形式与社会组织、企业等合作，充分利用社会力量、民间资本参与机构养老服务，将公办养老机构的改造和经营活动等交给专业化的组织去做，推动全区养老机构的发展。目前，上城区区级养老院（“唯康”和“益寿”）以及街道一级的养老院已经全部实现了民营化改革。这些公办民营的养老机构同样存在着与民办社区养老机构相似的问题，即无法享受到与公办养老机构同等的待遇。

6.2.5.3　分析参考（案例分析与讨论）

从养老服务谱系中看，社区养老机构具有投入少、规模小、占地面积小等特征，并且贴近老人生活圈、贴近社区，处于居家养老和机构养老的中间，它仍然属于机构养老的范畴，但也存在着很多居家养老的特征，杭州市上城区民办社区养老机构的主要特征和优势在于：

（1）资金投入少，床位规模小并且占地面积小

上城区的民办社区养老机构占地面积大多在1 000平方米上下，这样的场地规模非常适合土地资源相对匮乏的老城区、小城区的要求，使得城市社区也

能够较为容易地找到场所兴办养老机构。社区养老机构因为规模小而投资也相对较小，不会给政府带来太大的财政压力。依据民政部的测算数据，建设一个具有基本养老保障设施的养老机构，其初期的固定投入最少需要 50 000 元/床，而如果建设具有医疗保障设施的床位，投入则更高，再加上运营成本等，每张床位需要投入 10 万元以上。依据上城区民政局的测算，杭州市养老机构每张床位建设成本约 25 万元，上城区民办社区养老机构采用引入社会组织和企业来管理和运营的模式，其投入要少得多。

同时对本书宁波市海曙区进行了调研，规模小和成本低的特征同样体现在海曙区的社区养老机构中。海曙区星光敬老协会于 2011 年发起“社区照护院”试点工作，该照护院设在星光敬老协会，占地面积 300 多平方米，为星光敬老协会旗下的居家养老服务培训基地。目前，照护院共有院长 1 名，医生 1 名，两人的工资水平约 3 000 元/月；有服务人员 9 名，工资水平约 2 000～2 200 元/月，照护院给工作人员购买了商业意外险。照护院共有床位 29 张，目前入住率为 100% ，均为高龄、失能老人，收费标准为一般照料 1 200 元/月，特殊照料 1 500 元/月，据星光敬老协会会长崔德海介绍，照护院每月运行费用约为 4 万元（不计算场地费用）。

（2）机构基于社区设立，不仅能充分利用社区资源，还能通过社区整合各方资源

首先，上城区民办社区养老机构所选场所都贴近于老人熟悉的生活环境，老人在社区养老机构中不仅能够享受到周边社区、城区中的服务设施，还能够在社区中享受到居家养老服务，同时方便老人子女前来探望等。其次，民办社区养老机构还给居家养老服务提供了活动拓展场地以及标准化养老服务的示范，比如“华爱”配合浙江省老年服务业协会出版了《初级中级养老护理员培训》一书。再次，将养老机构和社区养老服务设施一体化，并依托“老年之家”以及社区等组织社会活动，可以大大丰富老年人的精神生活。最后，社区养老机构地处城区，可以充分利用社区医疗服务中心以及周边医院的医疗资源，从而弥补因规模小、投入低而导致的医疗条件差的缺陷。街道、社区对于养老机构的支持程度深刻地影响了民办社区养老机构的投资额，这主要体现在养老机构的场地提供方面。相较于大规模养老机构的投入成本，社区养老机构则要低很多，这很大程度上依赖于上城区政府对旧厂房、旧学校等的改造利用。同样地，尽管宁波市海曙区政府并未给社区照护院专门提供场地，但社区照护院利用了现有的星光敬老协会的场地，因而其场地成本可以忽略不计而且运营成本也非常低。

(3) 集团化的经营策略使其能够发挥专业化优势

一般而言，规模较小的社区养老机构在专业化程度方面难以与上规模的养老机构相比，但上城区以“华爱”为代表的民办社区养老机构采取集团化的发展策略，可以有效地解决这一问题。无论是标准化建设，还是对管理和服务人员的招聘和培养，上城区社区养老机构都做出了明确规定和严格要求，“华爱”由于其出色的经营能力而受到浙江省政府委托制定了诸多行业标准。

海曙区的社区照护院尽管并未形成集团化的规模效应，但由于星光敬老协会会长的个人能力和社会资本等因素，该照护院被确定为居家养老服务员培训基地，因而也获得了专业化的发展机会。但是，该照护院并非正式的养老机构，因而不能享受相应的政府补贴，每月收支不能相抵，不足部分由星光敬老协会补支。不仅如此，社区照护院面临的最大问题是身份问题。星光敬老协会会长多次与政府部门沟通而且主动寻找照护院场地，但政府部门目前对是否推广社区照护院尚未形成一致意见。现在，海曙区仍然只有一家社区照护院，而且无法登记为独立法人，使得这一模式难以推广。

从上城区社区养老机构的案例分析及其与宁波市海曙区社区照护院的比较中可以看到，社区养老机构充分发挥了社区养老的优势，同时还形成了良好的品牌效应，进而能够作为政府的委托者来出台诸多的行业标准，这事实上是对其运行绩效和模式的很大肯定。民办社区养老机构不仅能够解决政府财政能力不足的问题，而且还能够提高资金的利用效率，因为相较于公办的养老机构而言，民办社区养老机构并没有不断扩大的财政预算或补贴，有着较强的动力来提高资金的利用效率。在上城区，民办社区养老机构事实上承担了政府提供养老服务的生产者角色，尽管它们并非属于体制内的公办养老机构，上城区政府在其中仍然发挥了基础性的作用：

一是上城区政府依据自身区域特征确定了发展社区养老机构的思路，并且在中央、省、市已有政策的基础上出台了实施细则或补充条例来规范管理养老机构。

二是在养老机构场地提供方面，政府整合现有资源，提供的场地多为街道所有的旧厂房、废弃学校等，或直接在社区服务中心的边上划出场地，并以低于市场价的价格租赁给养老机构。

三是积极鼓励社会组织兴办社区养老机构，充分挖掘社会组织和企业在机构养老方面的资源和潜力。目前，社会力量举办的养老机构数及提供的居家养老服务占全区的60%以上，远远超过了杭州市17%的平均水平。

四是政府加大财政补贴力度，省、市、区民政部门都给予了老人公寓开办补助以及杭州市区户口老人入住补贴，有的街道还补齐了那些享受城镇居民最低生活保障的老人入住养老机构的经费缺口，并且对养老机构的税收也进行了减免。与之相比较，海曙区社区照护院由星光敬老协会这一社会组织推动，海曙区相关政府部门因为对于潜在风险的担忧而未能达成共识，因而社区照护院未能登记注册为正式养老机构。

必须指出，上城区民办社区养老机构在发展中也存在着一些问题，一方面，这些问题很大部分源于国家对民办养老机构的支持不足，以及对社区职能定位的偏失，较小部分则可能是源于上城区民办养老机构建设中所特有的缺陷。从根本上讲，政策制定者们需要考虑一系列问题之间的平衡，这些问题正随着社会老龄化程度的加深而变得更加严重，即如何平衡居家养老和机构养老，如何保证养老服务的质量，平衡紧急和长期的照料以及这些养老服务不会因太昂贵而将多数有需求的老人排除在外。杭州市于2011年6月将城镇居民最低生活保障标准上调至525元/月，这就是说，那些低保老人连最低的养老机构床位费也难以负担。另一方面，民办社区养老机构的财务压力较大。据“华爱”负责人介绍，尽管他们获得了上城区政府和民政局的大力支持，但其发展仍然受限于政策和政府投入等因素，作为民办的社区养老机构，它们无法与公办养老机构一样获得政府的政策扶持和资金支持。如前所述，即使社区养老机构入住率达到90%以上甚至100%，它们也仅仅能够维持收支平衡而鲜有盈余。事实上，这是当前所有非公办、非营利性养老机构共同面对的问题和困难，上城区公办民营的“唯康”养老院也存在相似问题，它所受到的政府的支持力度明显不足。事实上，政府采取公办民营方式办养老院是基于运用市场和社会机制来提高效率，通过不同方式来实现相同目标的目的，而不是为了甩掉“包袱”。此外，由于消防、安全设施等隐性风险，政府怕承担责任而不支持或限制民办社区养老机构在一定程度上也限制了它们的发展。

结语

人口老龄化匆匆到来，养老服务事业已经成为我国经济与社会发展进程中必须高度关注的社会问题。随着老龄化的加剧、家庭养老功能的不断弱化，社会养老（包括机构养老和社区居家养老两种）模式已经越来越成熟，我国养老服务事业已经进入一个蓬勃发展的历史新阶段。《“十三五”国家老龄事业发展和养老体系建设规划》（国发〔2017〕13号）中指出要大力发展居家社区养老服务，全面提升养老机构服务质量，为老年人提供精准化、个性化、专业化服务。这无疑是对我们养老服务与管理队伍的职业能力提出了更高的要求，因此，提升服务能力迫在眉睫，但结合现实背景与近年来专家们的条分缕析，当务之急是应思考并解决人口老龄化带来的以下社会问题：

一是养老保障的负担正日益加重。如基本养老保险的支出总额不断增加，中央财政对基本养老保险的补贴支出不断攀升，离休、退休、退职费用也呈现连年猛增的趋势，政府、企业、社会都已经感到养老保障方面的压力正在显著加大。二是老年人医疗卫生消费支出的压力越来越大。据测算，老年人消费的医疗卫生资源一般是其他人群的3~5倍，同时基本医疗保险基金支出也在高速增长，人口迅速老龄化就是重要原因之一。三是“为老”社会服务的需求迅速膨胀。调查显示，上海空巢老人家庭占全部家庭的30%；又如2002年迄今，哈尔滨市老龄人口年平均增长速度始终保持在3%左右。总之，由于社会转型、政府职能转变、家庭养老功能弱化，“为老”服务业发展严重滞后，难以满足庞大的老年人群，特别是迅速增长的空巢老人、高龄老人和慢性病老人的服务需求。此外，老龄化给我国农村带来的挑战更加严峻。农村新型合作医疗制度目前还处在初级阶段，农民的养老、医疗等问题都亟待解决。我们到底应该如何面对一个不可逆转的银发浪潮？养老服务能力又如何得以提高？

首先我们要清楚：我国人口老龄化的严峻性和紧迫性体现在我国的老龄化指标与国情相结合上，我们必须清晰地看到由特殊国情决定的我国人口老龄化引发的非常严峻和紧迫的难题。如失业、剩余劳动力与农村家庭养老的压力并存，寿命延长与“寿而不康”造成的医疗卫生和护理的压力等。《中国人口老龄化发展趋势预测研究报告》指出，在2030年人口老龄化最严峻的时期到来以前，要在全国城乡基本建立起符合我国国情、适应社会主义市场经济体制要求的老年社会保障体系，确保城乡老年人养老、医疗问题的妥善解决。

与此同时，结合“未富先老”和家庭保障功能持续弱化的背景，老年人的生活保障正在由家庭问题转变成为社会问题。能否化解人口老龄化所带来的压力，直接取决于相关的老年保障制度的安排与政策措施。从国际上看，发挥各方面积极性并共同分担老年保障的责任，已经成为老年保障制度发展的必由之路。因此，我国应构建一个多元化、多层次化的混合型老年保障体系，即在政府的引导下，将经济保障与服务保障结合起来，通过多元化、多层次化的制度安排，将人口老龄化带来的老年保障的经济压力与社会服务压力化解在一个责任共担的安全网络之中。

观念决定思路，思路决定行动。在我国社会养老服务欠发达、政府和社会组织又缺乏服务供给能力的今天，各级政府更新观念，注重培育和鼓励养老服务市场和社会组织的发展，增加养老服务的供给是当务之急。因此，本书在通过两项课题的资料收集、问卷调查、深度访谈，整理分析结项的决策报告、结合我国养老服务的现状后，选取养老服务体系、构建社区养老、医养结合、安全防护管理、养老服务标准化建设与养老服务业人才培养六个维度来诠释养老服务能力提升的路径，这只是最为核心的几个方面，不代表涵盖了发展的全部。我国作为“未富先老”的大国，关注养老服务任重道远，期冀在以后的研究中能够进一步在理论与实践上有所突破。

重庆城市管理职业学院　肖建英

2018年5月12日于重庆大学城

附录

附录1　奉节县养老服务人员调查问卷

调查表编号：

养老服务人员（包括养老护理员及相关工作人员）调查问卷

您好！这次调查主要想了解一下您最近的工作状况以及对养老服务工作的认知，希望您就您所知道的如实回答，不会耽误您太长时间。对于您提供的信息，我们不会透露给任何无关的人员或机构，不会对您的生活和工作产生任何不良影响。非常感谢您的合作和支持！

重庆城市管理职业学院
奉节县民政局

填表说明：

选择题：请在相应的编号上画钩，如："√1）男，2）女"；
题目注明多选的才多选，未注明的均单选（选择一个最佳或最主要的选项）。

填空题：请在"______"上直接填入数字或文字，如"现在您家里有__3__人"。

表格：　请把答案填在右半表格中，不要直接在题干上画。

姓　　名：__________

年　　龄：__________

联系电话：__________

调查者：　　　　　　调查日期：20　年　月　日　复核者：
复核日期：20　年　月　日

一、基本信息

1. 性别：　1）男　2）女

2. 您主要负责的工作：1）自理老人的照护　2）失能老人的照护　3）半失能老人的照护　4）失智老人的照护 5）管理工作 6）办公室工作　7）其他__________

3. 文化程度及专业：1）小学　2）初中　3）高中（中专、技校），_____专业　4）大专，_______专业　5）本科及以上，_______专业

4. 就职年限：1）1 年以下　2）1~2 年　3）3 年　4）3~5 年　5）5 年以上

5. 月收入情况：1）少于 1 500 元　2）1 500~2 000 元　3）2 000~2 500 元　4）2 500~3 000 元　5）3 000 元~4 000 元　6）4 000 元~5 000元

6. 工作单位是否买保险：1）否　2）是，具体是：养老保险（　）；医疗保险（　）；失业保险（　）；工伤保险（　）；生育保险（　）；住房公积金（　）；

7. 本人持有资格证情况：1）无　2）有，具体是：养老护理员职业资格证（　）；社会工作师（　）；护士执业资格证或康复治疗师执业资格证（　）；其他__________

8. 贵院共设床位__________张，现入住老人__________人，其中自理老人__________人，介助老人__________人，介护老人__________人。

二、工作状况与养老服务能力

9. 您觉得现在您自己的工作状态怎么样？（单选）
1）很好　2）好　3）一般　4）不好　5）很不好　6）不知道

10. 您认为从事养老护理员工作工资应在好多比较合适？（单选）
1）1 500~2 000 元　2）2 000~2 500 元　3）2 500~3 000 元
4）3 000~4 000 元　5）4 000 元以上　6）其他__________

11. 您对从事养老服务与管理这一工作的职业认同感如何？（单选）
1）没感觉　2）低　3）一般　4）高

12. 您认为对养老护理员职业认同感较低的原因是（可多选）：
1）工资低　2）社会地位低　3）工作时间长　4）工作压力长　5）发展前景不好　6）其他__________

13. 您认为对养老机构应该配置哪些工作人员？（可多选）

1）管理人员　2）养老护理员　3）社会工作人员　4）康复治疗人员
5）保洁人员　6）其他__________

14. 您认为养老护理工作其职业特性应包括哪些（可多选）？

1）服务性　2）社会性　3）科学性　4）技术性　5）专业性

15. 您认为养老护理员应具备的基本素质应包括哪些？（可多选）

1）爱心、细心、耐心、责任心等职业素养　2）业务素质过硬
3）持有职业（或执业）资格证　4）良好的身体素质
5）良好的心理素质

16. 您认为提升养老服务质量应做到以下哪几个方面？（可多选）

1）人员配置充足　2）提高护理员职业认同感　3）加强护理员培训
4）营造全民爱老、敬老、助老的氛围　5）提升护理员学历

17. 初级养老护理员国家职业标准规定生活照料的工作内容主要包括（可多选）：

1）清洁卫生　2）饮食照料　3）睡眠照料　4）排泄照料
5）安全防护　6）急救

18. 贵院开展的养老服务内容主要包括哪些？（可多选）

1）助餐服务　2）助洁服务　3）助医服务　4）康乐服务　5）睡眠照料　6）健康指导　7）心理护理　8）其他__________

19. 贵院老人的日常趣味活动包括哪些？（可多选）

1）拍气球、传球　2）画画、看图识物　3）手指操　4）麻将对对碰
5）踢毽子　6）其他__________、__________　7）没有开展

20. 贵院老人的日常康乐活动包括哪些？（可多选）

1）举哑铃　2）捡豆豆　3）拼拼乐　4）站立训练　5）行走训练
6）其他__________、__________　7）没有开展

21. 您认为在机构（或者社区）照护中以下哪种情况的老人，存在的困难更多？

1）自理老人　2）半失能老人　3）失能老人　4）失智老人

22. 您认为在机构（或者社区）为老人提供的服务中，哪项困难最大？简要说明理由__________

1）助餐服务　2）助洁服务　3）助医服务　4）康乐服务　5）睡眠照料　6）健康指导　7）心理护理　8）其他__________

23. 您认为养老护理员的职业能力提升需要以下哪些条件？（可多选）

1）提高工资水平　2）机构内经常培训　3）严格持证上岗

4）按照职业资格证等级发放工资　5）养老护理员应该年轻化

三、社会养老服务职能的知晓、提供和实施情况（请在相应的答案下画钩）

养老服务职能	服务内容	服务项目	社区（机构）提供情况			老人满意情况				
			提供	没提供	不知道	很满意	满意	一般	不满意	很不满意
一、生活照料	（一）清洁卫生	1. 为特殊老人清洁口腔								
		2. 为老人灭头虱、头虮								
		3. 照料有褥疮的老人								
	（二）睡眠照料	1. 照料有睡眠障碍的老人								
		2. 分析造成非正常睡眠的特殊原因并予以解决								
	（三）饮食照料	1. 协助老人完成正常进膳								
		2. 协助老人完成正常饮水								
		3. 为吞咽困难的老人进食、给水								
	（四）排泄照料	1. 协助老人正常如厕								
		2. 采集老人的二便常规标本								
		3. 对呕吐老人进行护理照料								
		4. 配合医务人员照料二便异常的老人								
	（五）安全防护	1. 协助老人正确使用轮椅、拐杖等助行器								
		2. 对老人进行扶抱搬移								
		3. 正确使用老人其他保护器具								
		4. 预防老人走失、摔伤、烫伤、互伤、噎食、触电及火灾等意外事故								

表(续)

养老服务职能	服务内容	服务项目	社区（机构）提供情况			老人满意情况				
			提供	没提供	不知道	很满意	满意	一般	不满意	很不满意
二、技术护理	（一）给药	1. 配合医护人员协助完成老人的口服给药								
		2. 配合医护人员协助保管老人的口服药								
	（二）观察	1. 测量老人的液体出入量								
		2. 观察老人的皮肤、头发和指（趾）甲的变化								
		3. 对不舒适老人进行观察								
	（三）消毒	1. 用常规消毒方法对便器等常用物品进行消毒								
		2. 进行天然消毒和简单隔离								
	（四）冷热应用	1. 会使用热水袋、冰袋								
		2. 给老人进行温水擦浴和湿热敷								
	（五）护理记录	1. 读懂一般的护理文献								
		2. 进行简单的护理记录								
	（六）临终护理	1. 协助解决老人临终的身体需求								
		2. 完成尸体料理及终末消毒								
三、康复护理	（一）肢体康复	1. 配合医护人员帮助特殊老人进行肢体被动运动								
		2. 指导老人使用各类健身器材								
	（二）闲暇活动	组织老人开展小型闲暇活动								
四、心理护理	沟通与协调	1. 对老人的情绪变化进行观察，并能与老人进行心理沟通								
		2. 对老人在人际交往中存在的不和谐现象与矛盾进行分析指导								
		3. 协助解决临终老人的心理与社会需求								

附录2　老人健康状况及养老服务利用情况调查问卷

调查表编号：

老人健康状况及养老服务利用情况调查问卷

您好！这次调查主要想了解一下您最近的健康状况和对养老服务的需求，希望您就您所知道的如实回答，不会耽误您太长时间。对于您提供的信息，我们不会透露给任何无关的人员或机构，不会对您的生活和工作产生任何不良影响。非常感谢您的合作和支持！

重庆城市管理职业学院

奉节县民政局

填表说明：

选择题：请在相应的编号上画钩，如："√1）男，2）女"；

题目注明多选的才多选，未注明的均单选（选择一个最佳或最主要的选项）。

填空题：请在"______"上直接填入数字或文字，如"现在您家里有__3__人"。

表格：　请把答案填在右半表格中，不要直接在题干上画。

姓　　名：__________

年　　龄：__________

联系电话：__________

调查者：　　　　　调查日期：20　年　月　日　复核者：

复核日期：20　年　月　日

一、人口学特征

1. 性别：　1）男　2）女

2. 出生年月：__________年__________月

3. 您户口所在地：1）农村　2）城市

4. 身高：__________米；体重：__________千克

5. 婚姻状况：1）未婚　2）在婚　3）离婚　4）丧偶

6. 文化程度：1）文盲　2）小学　3）初中　4）高中（中专、技校）
5）大专　6）本科及以上

7. 以前的职业：1）企事业单位职工　2）国家机关、党群组织、企事业单位干部　3）个体户　4）在家务农　5）农民工　6）家务　7）离退休
8）失业　9）其他__________

8. 本人医疗保障情况：1）城镇职工基本医疗保险　2）公费、劳保
3）农村合作医疗　4）城镇居民合作医疗　5）商业医疗保险　6）没有（自费）
7）其他__________

9. 最近一年您本人的总收入：__________元；您家里共有__________个人。

10. 养老机构（社区服务中心）离您家的距离：__________千米，步行需要__________分钟。

二、健康状况与养老服务需求

11. 您现在是否患有慢性疾病?

如有，请填写具体疾病是哪些__________、__________、__________。

12. 您最近一年总共看门诊的次数是__________次。

13. 您最近一年总共住院的次数是__________次。

14. 您家是当地特殊困难家庭吗?

1）是　2）不是　3）不知道

15. 您接受过医疗救助吗?

1）接受过　2）没有接受过　3）不知道

16. 如果选择老年公寓养老，每月可以承受消费多少钱?

1）1 500元　2）1 500~2 000元　3）2 000~2 500元

4）2 500~3 000元　5）3 000元以上　6）价格无所谓，只要服务好

17. 您觉得现在您自己的健康状况怎么样?

1）很好　2）好　3）一般　4）不好　5）很不好　6）不知道

18. 您知道我国现在养老服务的模式有哪些吗?（可多选）

1）居家养老　2）社区养老　3）机构养老　4）不知道

19. 您所住养老机构为您提供了哪些服务?（可多选）

1）助餐服务　2）助洁服务　3）助医服务　4）康乐服务

5）睡眠照料　6）健康指导　7）心理护理

20. 您觉得社会养老（社区居家养老、机构养老）应该为老人提供哪些康

复娱乐活动？（可多选）

1）拍气球、传球　2）画画、看图识物　3）手指操　4）麻将对对碰　5）踢毽子　6）捡豆豆　7）其他__________、__________

三、社会养老服务职能的知晓、提供和满意度（请在相应的答案下画钩）这个允许老人就情况展开。

养老服务职能	服务内容	服务项目	知晓情况		社区（机构）提供情况			满意情况				
			提供	不知道	提供	没提供	不知道	很满意	满意	一般	不满意	很不满意
一、生活照料	（一）清洁卫生	1. 定时为特殊老人做口腔清洁										
		2. 定时为老人灭头虱、头虮										
		3. 细心照料有褥疮的老人										
	（二）睡眠照料	1. 照料有睡眠障碍的老人										
		2. 帮助分析造成非正常睡眠的特殊原因并予以解决										
	（三）饮食照料	1. 按时协助老人完成正常进膳										
		2. 按时协助老人完成正常饮水										
		3. 按时为吞咽困难的老人进食、给水										
	（四）排泄照料	1. 协助老人正常如厕										
		2. 采集老人的二便常规标本										
		3. 对呕吐老人进行护理照料										
		4. 配合医务人员照料二便异常的老人										
	（五）安全防护	1. 协助老人正确使用轮椅、拐杖等助行器										
		2. 对老人进行扶抱搬移										
		3. 正确使用老人其他保护器具										
		4. 预防老人走失、摔伤、烫伤、互伤、噎食、触电及火灾等意外事故										

表(续)

养老服务职能	服务内容	服务项目	知晓情况		社区（机构）提供情况			满意情况				
			提供	不知道	提供	没提供	不知道	很满意	满意	一般	不满意	很不满意
二、技术护理	（一）给药	1. 配合医护人员协助完成老人的口服给药										
		2. 配合医护人员协助保管老人的口服药										
	（二）观察	1. 测量老人的液体出入量										
		2. 观察老人的皮肤、头发和指（趾）甲的变化										
		3. 对不舒适老人进行观察										
	（三）消毒	1. 用常规消毒方法对便器等常用物品进行消毒										
		2. 进行天然消毒和简单隔离										
	（四）冷热应用	1. 会使用热水袋、冰袋										
		2. 给老人进行温水擦浴和湿热敷										
	（五）护理记录	1. 能读懂一般的护理文献										
		2. 能进行简单的护理记录										
	（六）临终护理	1. 能协助解决老人临终的身体需求										
		2. 能完成尸体料理及终末消毒										
三、康复护理	（一）肢体康复	1. 能配合医护人员帮助特殊老人进行肢体被动运动										
		2. 能指导老人使用各类健身器材										
	（二）闲暇活动	能组织老人开展小型闲暇活动										
四、心理护理	沟通与协调	1. 能对老人的情绪变化进行观察，并能与老人进行心理沟通										
		2. 能对老人在人际交往中存在的不和谐现象与矛盾进行分析指导										
		3. 能协助解决临终老人的心理与社会需求										

四、养老服务综合评价

评价项目	满意程度				
总体评价	很满意	满意	一般	不满意	很不满意
硬件条件					
技术水平					
服务态度					

表(续)

评价项目	满意程度				
总体评价	很满意	满意	一般	不满意	很不满意
方便程度					
收费情况					
评价项目					

附录3　奉节县社区老人养老状况调查问卷

问卷填写说明：

·调查对象：指按照国际标准，重庆市奉节县社区居住的60周岁以上的老年人。

·单选题：请根据调查对象的回答，在答案中选择一个选项并在代号的前面打√。

·没有注明为“多选”的选择题，一律为单选题，只能选择一个选项。

·多选题：请根据调查对象的回答在答案中选择一个或多个选项，并在代号的前面打√。

·填空题：请根据老年人的回答填写简要文字说明。

·问卷中有个别问题的选项为“其他”，在“其他”的后面注有“请注明”的字样，需要访问员依据老年人的回答，简要填写相关情况。

·被访者如果是家属（或其他人）帮忙作答，需要如实记录。

重庆城市管理职业学院、奉节县民政局课题组

调查地点：

__________区（县）__________街（镇）__________社区

调查地点基本情况：

1. 你所调查的社区常驻居民数是__________？户籍居民数量有__________人。

2. 你所调查的社区60~75岁的老人有多少？__________。

3. 你所调查的社区75岁以上的老年人有多少？__________。

请调查员根据调查地点的实际情况，结合社区公共信息查询填写以上问题。

A 访问员：首先，我们想了解一些您的基本情况。

A1 被访者性别：1. 男　2. 女

A2 您的年龄：__________周岁。

A3 您的文化程度：1. 不识字 2. 小学 3. 中学（初高中）4. 大专及以上

B 访问员：现在，我们想了解一下您的家庭状况（人口构成和个体特征）。

B1 您现在有子女（包括收养的子女）__________个。

	住在本社区 （但不同吃同住）	不在本社区
1. 儿子__________人	1.1 __________人	1.2 __________人
2. 儿媳__________人	2.1 __________人	2.2 __________人
3. 女儿__________人	3.1 __________人	3.2 __________人
4. 女婿__________人	4.1 __________人	4.2 __________人
5.（外）孙子女__________人	5.1 __________人	5.2 __________人

B2 您不在本社区的子女，他们居住在__________？

1. 其他社区　2. 外乡（镇）　3. 外区（县）　4. 外省（市）　5. 外国

B3 您目前的居住状况是__________？

1. 独住　2. 只与配偶同住　3. 只与未成年孙辈同住　4. 与配偶以及未成年孙辈同住

C 访问员：下面，我们要了解一下您的生活状况（收入及其构成、消费和住房）。

C1 您的月收入：

1. 500 元以下　2. 500～1 500 元　3. 1 500～2 500 元　4. 2 500～3 500 元　5. 3 500 以上

C2 您现在的收入来源有（可多选）：

1. 子女或孙子女　2. 退休金　3. 养老保险　4. 最低生活保障金　5. 其他（请注明）

C3 您平均每个月的消费支出情况是：

1. 食品消费支出__________元　2. 衣物消费支出__________元　3. 医疗支出__________元　4. 居住支出__________元　5. 照料支出__________元　6. 其他支出（请注明）__________元

C4 您（或老伴）现在的住房属于哪种情况？

1. 自己的产权房　2. 使用权房　3. 租住房　4. 借住房　5. 其他（请注明）

C5 您现在的住房状况：1. 新建房　2. 七八成新　3. 旧房　4. 危房

C6 您的住房面积有多大？__________平方米

C7 您觉得您的居住环境如何？

1. 非常舒适　2. 一般，但也挺舒服的　3. 不太理想

D 访问员：接下来，我们想了解一下您的健康状况：

D1 您在什么年龄开始出现生活不便的状况？ __________岁

D2 因何原因导致生活不能自理？

1. 疾病（疾病名称）2. 损伤 3. 年老 4. 其他

D3 您的进食情况怎么样？

1. 能够独立完成 2. 需要协助 3. 完全需要喂食完成

D4 您的穿脱衣服情况如何？

1. 能够独立完成 2. 需要协助 3. 完全依赖别人完成

D5 您的站立、转移、行走等活动情况如何？

1. 能够独立完成 2. 需要协助 3. 完全依赖别人完成

D6 您的如厕，如小便、大便等活动及自控情况如何？

1. 不需要协助可自控 2. 有失禁，在提示和协助下可完成 3. 完全失禁，完全需要帮助

D7 您的个人清洁情况如何？

1. 能够独立完成 2. 需要协助 3. 完全依赖别人完成

D8 您的上下床情况如何？

1. 能够独立完成 2. 需要协助 3. 完全依赖别人完成

D9 您能够回想起近 3 天发生的事情吗？

1. 记忆清晰 2. 记忆模糊 3. 完全记不起

D10 在交流中能否互相理解？

1. 理解准确，能表达情绪 2. 提示下能听懂和进行简单表达

3. 交流困难，不能理解和表达

E 访问员：下面，我们想要了解一下您的照护状况。（支持网络：家庭或社区，女子或机构）是否获得机构照料（哪些机构）

E1 您是否办理医疗保险？

1. 有，是农村医疗保险 2. 有，是城镇医疗保险 3. 自己办理的其他保险 4. 没有

E2 您是否购买养老保险？ 1. 是 2. 否

E3 您购买了何种养老保险？（可多选）

1. 商业养老保险 2. 工伤养老保险 3. 社会养老保险 4. 养老医疗保险 5. 其他（请说明）

E4 目前是谁主要在负责您的生活照顾？

1. 由子女照顾日常生活 2. 请家政保姆照料 3. 自己或老伴照顾 4. 专业护理人员（请注明） 5. 其他（请注明）

E5 您对目前的生活照顾满意吗？

1. 满意　2. 不满意　3. 完全不满意

E6 您是否觉得孤独？

1. 常常　2. 偶尔　3. 从不

E7 您是否感觉到压抑，情绪不好？

1. 常常　2. 偶尔　3. 从不

E8 您能够接受的照顾方式有：

1. 子女照顾　2. 其他非直系亲属照顾　3. 养老院或其他机构照顾

F 访问员：下面，我们想要了解一下老人的照护需求。（日常需求、医疗和长期护理保险等）

F1 您觉得下列哪些服务是失能老人所需要的？（可多选）

1. 社区医疗　2. 康复护理　3. 上门治疗　4. 家庭病床　5. 老人活动中心　6. 老人日间暂托　7. 家政辅助　8. 综合老人照顾服务（包括健康服务、日常生活照料、居家清洁卫生）　9. 不清楚

F2 您目前最急需何种形式的服务？

1. 日常生活照料　2. 医疗护理服务　3. 家政服务　4. 精神慰藉　5. 老人活动中心　6. 综合老人照顾服务（包括健康服务、日常生活照料、居家清洁卫生）　7. 不清楚

F3 您认为下列哪些养老或护理服务机构是失能老年人所需要的？（可多选）

1. 老人公寓　2. 养老院　3. 护理院　4. 痴呆症老年人日间护理中心

5. 老人暂托中心　6. 提供临时或短暂住宿　7. 不清楚

F4 您认为失能老人的护理和日常生活照顾费用应该由那些渠道解决？（可多选）

1. 完全自己支付　2. 完全享受政府护理？

3. 政府开办长期护理保险，尝试购买商业护理保险　4. 低收入老人可以享受政府福利

G 访问员：下面，我们想询问您一些老年人权益方面的问题。

G1 您是否了解当今法律对老年人权益的保护？　1. 是　2. 否

G2 您的儿女多长时间回家看望您？

1. 每周一次　2. 每月一次　3. 3 个月一次　4. 半年一次　5. 超过半年一次　6. 从不探望

G3 您的儿女给予您怎样的关怀？

1. 仅仅经济支持　2. 物质和情感上都满足　3. 生活拮据但满足父母的精神需求

G4 您的儿女是否愿意为您提供赡养及医疗费用？　1. 是　2. 否

G5 您是否遭受过家庭成员的歧视、侮辱或虐待？　1. 是　2. 否

G6 您是否遭受过家庭成员对您的暴力行为？　1. 是　2. 否

G7 您是否遭受过家庭成员对您财产侵占、抢夺、转移等情况？

1. 是　2. 否

H 访问员：下面，我们想要了解一下您的养老意愿和需求。

H1 您有无计划将来接受专门机构上门服务？　1. 有　2. 无

H2 您是否愿意为此支付费用？　1. 愿意　2. 不愿意

H3 您能承受的费用水平是每人每月：

1. 1 500 元以上　2. 1 000~1 500 元　3. 500~1 000 元　4. 500 元以下　5. 无力承受

H4　如果您经济上有困难，子女能对您提供帮助吗？

1. 能　2. 有心愿，但子女经济条件不够　3. 子女有经济条件，但不愿意

H5 您是否认同由社区卫生服务机构提供的健康护理：　1. 是　2. 否

H6 您是否愿意购买老年长期护理保险？　1. 愿意　2. 不愿意

H7 您是否愿意为此支付费用？　1. 愿意　2. 不愿意

I 访问员：最后，我们想了解一些其他情况。

I1 您对目前政府养老服务体系和设施建设的现状是否满意？

1. 很满意　2. 比较满意　3. 一般　4. 不太满意　5. 很不满意

I2 为了安度幸福晚年，最希望政府为您做的事是什么？

1. 社区居家养老　2. 医疗救助　3. 经济救助　4. 集中养老　5. 精神关爱　6. 法律援助

7. 其他（填写）______________________________________

被访者（或家人）签名__________　与被访者关系__________　电话号码__________

调查到此结束，多谢您的支持与合作！祝您健康、快乐！

附录4　定性研究工具之《奉节县养老服务能力的现状调查》访谈纪要

一、本次调研深度访谈共15人。主要包括从事老龄事业管理与服务工作的相关人员：

1. 重庆市奉节县人民政府副县长、县卫生计生委主任（马德凤）

2. 重庆市奉节县卫生计生委副主任（戴超）

3. 重庆市奉节县民政局局长（杨晓环）

4. 重庆市奉节县民政局副局长（冉健康）

5. 重庆市奉节县教委主任（陈绪安）

6. 重庆市奉节县社保局局长（王志清）

7. 重庆市三峡卫生学校校长（朱怀燕）

8. 重庆市奉节县民政局福利科科长（王斌）

9. 重庆市奉节县民政局救助科科长（李德荣）

10. 养老服务机构负责人共6人。

二、访谈的主要内容

访谈内容主要包括以下四个方面：

一是了解一般情况。主要指基本工作情况、对我国人口老龄化的看法以及对照护老人这一工作的“专业性、技术性、服务性、社会性”的看法等。

二是沟通具体情况。主要了解其对目前奉节县以及我国养老服务现状的看法，然后根据从事的工作情况，如相关领导主要是谈奉节县关于加大“医养结合”的建设力度，有哪些举措？如养老机构在乡镇、在城区是否有区域性规划？在推行养老服务中具体的困难是什么？目前如何加强医疗卫生机构与养老机构的合作？是否建立协议合作、转诊合作、对口支援、合作共建、医疗养老联合体等多种形式的合作？奉节县如何实现医疗卫生机构与养老机构的无缝对接？目前奉节养老机构内是否规划建有医务室？贵县康复医院、护理院的建设情况如何？

三是根据工作情况和访谈对象一起参与相关政策的解读。共同解读的政策有2016年12月重庆市政府办公厅转发的《关于推进医疗卫生与养老服务相结合的实施意见》（简称《意见》（渝府办发〔2016〕153号）、《重庆市老龄事业发展和养老体系建设“十三五”规划》（简称《规划》），教育部等九部门发布的《关于加快推进养老服务业人才培养的意见》（教职成〔2014〕5号）等文件。如与民政局几位领导探讨的内容之一，《规划》提出的“加大财政投入和社会统筹力度，重点支持养老机构向供养型、养护型、医护型发展，到2020年，其中护理型床位占养老服务机构总床位的比例达到30%或以上”。对此，他们的看法是什么？达到以上目标，奉节县有没有具体的举措与困难？

四是措施探讨。根据调研分析，提出有一定意向的措施一起探讨。

附件1:《奉节县养老服务能力的现状调查》访谈提纲之一

1. 一般情况

1.1 您在卫生计生委工作多长时间了？

1.2 请您谈谈对我国人口老龄化的看法。

1.3 请您谈谈对照护老人这一工作的“专业性、技术性、服务性、社会性”的看法。

2. 具体情况

2.1 您对目前奉节县养老服务现状有哪些看法？

2.2 奉节县关于加大“医养结合”的建设力度，有哪些举措？如在乡镇、在城区是否有区域性规划？在推行中具体的困难是什么？

2.3 目前如何加强医疗卫生机构与养老机构的合作？是否建立协议合作、转诊合作、对口支援、合作共建、医疗养老联合体等多种形式的合作？奉节县如何实现医疗卫生机构与养老机构的无缝对接？

2.4 目前奉节县养老机构内是否规划建有医务室？奉节县康复医院、护理院的建设情况如何？

3. 政策解读

3.1 2016年12月重庆市政府办公厅转发的《关于推进医疗卫生与养老服务相结合的实施意见》（以下简称《意见》，渝府办发〔2016〕153号）中明确提出：到2020年，医疗卫生和养老服务资源实现有序共享，所有医疗机构开设为老年人提供挂号、就医等便利服务的绿色通道，所有养老机构能够以不同形式为入住老年人提供医疗卫生服务，基本适应老年人健康养老服务的需求。

奉节县是否已经逐步达到以上目标？现有哪些规划？在推行过程中是否有具体的困难？

3.2《意见》五大重点任务之二进一步明确提出：大力支持养老机构开展医疗服务。养老机构可按相关规定申请开办老年病医院、康复医院、护理院、中医医院、临终关怀机构等，也可内设门诊部、医务室或护理站；加大政策支持和技术指导力度，加强对养老机构内设医疗卫生机构类别、诊疗科目、床位等的审核、管理和监督指导；鼓励执业医师到养老机构设置的医疗机构多点执业，支持有相关专业特长的医师及专业人员在养老机构规范开展疾病预防、营养、中医调理养生等非诊疗行为的健康服务。

以上几个方面奉节县的实施情况如何？

3.3《重庆市老龄事业发展和养老体系建设“十三五”规划》（以下简称《规划》）的通知提出：加大财政投入和社会统筹力度，重点支持养老机构向供养型、养护型、医护型发展，到2020年，其中护理型床位占养老服务机构总床位的比例达到30%或以上。

对此，您的看法是什么？

3.4《规划》在“健全老年人健康支持体系”的健康养老促进计划中明确提出：

一是“医养结合”示范工程。建立医疗卫生机构与养老机构的合作机制，鼓励医疗卫生机构与养老机构融合发展。建设1个市级、3个区县级“医养结合”示范性养老机构。

二是中医健康养老工程。将中医药养生保健、中医药康复医疗融入健康养老全过程，发挥中医药在老年疾病预防、康复、养生等方面的作用。在二级以上的中医医院开设老年病科和“治未病”科，开展老年病、慢性病和康复护理服务。在社区卫生服务中心、乡镇卫生院中医馆开展中医健康养老，提供中医药综合服务。以打造养生示范基地为载体，不断探索中医药特色养生、养老新模式。

对此，您的看法是什么？

3.5教育部等九部门的《关于加快推进养老服务业人才培养的意见》（教职成〔2014〕5号）在任务措施之三“提升养老服务从业人员整体素质”中提出：重点依托相关职业院校，开放大学和本科院校，开展多样化的学历和非学历继续教育；积极开展养老机构从业人员、社区养老服务人员和社区工作者培训，提高从业人员的专业能力和服务水平。

对此，您的看法是什么？

4. 措施探讨

4.1就奉节县如何进一步加强“医养结合”，通过我们团队前期的调研，决策建议提出酌情加大频福来颐养中心的“医护”力度，建议考虑扩建该中心的分院，把分院建成以康复为特色的专科医院。把该中心建为“养护型”的养老机构。结合《规划》提出的重庆市“十三五”期间要建设1个市级、3

个区县级“医养结合”示范性养老机构的举措，考虑该中心积极争创县级医养结合示范性养老机构，拟定走“医养并重”发展之路。

4.2 目前，奉节县“医养结合”模式需要进一步探索多元化。例如建议县城在建区或朱衣新区规划一所公立综合医院参与的“医养结合中心”。结合目前养老服务的现状，考虑在北岸确定一所医院来发展“以医为主”的养老模式，即选择一家医院试点建成兼具医疗卫生和养老服务资质和能力的医疗卫生机构。根据康乐镇突出的区位优势和医疗卫生服务的辐射能力，考虑康乐镇中心卫生院通过扩建后增设“护理院”或者“托老科”等方式，推行“以医为主”的养老模式，既可以解决部分五保户和农村留守老人的供养问题，又可以解决这一群体的医疗问题，还有助于完善奉节养老服务体系。

4.3 关于提升奉节县“养老服务从业人员整体素质”的问题，结合本次调研情况，建议借助“医养融合”的契机，先从“技术上融合”：具体措施如鼓励临床护理的中级、高级人才积极参与社会养老群体中护理员的业务技术指导工作，考虑在职称晋升中制定优先推荐“送知识进机构、进社区”的医护人员的制度。

4.4 关于各级政府一再强调的“养老联合体”要有多种形式，医疗卫生机构与养老机构要无缝对接，要进一步加强“医养结合”的建设力度等问题，这个方面可能需要奉节县进一步制定相关政策，细化具体的实施措施。

对以上几点建议，您的看法是什么？请问您是否还有其他建议？

参考文献

[1] 戴维·L. 德克尔. 老年社会学 [M]. 沈健，译. 天津：天津人民出版社，1986.

[2] 莱曼. 为养老而投资 [M]. 窦尔翔，等译. 北京：中信出版社，2009.

[3] 詹姆斯·H. 舒尔茨. 老龄化经济学 [M]. 7 版. 裴晓梅，等译. 北京：社会科学文献出版社，2010.

[4] 周鹏飞. 我国老年公寓发展问题研究 [M]. 北京：中国财政经济出版社，2017.

[5] 许琳. 残障老人社区居家养老服务研究 [M]. 北京：中国社会科学出版社，2016.

[6] 陈肇男，徐慧娟，等. 活跃老化 [M]. 台北：双叶书廊有限公司，2013.

[7] 罗伯特·B. 登哈特. 公共组织理论 [M]. 扶松茂，丁力，译. 北京：中国人民大学出版社，2003.

[8] 熊必俊. 老龄经济学 [M]. 北京：中国社会出版社，2009.

[9] 麻凤利. 中国老龄产业发展的机遇和挑战 [M]. 北京：中国社会出版社，2010.

[10] 纪晓岚，曾莉. 社会化养老服务模式研究 [M]. 北京：中国社会科学出版社，2017.

[11] 台恩普，陶立群. 促进老龄产业发展的机制和政策 [M]. 北京：科学出版社，2009.

[12] 高见. 老龄化、金融市场及其货币政策含义 [M]. 北京：北京大学出版社，2010.

[13] 奚志勇. 中国养老 [M]. 上海：文汇出版社，2008.

[14] 杨中新. 中国人口老龄化与区域产业结构调整研究 [M]. 北京：社

会科学文献出版社，2005.

［15］宋世斌. 中国老龄化的世纪之困［M］. 北京：经济管理出版社，2010.

［16］程恩富. 激辩新人口策论［M］. 北京：中国社会科学出版社，2010.

［17］张良礼. 社会化养老服务体系构建及规划［M］. 北京：社会科学文献出版社，2006.

［18］董红亚. 养老服务社会化——嵊州模式［M］. 北京：中国社会出版社，2010.

［19］赵曼. 城乡养老保障模式比较研究［M］. 北京：中国劳动保障出版社，2010.

［20］卢海元. 土地换保障［M］. 北京：群众出版社，2012.

［21］刘芳. 香港养老［M］. 北京：中国社会出版社，2010.

［22］张秋霞. 加拿大养老保障制度［M］. 北京：中国社会出版社，2010.

［23］魏华林，金坚强. 养老大趋势［M］. 北京：中信出版社，2014.

［24］张啸. 德国养老［M］. 北京：中国社会出版社，2010.

［25］张恺悌. 美国养老［M］. 北京：中国社会出版社，2010.

［26］张恺悌. 新加坡养老［M］. 北京：中国社会出版社，2010.

［27］吴敏. 基于需求与供给视角的机构养老服务发展现状研究［M］. 北京：经济科学出版社，2011.

［28］黄耀明，陈景亮，陈莹. 人口老龄化与机构养老模式研究［M］. 长春：吉林大学出版社，2012.

［29］刘美霞，娄乃明，李俊峰. 老年住宅开发和经营模式［M］. 北京：中国建筑工业出版社，2008.

［30］董红亚. 中国社会养老服务体系建设研究［M］. 北京：中国社会科学出版社，2011.

［31］范子文. 以房养老［M］. 北京：中国金融出版社，2006.

［32］刘金华. 中国养老模式选择研究［M］. 成都：西南财经大学出版社，2011.

［33］中国房产信息集团. 老年公寓操作图文全解［M］. 北京：中国物资出版社，2011.

［34］江合. 养老不动产投资与管理［M］. 北京：社会科学文献出版社，

2011.

[35] 杜鹏. 中国人口老龄化过程研究 [M]. 北京：中国人民大学出版社，2002.

[36] 陈功. 我国养老方式研究 [M]. 北京：北京大学出版社，2003.

[37] 陶立群. 中国老年人社会福利 [M]. 北京：社会科学文献出版社，2005.

[38] 李竞能. 现代西方人口理论 [M]. 上海：复旦大学出版社，2004.

[39] 刘家强. 人口经济学新论 [M]. 成都：西南财经大学出版社，2004.

[40] 曲海波. 中国人口老龄化问题研究 [M]. 长春：吉林大学出版社，1990.

[41] 杨中新. 老龄化与产业结构调整 [M]. 南宁：广西人民出版社，2000.

[42] 赵宝华. 提高老年人生活质量对策研究报告 [M]. 北京：华龄出版社，2002.

[43] 姚远. 中国家庭养老研究 [M]. 北京：中国人口出版社，2000.

[44] 王爱珠. 老年经济学 [M]. 上海：复旦大学出版社，1996.

[45] 柴效武，孟晓苏. 反向抵押贷款运作 [M]. 杭州：浙江大学出版社，2008.

[46] 奚志勇. 至尊老人的家——亲和源模式 [M]. 上海：学林出版社，2009.

[47] 张恺悌. 中国人口老龄化与老年人状况蓝皮书 [M]. 北京：中国社会出版社，2010.

[48] 邢建东，陶然. 美国房地产投资信托制度与运用 [M]. 北京：中国法制出版社，2008.

[49] 国家发展改革委社会发展司. 养老服务业发展典型案例汇编 [M]. 北京：社会科学文献出版社，2017.

[50] 原新. 21 世纪我国老年人口规模与老年人力资源开发 [J]. 南方人口，2000（1）：36-39+55.

[51] 周璐，吴梦宸，黄璟. 中国老年公寓市场潜力分析——以湖北省武汉市为个案 [J]. 特区经济，2010（4）：274-275.

[52] 王钰娜，雷禹. 人口老龄化对消费结构的影响及对策 [J]. 宏观经济管理，2013（11）：26-28.

［53］刘美霞. 机构养老和社区养老联动模式的思考［J］. 城市开发，2013（20）：46-48.

［54］任丹. 国外“以房养老”模式的经验及启示［J］. 城乡建设，2013（10）：87-88.

［55］潘芳，叶然，徐桂华. 养老机构养老护理人员培训学习需求［J］. 中国老年学，2017，37（4）：1 006-1 001.

［56］韩蕾. 老年公寓需创新运营［J］. 城市开发，2013（14）：86-87.

［57］纪晓岚，季正琦. 我国养老地产发展模式探索——基于上海与杭州的个案比较［J］. 中国经贸导刊，2012（32）：8-11.

［58］姜睿，苏舟. 中国养老地产发展模式与策略研究［J］. 现代经济探讨，2012（10）：38-42.

［59］马晖，贾曙霆. 威海市社区养老模式现状及创新探究［J］. 现代经济信息，2012（17）：202-202.

［60］罗蔚. 养老院困局［J］. 公民导刊，2012（9）：44-45.

［61］董昕，李晶源. 中国老年公寓的特色之路［J］. 中国市场，2011（52）：142-144.

［62］刘琳. 老年公寓的建设和运营模式［J］. 中国投资，2011（12）：88-89.

［63］张平，向卫娥. 国内外养老机构护理人员的现状研究［J］. 中国老年学，2015，39（10）：5 662-5 665.

［64］杨红旭. 典型国家的老年住宅发展模式［J］. 中国地产市场，2011（9）：88-89.

［65］唐波. 加快重庆老年公寓开发建设的对策及建议［J］. 重庆第二师范学院学报，2011，24（4）：79-81.

［66］陈仙平. 发展老年公寓的几点意见［J］. 上海房地，2011（2）：23-24.

［67］杨钊，蒋山花，袁权. 政府责任视角下养老机构服务能力的提升——基于Y市D区的调查分析［J］. 四川理工学院学报（社会科学版），2016，31（1）：43-52.

［68］武永春，许联锋. 建设中国特色的老年住房消费模式［J］. 消费经济，2010（5）：79-82.

［69］周宇. 养老机构发展呼唤创新——基于北京市海淀区养老机构的调研［J］. 技术经济与管理研究，2010（5）：115-118.

[70] 梁木，梁海霞. 投资西安民营养老机构的可行性分析 [J]. 西安邮电大学学报，2010，15（4）：53-56.

[71] 吴洪彪. 美国和加拿大养老服务业考察报告 [J]. 中国民政，2010（7）：23-25.

[72] 祝文渊，姚华丰. 发展老年公寓必须严格行业规范 [J]. 社会福利，2010（6）：57-58.

[73] 刘洪银. 推行医养结合中的瓶颈与对策 [J]. 开放导报，2017（4）：93-96.

[74] 周燕岷，张璟，林文洁. 我国城市居家及社区养老居住模式探讨 [J]. 住宅产业，2010（1）：22-26.

[75] 穆光宗. 人口老龄化和老龄问题的再讨论——兼答陶立群同志 [J]. 人口学刊，1998（1）：3-7+57.

[76] 刘玉芝. 关于加快发展居家养老模式的几点思考 [J]. 中国民政，2009（5）：36-37.

[77] 刘颖春. 老龄住宅相关问题初探 [J]. 人口学刊，2003（3）：40-42.

[78] 陈赛权. 中国养老模式研究综述 [J]. 人口学刊，2000（3）：30-36.

[79] 应斌. 简评西方国家老年住宅开发模式 [J]. 商业时代，2005（2）：65-66.

[80] 封进. 人口结构变动的福利效应——一个包含社会保险的模型及解释 [J]. 经济科学，2004，26（1）：35-44.

[81] 姜向群. 对人口老龄化社会经济影响问题研究的回顾与分析 [J]. 人口与社会，2001，17（2）：18-21.

[82] 姜向群，杜鹏. 中国人口老龄化对经济可持续发展影响的分析 [J]. 人口与发展，2000（2）：2-9.

[83] 宋言奇. 关于中国老年公寓养老发展的几点思考 [J]. 中国发展，2007，7（1）：35-38.

[84] 袁志刚，宋铮. 人口年龄结构、养老保险制度与最优储蓄率 [J]. 经济研究，2000（11）：24-32.

[85] 张广科. 关于应对人口老龄化危机的经济学思考 [J]. 人口学刊，2002（4）：56-60.

[86] 杨宗传. 居家养老与中国养老模式 [J]. 经济评论，2000（3）：60-

61+69.

[87] 董洪敏. 浅谈我国社区养老的可行性 [J]. 人口与经济，2000 (2)：56-59.

[88] 张福顺，王磊. 浅谈我国老年住宅的开发问题 [J]. 山西建筑，2009，35 (11)：51-52.

[89] 张妍. 我国社会化机构养老服务研究综述 [J]. 社会工作，2008 (20)：4-7.

[90] 穆光宗. 公寓养老和在家养老：两种模式的简要比较 [J]. 人口与发展，1998 (1).

[91] 穆光宗. 家庭养老面临的挑战及社会对策问题 [J]. 中州学刊，1999 (1)：64-67.

[92] 朱涛. 社区养老机构结构功能的城乡比较研究——对杭州地区城乡三社的个案调查 [J]. 西北人口，2003 (1)：24-27.

[93] 崔鸣迪，王宛芳，傅丽萍. 积极老化及其实现途径探析 [J]. 医学与哲学 (A)，2012，33 (7)：46-48.

[94] 刘文富. 国外发达国家养老服务实践及其对我国的启示 [J]. 法制与社会，2009 (8)：223-224.

[95] 冯娴. 构建我国养老服务法律体制的设想 [J]. 管理学家，2011 (8).

[96] 孟乐文. 关于老年人权益保护的法律研究 [J]. 华章，2010 (20).

[97] 柴效武. 生命周期理论及其在售房养老模式中的运用 [J]. 西安财经学院学报，2004，17 (4)：5-9.

[98] 康越. 香港长者友善社区建设及经验简析 [J]. 北京行政学院学报，2014 (3)：99-101.

[99] 孙亚洲. 美国的老年公寓市场现状 [J]. 中国房地产业，2001 (1)：56-57.

[100] 朱青，罗志红. 中外老年住宅供给模式的比较与借鉴 [J]. 特区经济，2007，226 (11)：105-106.

[101] 艾永前. 西安老年公寓投资开发研究 [J]. 合作经济与科技，2009 (11)：68-68.

[102] 刘贵文，赖雄传. 基于 REITs 的房地产经营管理模式战略转型研究 [J]. 建筑经济，2007 (12)：62-64.

[103] 黄雪辉. 关注时下养老地产热 [J]. 科技智囊，2010 (8)：28-35.

［104］黄小芳，张辉，朱亮．创新旅游房地产投融资模式初探［J］．特区经济，2010：146-148.

［105］王波．居家养老：模式创新方能深化发展——以上海亲和源老年公寓为例［J］．工会理论研究（上海工会管理职业学院学报），2010（1）：37-38.

［106］周薇．人口老龄化对我国老年保障制度的影响［J］．河海大学学报（哲学社会科学版），2004，6（4）：68-71.

［107］王俊霞．人口老龄化与社区养老［J］．求实，2003（21）：196-197.

［108］梁馨月．中国社区养老方式的新探索［J］．山西财经大学学报，2010（S2）：78-78.

［109］陈志英，张慧清．老年公寓养老护理的服务模式［J］．中国老年学，2010，30（7）：988-989.

［110］王东，秦伟．关于养老影响因素研究的文献综述［J］．西北人口，2003（2）：27-31.

［111］钟海波．“以房养老”模式探讨［J］．合作经济与科技，2008（17）：122-123.

［112］孟颖颖．我国“医养结合”养老模式发展的难点及解决策略［J］．经济纵横，2016（7）：98-102.

［113］安徽省财政厅社会保障处课题组，吴天宏．推进社会养老服务财政政策研究［J］．经济研究参考，2013（33）：58-64.

［114］赵东霞，王金羽．辽宁养老服务业发展的财政政策支持［J］．经济研究导刊，2012，35（28）：16-18.

［115］郑洁．促进中国养老服务业发展的财税政策研究［J］．河北地质大学学报，2013，36（5）：94-97.

［116］赵海燕，郭俊英．老龄化与新型城镇化背景下的房地产业如何发展［J］．现代商业，2013（21）：33-34.

［117］王莉莉．对完善中国家庭照料支持政策的思考与建议［J］．兰州学刊，2012（6）：138-145.

［118］李秀明，冯泽永，成秋娴，等．重庆市主城区老年人医养结合需求情况及影响因素研究［J］．中国全科医学，2016，19（10）：1 199-1 203.

［119］刘利君．养老服务专业人才队伍建设策略研究［J］．社会福利（理论版），2012（4）：36-41.

[120] 张岩松. 加强我国老年养护人才队伍建设的对策分析 [J]. 中国老年学，2012，32 (16)：3 589-3 590.

[121] 黄鹂. 老年公寓功能设计及扩展性研究 [D]. 长沙：湖南大学，2009.

[122] 赵晔. 老年人居住环境的舒适性研究 [D]. 天津：天津大学，2003.

[123] 周稳云. 云南省城镇老年住宅的需求调查及发展模式探讨 [D]. 成都：西南财经大学，2010.

[124] 刘宁. 福州市养老机构专业化发展的问题研究 [D]. 福州：福建师范大学，2013.

[125] 王义军. 我国老年公寓发展运营研究 [D]. 广州：华南理工大学，2010.

[126] 贺娟. 农村以地养老服务合同的法律关系探究 [D]. 天津：天津商业大学，2012.

[127] 张同功. 我国老龄产业融资支持体系研究 [D]. 北京：中国社会科学院，2013.

[128] 马元莉. 太原市老年公寓发展研究 [D]. 太原：山西财经大学，2013.

[129] 陶冉. 城市社区养老需求及服务供给研究 [D]. 济南：山东财经大学，2013.

[130] 王磊. 杭州养老商业化运作研究 [D]. 长春：吉林大学，2013.

[131] 林鸿乾. 机构养老服务中社会工作微观方法的应用 [D]. 合肥：安徽大学，2013.

[132] 门佳蓬. 发展我国老年公寓养老问题研究 [D]. 长沙：湖南师范大学，2010.

[133] 洪保华. 基于特色老年公寓的社会化养老新模式研究 [D]. 天津：天津大学，2009.

[134] 谢建华. 中国老龄产业发展的理论与政策问题研究 [D]. 北京：中国社会科学院，2003.

[135] 张进. 郑州市老年公寓设计研究 [D]. 郑州：郑州大学，2003.

[136] 吴婉珊. 社会养老机构运营模式研究 [D]. 长春：吉林大学，2009.

[137] 程年华. 老年公寓建设发展研究 [D]. 北京：北京交通大学，

2007.

［138］林乐飞. 人口老龄化背景下我国城市养老模式选择研究［D］. 大连：大连理工大学，2006.

［139］周江. 老年公寓“交流”功能发展研究［D］. 无锡：江南大学，2005.

［140］郭柳. 住房反抵押贷款及其风险研究［D］. 成都：四川大学，2005.

［141］马寅. 房地产信托投资基金的中国实践［D］. 北京：北京大学，2009.

［142］易洁. 人口老龄化与中国经济发展［D］. 成都：西南财经大学，2007.

［143］李洪心. 人口老龄化与养老保险制度改革［D］. 大连：东北财经大学，2006.

［144］杨骏. 感触老年公寓——国外银发住宅兴起启示［N］. 中国教育报，2003-11-21.

［145］JONES A L，DWYER L L，BERCOVITZ A R，et al. The national nursing home survey：2004 overview［J］. Vital & Health Statistics，2009（167）：1.

［146］WHALL A L，COLLING K B，KOLANOWSKI A，et al. Factors associated with aggressive behavior among nursing home residents with dementia［J］. Gerontologist，2008，48（6）：721-731.

［147］GRABOWSKI D C，MITCHELL S L. Family oversight and the quality of nursing home care for residents with advanced dementia［J］. Medical Care，2009，47（5）：568.

［148］GARASEN H，MAGNUSSEN J，WINDSPOLL R，et al. Elderly patients in hospital or in an intermediate nursing home department-cost analysis［J］. Tidsskrift for Den Norske Lgeforening Tidsskrift for Praktisk Medicin Ny Rkke，2008，128（3）：283-5.

［149］M WEATHERHEAD. Real estate in corporate strategy［M］. Basingstoke Macmillan PressLtd.，1997：60-66.

［150］AHITUV A. Be Fruitful or Multiply：on the interplay between fertility and economic development［J］. Journal of Population Economics 2001，14（1）：51-71.

[151] WALKER A. Community care: the family the state and social policy [M]. B Blackwell & M Robertson, 1982.

[152] DEKLE R. Financing consumption in an aging japan: the role of foreign capital inflows and immigration [J]. Journal of the Japanese & International Economics, 2004, 18 (4): 506-527.

[153] CUNTS E. Housing for the elderly [J]. Architecture, 1994, 83 (83): 82-97.

[154] PETERSON R M. Comments on the challenge of aging to insurance by wilbur J. Cohen [J]. Journal of Insurance, 1961 (3): 93-98.

[155] MONTGOMERY J E. The economics of supportive services for families with disabled and aging members [J]. Family Relations, 1982, 31 (1): 19-21.

[156] STREIB G F. Aging comes of age [J]. Contemporary Sociology, 1981, 10 (2): 186-190.

[157] UHLENBERG P. Population aging and social policy [J]. Annual Review of Sociology, 1992, 18 (18): 449.

[158] BORSCHSUPAN A. Aging population: problems and policy options in the US and Germany/economic policyl Oxford Academic [J]. Economic Policy, 1991, 6 (12): 104-139.

后记

人口老龄化问题是全球性的问题更是我国的问题，它不会因我们的意志而改变，给正在致力于全面建设小康社会的中国带来了一系列新课题，这是我们无法回避的。在现在和未来的时间里，我们将会不断感受到人口老龄化所释放出来的强大冲击力。因而，我们应审时度势，积极思考养老服务的诸多问题并做好路径选择，当下力争提升我国养老服务能力就是事关每一个人福祉的大事。但是养老服务水平的提高对于长久浸润于农耕文明的传统中国社会来说，并不简单，需要我们探索的是如何去规划发展，尤其是从政府责任视角下去思考如何解决保障问题与社会支持问题。本书从如何健全养老服务体系、着力构建社区养老、积极推进“医养结合”等六个方面提出对策建议，旨在解决养老观念问题、养老服务业人才供给问题以及财税政策协同问题，最终解决提升服务能力、提高服务质量等问题。这些既要考虑市场本身的因素，也要考虑政府的引导和调控因素。

提升养老服务能力，全面提高养老服务质量，从社会视角来看，是应对我国人口老龄化新常态的趋势，是解决我国人民日益增长的美好生活需要和不平衡不充分的发展之间的社会主要矛盾，为了减轻老龄化引致的各种危机和压力，需要走多元化养老的路径，需要不断完善和促进养老服务体系的建设，需要鼓励社会力量和民间资本参与养老服务业的建设和开发。从政府视角来看，本书研究的养老服务能力问题有助于厘清政府与市场的职责边界，政府需要做的是“兜底线”，同时在养老服务业发展中做好引导、支持、监督和管理的工作，“主力军”还是要交给市场去做。从个人视角来看，只有提升养老服务能力，最终才能让老人们享受到精准化、个性化、专业化的服务。而提升人们晚年的生活质量，是我们不常注意的一个领域。当下，老年生活质量和老年生活方式变革将是人口老龄化时代两个非常重要的研究主题。从多次的调研中，我们惊讶地发现，很多老年人并不像媒介采访所说的那样，不太关注养老。其实他们大都对养老服务业的发展、对养老服务质量有着独到的见解，这也是我在调研中的一个新收获。本书诸多观念就是站在需求者的角度思考定位的。

在本书的调研和写作过程中，得到了许多师长和朋友的指导、关心和支持。南开大学博士生导师原新教授在百忙之中对本书的内容框架和逻辑结构都做了仔细批阅和修改，原老师严谨的治学态度、丰富渊博的知识、敏锐的学术思维、精益求精的工作态度以及诲人不倦的师者风范值得我终生学习。重庆三峡医药高等专科学校的邓辉教授、重庆师范大学的周鹏飞博士和姜土生博士以及奉节县中医院副院长杨晓云等朋友在我收集资料文献、构建写作框架和实证分析等方面提供了很多帮助，也给予了诸多建设性的意见，向他们学习是一件很快乐的事情。感谢我所在工作单位的领导和同事们，他们给予了我充分的理解、关心和帮助，让我能够顺利地完成本书的写作，特别是姚红教授的精心指点、李莉老师的陪同调研、青秋蓉老师和殷荣甫老师的细致校改；感谢在调研中给予我大力支持的奉节县民政局的所有领导和相关负责人，以及配合调查的父老乡亲，感谢他们在调查中给予我的全力配合，特别是奉节县民政局杨晓环局长一再充分肯定我们横向课题的决策报告，给了我此次撰写专著的莫大动力；感谢西南财经大学出版社的编辑们，他们的不懈努力和敬业精神，使得本书顺利付梓。

最后，我要感谢我的家人。他们对我的理解、支持和关爱是我的坚强后盾，特别是年迈的父母亲，没有他们我很难完成调研和写作任务。“老吾老以及人之老”，真心希望有更多的人士关注养老、支持养老，期盼我国的养老服务能力不断提升，让每一位长者都能够安享晚年！

研究永无止境，本书参考了大量国内外的文献和资料，引用了多位文献作者的一些研究成果，在此，向他们表示崇高的敬意和诚挚的感谢。我在养老研究领域是后学之辈，有很多研究还不够深入，很多提法和方案也有待商榷，恳请专家学者和广大读者批评指正。

重庆城市管理职业学院　肖建英

2018 年 5 月 12 日于重庆大学城